Andrea Maffei

Poeti inglesi e francesi

Andrea Maffei

Poeti inglesi e francesi

ISBN/EAN: 9783741172885

Manufactured in Europe, USA, Canada, Australia, Japa

Cover: Foto ©Andreas Hilbeck / pixelio.de

Manufactured and distributed by brebook publishing software (www.brebook.com)

Andrea Maffei

Poeti inglesi e francesi

GEMME STRANIERE.

POETI INGLESI E FRANCESI.

AL LETTORE.

L'accoglienza festosa che ottenne il primo Volume delle *Gemme straniere*, nuovamente riviste dal traduttore Andrea Maffei, ci fa nutrire fiducia che anche del secondo volume non sarà minore il successo. In quello scintillarono le più vaghe gemme della letteratura tedesca, che la magia dello stile poetico proprio dell'illustre traduttore ha reso anche più fulgide: in questo troverai copiosa raccolta di gemme inglesi, con l'aggiunta di alcune fra le più belle poesie di Victor Hugo e di Alfonso Lamartine, e una poesia del Ponsard.

Il Byron ed il Moore concorrono in grandissima parte a comporre il volume; due poeti tanto dissimili fra di loro per l'indole dell'animo e la qualità dell'ingegno, ma somiglianti in ciò, che l'uno e l'altro furono innamorati dell'Oriente, e all'Oriente rapirono con felice ardire lo splendor delle immagini, le fervide passioni, e quel voluttuoso profumo che parrebbe dover essere un distintivo della poesia rientale. Nati nel medesimo paese e vissuti contemporanei, ebbero tutt'e due la stessa fortunata intuizione, e valicando con la fantasia fuor delle nebbie della loro patria, seppero in vario modo illustrarla, e accrescere il patrimonio di quella letteratura che ha per capi lo Shakspeare ed il Milton.

Il *Caino* del Byron, *Gli Amori degli Angeli*, e *Gli Adoratori del Fuoco* del Moore, sono componimenti che per il loro carattere di universalità appartengono a tutte le letterature, e il consenso unanime degl'Italiani ha salutato nel Maffei l'amoroso e fedele interprete degli alti concetti dei due poeti. Ma non meno pregevole è la versione delle altre poesie minori del Byron, del Moore, del Milton, della Davidson. C'è sempre la inimitabile armonia dello stile che non esclude la varietà, perocchè il Maffei conosce mirabilmente l'arte d'immedesimarsi, per così dire, negli autori che traduce, e d'indovinare il modo nel quale essi avrebbero scritto se fossero nati per avventura in Italia. A chiunque abbia pratica delle lingue straniere sarà facile riscontrare cotesto pregio, che si risolve in sostanza nel pregio della fedeltà al testo; quella fedeltà che non ha nulla che vedere con la letterale e pedantesca traduzione verso per verso e quasi parola per parola, che è improba e inutile fatica, ma dà una schietta e compiuta immagine degli autori tradotti.

Dall'Hugo e dal Lamartine il Maffei ha preso alcuni componimenti, scritti da quei due in un

AL LETTORE.

tempo nel quale essi credevano che la semplicità e la naturalezza potessero armonizzare con la venustà della forma e la pellegrinità dei concetti. Ciò non ostante, il Maffei confessa che coteste poesie sono tradotte liberamente, forse perchè qua e là ci vedeva un barlume di quelle stranezze poetiche che mal si addicono alla letteratura italiana.

Questa nuova edizione delle *Gemme* è stata curata dallo stesso traduttore, e anche per ciò noi confidiamo che i lettori vorranno accoglierla con lieto viso, e dar così un' altra prova che se i tempi sono poco favorevoli alla poesia, quel Pubblico che ha finezza di gusto e intelletto del bello sa fare delle splendide eccezioni.

GLI EDITORI.

MISTERI E CANTI

DI

LORD BYRON.

AL CAVALIERE VINCENZO LUTTI.

Io ti offeriva questa sublime poesia mentre ancora pieno di vita mi allontanavi il doloroso pensiero della tua perdita. Nei decreti divini era disposto altrimenti, ed ora non sei per me che una memoria carissima. Delle tue prove guerresche sotto l'impero di Napoleone I parla la storia, e la patria nostra delle tue molte beneficenze; nè la mia parola nè il tuo nome in questo scritto potrebbero raccomandarti ai posteri più che non fece l'opera luminosa della tua vita; e certo non è tale il mio intento. Nel rinnovarti il mio dono non miro che a dimostrare come l'amor mio ti segua al di là della tomba, e tanto più forte quanto più rare trovo in altrui le virtù che abitavano nel tuo cuore e nella tua mente.

L'amico tuo
ANDREA MAFFEI.

INTERLOCUTORI.

UOMINI.

ADAMO.
CAINO.
ABELE.

DONNE.

EVA.
ADAH.
ZILLAH.

SPIRITI.

L'ANGELO DEL SIGNORE.
LUCIFERO.

CAINO.

ATTO PRIMO.

SCENA UNICA.
Una landa fuori del Paradiso.
(Si leva il Sole.)

ADAMO, EVA, CAINO, ADELE, ADAH,
ZILLAH. *Offrono un sagrificio.*

ADAMO.
Sempiterno, Infinito, Onnisciente,
Tu che fuor dalle tènebre facesti
Con un solo tuo verbo in grembo all'acque
La luce scaturir, sii benedetto!
Jeova! sii benedetto al Sol che nasce!

EVA.
Dio, che il giorno hai nomato, e dalla notte
Separato il mattino, allor confusi,
Dal flutto il flutto, e detta hai firmamento
Parte dell'opra tua, sii benedetto!

ADELE.
Dio, che nome di terra impor volesti,
D'acqua, d'aere, di foco agli elementi,
E col dì, colla notte e colle spere,
Che fan essi a vicenda oscure e chiare,

CAINO.
Creature formasti intelligenti
Per gioirne ed amar, sii benedetto!
ADAM.
Dio, che sei delle cose eterno padre,
E sustanze bellissime e perfette
Creasti, a ciò che primo il nostro amore
Fossero dopo te, ch'io possa amarle
Amandoti concedi, e benedetto
Sii tu! sii benedetto!
ZILLAH.
O Dio, che amando
E creando ogni cosa, ed ogni cosa
Benedicendo, non vietavi al serpe
Che dall'Eden cacciasse il padre mio,
D'altri mali ne scampa, ed ora e sempre
Benedetto sii tu.
ADAMO.
Cain, mio figlio,
Primogenito mio, perchè rimani
In silenzio così?
CAINO.
Che dir dovrei?
ADAMO.
Pregar.
CAINO.
Voi non 'l faceste?
ADAMO.
Oh sì! con tutto
L'ardor de' nostri cuori.
CAINO.
Ad alta voce;
Ben v'udia.
ADAMO.
Come spero, anche il Signore.

ATTO PRIMO.

ADELE.

Sia così.

ADAMO.

Ma proferta una parola
Tu, maggior de' miei figli, ancor non hai.

CAINO.

Meglio tacer.

ADAMO.

Perchè?

CAINO.

Per invocarlo
Cosa alcuna non ho.

ADAMO.

Nè cosa alcuna
Per dargli grazie?

CAINO.

No.

ADAMO.

Ma tu non vivi?

CAINO.

E non debbo morir?

EVA.

Me lassa! il frutto
Dell'arbore vietata è già maturo!

ADAMO.

E noi lo raccogliamo. A che piantasti,
Signore, il frutto del saper?

CAINO.

Ma voi
Perchè non dispiccar quel della vita?
Sfidarlo ora potreste.

ADAMO.

Ah no, Caino!
Non bestemmiar! Le perfide parole
Del serpente son queste.

CAINO.

CAINO.
Or ben? La serpe
Vi disse il ver. L'un v'era e l'altro pomo.
Buono è certo il saper, la vita è buona;
Come dunque esser può che quello e questa
Siano malvagi?

EVA.
Figlio mio! tu parli
Come tua madre nell'error parlava
Pria che nato ci fossi. Oh ch'io non vegga
La mia sventura nella tua! Pentita
Ora son io. Non colga i nostri figli
Sulla terra del bando il laccio istesso
Che noi miseri ha còlto in paradiso.
Sta' pago al tuo destino. Oimè! se paghi
Stati fossimo al nostro, avventuroso
Or saresti, o Cain.

ADAMO.
Come finite
Sien le nostre preghiere, ognun di voi
Torni al proprio lavor, non faticoso
Ma necessario. È giovine la terra,
E con poco sudore a noi concede
Benigna i frutti suoi.

EVA.
Tu vedi, o figlio!
Paziente e sereno è il padre tuo;
Cerca imitarlo. *(Escono Adamo ed Eva.)*

ZILLAH.
No'l vorrai, fratello?

ADELE.
Perchè torbida sempre e corrugata
La tua fronte ci mostri? A che ti giova?

ATTO PRIMO.

Tu non farai che provocar lo sdegno
Del Signor.
ADAH.
Mio Caino! il tuo corruccio
Su me pur gitterai?
CAINO.
No, no, mia cara! —
Solo, per pochi istanti io bramerei
Qui rimaner. — Fratello! infermo ho il core,
Ma sanerà. Precedimi d'un passo.
Fra poco io ti raggiungo. — E voi, sorelle,
Non restate con me. Non debbe, o care,
Trovar l'affettuosa anima vostra
Un' acerba accoglienza. — Or or vi seguo.
ADAH.
Ma se non vieni tornerò.
ADELE.
La pace
S'accompagni al tuo spirto, o mio fratello!
(Abele, Zillah ed Adah partono.)
CAINO.
Questa è dunque la vita?... Affaticarmi!...
Perchè? Perchè non seppe il padre mio
Serbarsi in Paradiso il proprio seggio.
Fu mia la colpa? Io nato ancor non era,
Nascere non bramava, e non mi posso
Rallegrar della sorte a cui condotto
M'ha la nascita mia.... Perchè lasciarsi
Vincere al serpe ed alla donna? e vinto
Perchè debbe soffrir? Di reo che v'era?
L'albero vi sorgea.... ma non per l'uomo!
Se per l'uom non sorgea, perchè vicino
Por l'incauto mio padre a quella fronda
Bellissima fra tutte?... A lai dimande

CAINO.

Rispondono così « Fu suo volere,
Ed egli è buono. » Ma saperlo io posso?
Perchè tutto egli può, ne segue forse
Che sia tutta bontà? Conosco il ramo
Dalle frutta che porta.... e sono amare.
Ma convien che di loro io m'alimenti
Per un fallo non mio. *(Appare Lucifero.)*
     Che spirto è quello?
Un' apparenza agli angeli conforme,
Tuttavia meno lieta e più severa.
Perchè tremo così? Già non dovrebbe
Sgomentarmi colui più degli spirti
Che stanno a guardia con brandi di foco
Sulle porte difese, a cui sovente,
Per cogliere un fulgor di quei giardini,
Mia giusta eredità, nel vespertino
Crepuscolo io m'arresto anzi che il buio
Copra le mura e le piante immortali
Che sovrastano i merli invigilati
Dai Cherubini.... Se di lor non temo,
Temerò di costui che s'avvicina?
Non minor di bellezza e più potente
Di quegli angeli ei pare, e pur non bello
Qual ei già fu, qual essere potria.
Sembra in lui la sventura una gran parte
Della eterna sua vita. È forse il vero?
Non è soltanto la natura umana
Condannata al dolore?... Ei vien!...

   Entra LUCIFERO.

    LUCIFERO.
         Mortale!
    CAINO.
Spirito! chi sei tu?

ATTO PRIMO.

LUCIFERO.
Sono il monarca
Degli spirti.
CAINO.
E lasciarli a te non duole,
Se il monarca ne sei, per qui venirne
A parlar colla polve?
LUCIFERO.
Io non ignoro
Ciò che pensa la polve; e per la polve
E per te sento affetto.
CAINO.
I miei pensieri
Conosci tu?
LUCIFERO.
Son quei d'ogni alta mente
Degna, o Caino, del pensier. Ragiona
La tua parte immortal nel tuo segreto.
CAINO.
L'immortale mia parte? A me svelato
Questo arcano non fu. Per la demenza
Di Adamo, padre mio, ci fu rapito
L'albero della vita. Eva, mia madre,
Con soverchia prestezza alzò la mano
A quel della scienza, e le sue frutte
Sono mortali.
LUCIFERO.
T'ingannàr. Vivrai.
CAINO.
Vivo, ma per morir; nè cosa io veggo
Che m'inspiri, vivendo, odio alla morte,
Se non forse un tenace, un vile istinto,
Nato con me, che stringemi alla vita,
Fonte eterna di noia, e ch'io disprezzo

CAINO.
Quanto me stesso; un vil, tenace istinto,
Che mal mio grado superar non posso.
Il mio vivere è questo. Oh perchè nato
Son io!

LUCIFERO.
Tu vivi e tu vivrai per sempre.
Non pensar che l'ingombro in cui ti chiudi
Sia la tua vita. Dissipata e guasta
Verrà quella tua creta, e tuttavolta
Rimarrai non minor di quanto or sei.

CAINO.
E perchè non maggior?

LUCIFERO.
Potresti forse
Diventar come noi.

CAINO.
Chi siete?

LUCIFERO.
Eterni
Noi siam.

CAINO.
Felici?

LUCIFERO.
Spiriti potenti.

CAINO.
Ma felici?

LUCIFERO.
No 'l siamo.... E tu lo sei?

CAINO.
Lo poss'io?... Mi contempla!

LUCIFERO.
E sventurato
Tu, minuzia d'argilla, esser pretendi?

CAINO.
Lo son. Ma che sei tu nel tuo vantato
Poter?

LUCIFERO.
Son uno che sentii vaghezza
D'esser colui che ti creò; nè tale
Creato io già t'avrei.

CAINO.
Tu rassomigli
Quasi ad un Dio!

LUCIFERO.
No 'l sono, e poi che farmi
Dio non potei, cangiar con altra sorte
Sdegno la mia. N'ha vinto; or ben, ch'ei regni!

CAINO.
Chi?

LUCIFERO.
Colui che ti fece, il creatore
De' tuoi parenti e della terra.

CAINO.
Aggiungi
Del cielo e d'ogni cosa. Io dir lo intesi
Dagli angeli cantori, e replicarlo
Dal padre mio.

LUCIFERO.
Vi dicono soltanto
Ciò che dirvi e cantarvi è lor prescritto,
Per non farsi, in ammenda, o quale io sono
Fra gli spirti caduti, o qual tu sei
Fra le terrene creature.

CAINO.
E voi
Quali spiriti siete?

LUCIFERO.
Anime ardite
Che non temiamo usar dell'immortale
Nostra natura, nè levar lo sguardo
All'oppressore onnipotente, e dirgli:
« Il tuo mal non è bene. » Ove creati
N'abbia, come ci disse, ed io non credo....
Ma se pur ci creò, non può disfarci,
Chè noi siamo immortali. Anzi, ne diede
L'elemento immortal per la spietata
Voluttà di crucciarne. Or via, s'appaghi!
Egli è grande, infinito, e nondimeno
Nella grandezza sua non è felice
Più di quanto siam noi nell'indefesso
Nostro conflitto. La bontà per fermo
Non è fonte del male; e, tolto il male,
Che produsse egli mai? Ma si riposi
Nel suo trono deserto, e, novi mondi
Creando, allievi la profonda noia
Della sua trista eternità. Pianeti
Accumuli a pianeti, è non per tanto
Sarà men desolato, indefinito,
Non solubil tiranno! Ove potesse
Consumar se medesmo, a noi farebbe
De' suoi doni il maggior. Ma no! ch'ei regni
Multiplicando nel dolor se stesso.
Noi spirti e voi mortali un' amorosa
Simpatia ravvicina, e nel comune
Vicendevole affetto almen troviamo
Ai nostri innumerabili tormenti
Qualche sollievo; ma colui, che tanto
Nell' altezza ove siede è sventurato,
Che mai non posa nella sua sventura,
Debbe creare e ricrear per sempre.

CAINO.

Di cose io t'odo ragionar che spesso
Dalenarono, o spirto, al mio pensiero.
Conciliar quanto vidi a quanto intesi
Mai nè seppi, nè so. Da' miei parenti
Odo un continuo bisbigliar di frutta
E d'arbori e di serpi. Il varco io miro
Di quel lor Paradiso (è questo il nome
Che gli danno i miei padri) ognor guardato
D'angeli armati di fiammanti spade,
Che n'occùpano il passo, e me con essi
Ributtano di là. M'è tedio e peso
L'incessante fatica, il diuturno
Travaglio della mente. Il guardo io giro
Per un mondo infinito, ov'io mi perdo
Qual granello d'arena; e pur qui dentro
Si rialza un pensier, come potesse
La corona portar dell'universo.
Credea me solo sventurato. Domo
Veggo mio padre, e quell'ardir che pose
Nel cor della mia madre una potente
Sete di sapienza, e no 'l contenne
La minaccia o il timor dell'ira eterna,
Cadde a lei dalla mente. Un giovinetto
Pastore è mio fratel, che le primizie
Sacrifica del gregge a chi prescrisse
Che frutto alcuno non ci dia la terra
Senza molto sudor. Zilla, mia suora,
Al primo rosseggiar dell'oriente
Previen cantando gli angelletti, ed Ada,
Ada la mia diletta, oh non intende
Qual pensier m'affatichi! Un cor non trovo
Che risponda al mio core.... È meglio dunque
Conversar cogli spirti.

LUCIFERO.
 E se la tempra
Del tuo forte sentir non ti facesse
Degno in tutto di loro, al tuo cospetto
Me non vedresti. Perocchè sarebbe
Bastevole un serpente ad allettarti,
Come un tempo bastò.
CAINO.
 Tu fosti adunque
Il tentator della mia madre?
LUCIFERO.
 Alcuno
Io non tento, o mortal, se non col vero.
Ma l'albero non fu che la sedusse?
L'albero del saper? Le verdeggiava
Men fruttifero forse in Paradiso
Quel della vita? Io fui che le prescrissi
Di non coglierne il frutto? Io che là dentro
L'uno e l'altro piantai così dappresso
Ad anime innocenti e curiose
Nell'innocenza lor? Den io creati
V'avrei non corruttibili e divini!
Ma colui vi sbandì dal Paradiso
Per timor che gustando il vital frutto,
Dei vi faceste come lui. Fu questa
La sua parola?
CAINO.
 Fu la sua. Lo intesi
Da color che l'udiro a mezzo i tuoni.
LUCIFERO.
Chi fu dunque il dimòn? chi non vi diede
Di vivere immortali, o chi volea
Farvi colla scienza eterni e lieti?

ATTO PRIMO.

CAINO.
Oh perchè de' due frutti o di nessuno
Gustato essi non hanno?

LUCIFERO.
Il primo è vostro:
L'altro può diventarlo.

CAINO.
E per che modo?

LUCIFERO.
Per un'altra virtù, la resistenza.
L'anima non si spegne, e se conosce
La propria dignità, se farsi centro
Desia di tutte le create cose....
L'anima è nata per regnar.

CAINO.
Ma dunque
Non sei tu che tentasti i padri miei?

LUCIFERO.
Io? miserrima creta! A qual disegno?

CAINO.
Dicono che il serpente era uno spirto.

LUCIFERO.
Chi l'ardisce affermar? Non è già scritto
Questo lassù; nè l'árbitro superbo
Può travolgere il vero in questa guisa,
Ancor che lo spavento e la meschina
Vanità degli umani incolpi e gravi
La natura spirtal del loro abbietto
Vile cader. Serpente era il serpente!
Nulla più, ti ripeto; e non minore,
Benchè terra egli stesso, a' tuoi parenti,
Ch'ei tentò per istinto, e di saggezza
Lungamente avanzò, giacchè li vinse,
E fatal presagi la sapienza

CAINO.

Alle scarse lor gioie. E tu, tu credi
Che prendere io volessi il simulacro
D'una cosa mortal?

CAINO.
Ma nel serpente
Non chiudeasi un dimòn?

LUCIFERO.
Nel cor dell'uomo,
A cui si volse la viperea lingua,
Un ne svegliò. Ma serpe era quel serpe.
Credilo al Cherubin che custodisce
La pianta tentatrice. Allor che mille
Secoli premeran la vostra polve,
Quella de' figli vostri, e de' più tardi
Che da loro usciranno, il nuovo seme
Che il mondo antico abiterà, potria
Coprir d'un velo favoloso il primo
Fallo dell'uomo, e darmi un vil sembiante,
Ch'io disprezzo a ragion, come disprezzo
Tutto ciò che si curva a chi non crea
Che per veder de' miseri prostesi
Al suo trono severo e circonfuso
D'eterna solitudine. Ma noi,
Noi che il vero veggiamo, arditamente
Gridiamo il vero. I tuoi creduli padri
Caddero affascinati alle parole
D'una lubrica forma. Or che potea
Noi condurre a sedurli? Eravi cosa
Nell'angusto confin del Paradiso,
Cosa degna d'invidia, acciò gli spirti
Che varcano lo spazio e l'infinito....
Ma ti parlo d'arcani a cui non giungi
Malgrado il frutto del saver.

CAINO.
                    Parlarmi
Non puoi d'arcani che svelar non voglia,
Conoscere io non arda, e non mi creda
Mente a tanto capace.
            LUCIFERO.
                    E cor? l'avresti?
            CAINO.
Fanne l'esperimento.
            LUCIFERO.
                    E sosterrai
L'aspetto della morte?
            CAINO.
                    Ancor veduta
Gli occhi nostri non l'hanno.
            LUCIFERO.
                            E non pertanto
La sosterrete.
            CAINO.
            Adamo, il padre mio,
Terribile la dice; Eva, mia madre,
Rompe in pianto al suo nome; Abel solleva
Gli sguardi al cielo e Zilla al suol li china
Sospirando una prece; Ada mi guarda,
E non fa motto.
            LUCIFERO.
            E tu?
            CAINO.
                    Mi sento in petto
Ribollir di pensieri una procella
Quando ascolto parlar di questa morte,
Di questa onnipotente e, come io temo,
Non fallibile morte.... E non potrei
Combattere con essa? Ho combattuto,

Benchè giovine d'anni e per trastullo,
Pur col lione, e s'involò ruggendo
Dalle forti mie strette.
LUCIFERO.
È senza forma.
Ma le cose che l'han su questa terra,
Tutte assorbe la morte.
CAINO.
Ed io l'avea
Per sensibile cosa! E può la morte
Procacciar tanti mali alle sustanze
Se non è, come dici, una sustanza?
LUCIFERO.
Al distruttor lo chiedi.
CAINO.
Al distruttore?
LUCIFERO.
Al crëator. Del nome arbitro sei,
Egli crea per distruggere.
CAINO.
Mistero
Tali cose mi son, ma n'ebbi un lampo
Da poi che intesi ragionar di morte.
Figurarla io non posso, e pur tremenda
Me la pinge il pensier. L'ho cerca invano
Per gl'immensi deserti della notte.
E quando del vicino Eden le mura
Nereggiavano d'ombre, e dentro a quelle
Folgorava l'acciar de' Cherubini,
Sperai che m'apparisse, ed un desio
Misto a paura mi battea nel petto
Di conoscere alfin ciò che tremanti
Tutti ne fa. Ma nulla uscia dal buio.
Drizzava allor le mie stanche pupille

Dal nostro proibito Eden natale
A quelle luci che nell'ampio azzurro
Scintillano su noi. Morranno anch'esse?
LUCIFERO.
Forse; ma pria di loro andrete in polve
Così tu, come i tuoi.
CAINO.
　　　　　　N' ho gioia; afflitto
Di lor fine io sarei; così gentili,
Così belle son esse!... Or ben, sai dirmi
Che sia morir? Terribile io lo penso,
Ma no 'l so figurar. Ne si minaccia
Come il sommo de' mali, e che d'un modo
I colpevoli colga e gl'innocenti.
Sai tu dirmi che sia?
LUCIFERO.
　　　　　　Rifarsi in terra.
CAINO.
Con intelletto?
LUCIFERO.
　　　　　Ignoro. Io non conosco
La morte.
CAINO.
　　　　Oh mi potessi in muta argilla
Dissolvere per sempre! oh me felice
Se non fossi mai stato altro che polve!
LUCIFERO.
Questo è basso desio! Tuo padre almeno
Vagheggiò la scienza.
CAINO.
　　　　　E non la vita.
Perchè mai del suo frutto amor no 'l prese?
LUCIFERO.
Gli fu conteso.

CAINO.
Sciagurato errore
Di non coglierlo pria!.. Ma non conobbe
Che dopo il frutto del saper, la morte.
Oimè, che nella mia mente confusa
Male anch'io la conosco.... eppur la temo,
Ma che tema io non so.
LUCIFERO.
Di nulla io temo,
Io che tutto conosco. Ecco la vera
Scienza.
CAINO.
A me la insegna!
LUCIFERO.
Ad un convegno.
CAINO.
A qual?
LUCIFERO.
Che tu m'inchini e che m'adori
Siccome a tuo signor.
CAINO.
Tu non sei quello
Del padre mio.
LUCIFERO.
No 'l sono.
CAINO.
A lui se' pari?
LUCIFERO.
No. Da lui son diviso, e comunanza
Fra noi non v'ha, nè la vorrei. Minore
O più grande di lui, purchè non sia
Partecipe e soggetto al suo potere!...
Parte io fo da me stesso, e grande io sono,
E da molti adorato.... e più saranno....
Mortal! sii tu de' primi.

CAINO.
 Io non piegai
Al Dio de' miei parenti ancor la fronte,
Benchè fervido prego Abel mi faccia
Ch'io sacrifichi ad esso; ed or dovrei
Curvarmi a te?
LUCIFERO
 Piegata a lui la fronte
Non hai dunque, o mortal?
CAINO.
 Ridirlo io debbo?
Il tuo vasto saper non lo rivela?
LUCIFERO.
Chi non piegasi a quello a me si piega.
CAINO.
A nessuno, a nessuno io vo' curvarmi!
LUCIFERO.
Pur, se lui non adori, a me t'inchini
Malgrado tuo.
CAINO.
 Ma come?
LUCIFERO.
 In vita.... e poscia
L'apprenderai.
CAINO.
 Mi svela almen l'arcano
Del viver mio.
LUCIFERO.
 Vien meco!
CAINO.
 Andar m'è forza
Al lavor della gleba, ed ho promesso....
LUCIFERO.
Promesso? e che?

CAINO.
   CAINO.
   Di córre i primaticci
Frutti....
   LUCIFERO.
  Per qual cagion?
   CAINO.
      Per offerirli
Con Abel sull'altare....
   LUCIFERO.
     E non dicesti
Che piegata non hai la tua cervice
A colui che ti fe'?
   CAINO.
   Sì, ma l'ardente
Pregar d'Abele mi vi stringe. È sua
Più che mia questa offerta... e la mia cara
Ada....
   LUCIFERO.
  Perchè t'arresti?
   CAINO.
     È mia sorella!
Lo stesso dì, lo stesso alvo ne spose.
Mi strappàr le sue lagrime dal labbro
Quella promessa. Tollerar saprei
Tutto, e tutto adorar, purchè nel pianto
Quei begli occhi non vegga....
   LUCIFERO.
     Andiam! mi segui.
   CAINO.
Ti seguirò.

Entra ADAH.

ADAH.
  Ritorno, o mio fratello,
Sull'orme tue. Di gioia e di riposo
Questa è l'ora per noi; ma te lontano
Men soave ci scorre. Oggi non hai
Posta mano al lavoro. Io la vi posi
Per te. Delle di luce e di colori,
Come il raggio del Sol che le matura,
Sono le frutta. Oh vieni! andiam!
    CAINO.
         Non vedi?...
    ADAH.
Un angelo vegg'io. Di lor non pochi
Visti n'abbiam.... La nostra ora di gioia
Partecipa con noi? Ben giunge!
    CAINO.
         Agli altri
Non assomiglia.
    ADAH.
     Ed angeli vi sono
Dissimili fra lor? Chiunque ci sia,
Ben venuto sarà. Non è la prima
Volta che raccogliemmo al nostro tetto
Ospiti celestiali, e mi confido
Ch'egli pur ci verrà.
    CAINO.
      Verrai?
    LUCIFERO.
         Ti chiesi
D'esser ospite mio.

CAINO.
Seguirlo io debbo,
Ada!
ADAH.
Lasciarci?
CAINO.
Il debbo.
ADAH.
E me, me pure?
CAINO.
Mia cara!
ADAH.
Io vengo teco.
LUCIFERO.
Ella rimanga.
ADAH.
Spirito, chi se'tu, che t'interponi
Fra core e core?
CAINO.
Un nume!
ADAH.
Onde il sapesti?
CAINO.
Parla a noi come un dio.
ADAH.
Così parlava
Il serpente, e mentìa.
LUCIFERO.
T'inganni, o donna!...
Non era il frutto del saver?
ADAH.
Per nostro
Sempiterno dolore!
LUCIFERO.
E quel dolore,

ATTO PRIMO.

Ada, è il saver; nè vi mentia la serpe.
Ma, se pur v'ha mentito, il fe' col vero,
E per intima essenza il vero è buono.

ADAH.

Ma dal nostro saver non raccogliemmo
Che sventure e sventure. Il bando eterno
Dal Paradiso, il timor, la fatica,
Il travaglio, l'angoscia, il pentimento
Delle cose che furo, e la speranza
D'un avvenir che non veggiam.... Caino!
Non seguir quello spirto! Oh soffri in pace
Come abbiam già sofferto! Amami!... io t'amo.

LUCIFERO.

Più di tuo padre e di tua madre?

ADAH.

È questa
Pure una colpa?

LUCIFERO.

Non ancor. Più tardi
Tal sarà ne' tuoi figli.

ADAH.

Oh che favelli!
Non potrà la mia figlia il suo fratello
Enoch amar?

LUCIFERO.

Di quell'amor che porti
Al tuo Caino, no 'l potrà.

ADAH.

Dovranno
Non amarsi i miei figli? e dar la vita
A creature destinate anch'esse,
Come sono i miei figli, a non amarsi?
Non succhiàro il mio latte? il padre loro
Non uscì dallo stesso unico fianco

E d'un parto con me, nell'ora istessa?
Non ci amiamo noi forse? e noi medesimi
Moltiplicando, non abbiam prodotto
Crëature d'amor che s'ameranno
Come io t'amo, o Caino, e noi le amiamo?...
Non seguir quello spirto. Ah no! de' buoni
Non è costui.
   LUCIFERO.
     La colpa ond'io vi parlo
Mia fattura non è. Comunque rei
Possano divenirne i vostri figli,
Tali voi non sarete.
   ADAH.
     E v'ha peccato
Che no 'l sia per se stesso? Il bene e il male
Pòn crear gli accidenti? Oh! se ciò fosse,
Noi saremmo gli schiavi....
   LUCIFERO.
     Altri vi sono
Schiavi più grandi.... ed anime elevate
Più di quelli e di voi, che il giogo istesso
Dovrebbero patir, se lor non fosse
Men dura la miseria in franco stato
Che la lenta agonia d'un vile ossequio,
Che si volge con inni e con prescritte
Preghiere adulatrici a quel potente,
Sol perch'egli è potente, e non per moto
Volontario d'amor, ma per terrore,
Per basso affetto di se stesso.
   ADAH.
     È tutta
Bontà l'Onnipotente.
   LUCIFERO.
    In Paradiso

Tale a voi si mostrò?
ADAH.
Colla bellezza
Non tentarmi, o dimòn! Più del serpente
Vago sei tu, ma perfido tu sei
Come il serpente.
LUCIFERO.
Come lui son vero.
Interroga tua madre. Il male e il bene
Non conobbe ella forse?
ADAH.
O madre mia!
Più per noi che per te fu duro il frutto
Che raccogliesti. I primi anni felici
Ti volarono almeno in Paradiso,
Ove pura, innocente, errar potevi
D'angeli benedetti in compagnia.
Ma noi, del tuo beato Eden ignari,
Circondati qui siam da spirti iniqui
Che favellano a noi colla parola
Sfolgorante di Dio; che colle nostre
Mal satisfatte ambiziose voglie
Tentano di sedurci in quella guisa
Che te sedusse la viperea lingua,
Te semplice, inesperta e dallo stolto
Desio compresa di cangiarti in nume. —
Rispondere io non posso all'immortale
Che dinanzi mi sta; nè trovo, ahi lassa!
La virtù d'odiarlo. Io lo contemplo
Con un misto di tèma e di diletto,
Pur non fuggo da lui. Le mie pupille
Doma un fascino ignoto, e le costringe
A mirar nelle sue. Mi trema il core
Con sussulto nel petto.... egli m'ingombra

CAINO.
Di paura e m'alletta.... a sè m'alletta
Più vicin, più vicino.... O mio fratello,
Salvami da colui!
CAINO.
Di che paventi,
Mia diletta sorella? Ei non è certo
Un malefico spirto.
ADAH.
Ei non è Dio,
Nè degli angeli suoi. Più volte io vidi
E sèrafi e cherùbi, e non somiglia
Questi ad alcun.
CAINO.
Ma spirti assai maggiori,
Ada, vi son.... gli arcangeli....
LUCIFERO.
Vi sono
Spirti ancor più sublimi.
ADAH.
Oh non saranno
Del novero felice!
LUCIFERO.
Ove gli schiavi
Sièno felici.... no.
ADAH.
Se, come intesi,
Amano più degli altri i serafini,
E maggior ne' cherùbi è l'intelletto,
Questi è forse un di lor, poichè non ama.
LUCIFERO.
Posto che la scienza amor distrugga,
Qual mistero è colui che non potete,
Conoscendolo, amar? Se manco affetto
Sentono i cherubini, il cui pensiero

ATTO PRIMO.

Tutto comprende, quell'amor che ferve
Ne' serafici petti è dunque sola
Cieca ignoranza. La mortal condanna
Che percosse i tuoi padri è l'argomento
Che legarsi giammai le due nemiche
Cose non ponno. Eleggere t'è forza
Fra l'amore e il saper, giacchè non avvi
Altra scelta per te. Tuo padre elesse,
E la paura è il culto suo.
     ADAH.
       Caino!
Scegli l'amor.
     CAINO.
    Per te, per te soltanto,
Ada, io non scelgo! È nato in me l'amore;
Ma non amo che te.
     ADAH.
     Non ami il padre?
La madre tua?
     CAINO.
    N'amàro i padri nostri,
Quando il frutto spiccàr che ci precluse
Dal Paradiso?
     ADAH.
     Generati allora
Non eravam; ma quando in Paradiso
Nati fossimo pur, non denno i figli
Amar chi li produsse?... amar la nostra
Prole, o Caino?
     CAINO.
    Enòch, mio picciol figlio!...
La sua balba sorella!... oh s'io credessi
Che felici voi foste, io ben vorrei
Porre in obblio.... Ma no! tre mila schiatte

No 'l potranno obbliar, nè cara all'uomo
In eterno sarà la rimembranza
Di colui che del male e dell'umano
Genere ha messa la fatal radice. —
Il frutto del sapere e del peccato
Colsero i padri nostri ; e, non contenti
Alla propria sventura, han generato
Così me come te cogli altri pochi
Che stentano la vita; e poi l'immenso
Novero di color che nasceranno
Da noi, da' figli nostri, e tutta quanta
La progenie futura interminabile,
Cui trasmesso verrà l'accumulato
Dolor di tutti i secoli in retaggio....
Ed io? di tutti gl' infelici il padre!... —
L'amor tuo.... l'amor mio.... la tua bellezza,
L'estasi d'un momento e la tranquilla
Ora che vi succede, e quanto amiamo
Ne' nostri fanciulletti, in noi medesmi....
Condurrà tutto questo ed essi e noi,
Traverso a lunghi o brevi anni di vita
Pieni di scelleranze e di sventure,
Consolati bensì da fuggitive
Gioie, ma sempre dal dolor seguite;
Condurrà tutto questo ed essi e noi
Ad un unico fine, ad una mèta
Tenebrosa.... alla morte! — Oh mal ci tenne
L'albero del saper la sua promessa!
Per la colpa de' padri almen dovea
Svelarsi a noi la sapienza, aprirsi
L'arcano della morte. Or che sappiamo?
Che siam tutti infelici. E qual bisogno
D'alberi e di serpenti a farne instrutti
Della nostra miseria?

ADAH.
                    Io son felice,
Caino! e se tu pur....
             CAINO.
                        Rimanti adunque
Solitaria felice. Un ben rifiuto
Che me svilisce e tutti noi.
             ADAH.
                         No 'l posso....
No 'l vorrei solitaria esser felice!
Fra' cari capi che mi stanno intorno,
Io, malgrado la morte, avventurosa,
Parmi, sarei. L' incognito fantasma
Non mi sveglia terror, quantunque io debba,
Per le cose che sento, argomentarlo
Senza misura spaventoso.
             LUCIFERO.
                         E sola,
Credi tu, non potresti esser felice?
             ADAH.
Sola? gran Dio! ma chi felice e buono
Dir si può scompagnato? A me parria
La trista solitudine una colpa.
Senza il caro pensier ch'io possa in breve
Riveder mio fratello, i figli miei,
La madre, il padre nostro....
             LUCIFERO.
                         Il Dio che adori
Solo forse non è? Pur tu lo credi
Buono e felice.
             ADAH.
                   Non è solo Iddio;
D' Angeli si circonda e di mortali,
Ch' egli rende felici, e sè beato

Diffondendo la gioia: ed è da questo
Diffondimento che si crea la gioia.

LUCIFERO.

Chiedilo al padre tuo, cacciato in bando
Dal Paradiso; al tuo Caino il chiedi,
Allo stesso tuo cor. Non sei tranquilla,
Ada!

ADAH.

Oimè! non lo sono! E tu.... tu sei
Creatura del ciel?

LUCIFERO.

L'universale
Dator della letizia, il buono, il grande
Che la vita ha creato ed ogni cosa
(Come voi lo gridate), a te risponda
Perchè tale io non sono. È questo, o donna,.
Un suo mistero e lo nasconde. Noi
Siam dannati al dolor. Se qualche audace
(Dicono i serafini) a lui contrasta,
Contrasta invan. Ma crescere non ponno,
Per tentar la rivolta, i nostri mali;
Meglio è dunque tentarla. È nello spirto
Tal sapienza che lo guida al vero,
Come lieto si volge il vostro sguardo
Per l'azzurro de' cieli a quel vegliante
Lume che manda il suo primo saluto
Al nascente mattino.

ADAH.

Oh quanto è bello!
Quanto io l'amo quell'astro!

LUCIFERO.

E non lo adori?

ATTO PRIMO.

ADAM.
L'Invisibile solo è l'adorato
Dal padre mio.

LUCIFERO.
　　　　Ma simbolo di quello
Son le cose più belle a voi palesi;
E dell'oste del ciel quel luminoso
Astro è la guida.

ADAM.
　　　　Il solo occhio d'Adamo
Vide, come ci disse, il creatore
Di lui, di nostra madre.

LUCIFERO.
　　　　E tu?

ADAM.
　　　　　　Lo veggo
Nelle cose ch'ei fece.

LUCIFERO.
　　　　E nella essenza?

ADAM.
No!... se non forse nel paterno volto
Che l'effigie è del suo; nei cherubini
Che somigliano a te, ma son più lieti,
Benchè tu di bellezza e di potenza
Sembri ad essi maggior. Sul nostro capo
Scendere li veggiamo alla sembianza
D'un quieto meriggio; e tu se' pari
Alle notti serene allor che striscia
La lunga falda di candide nubi
Sul purpureo convesso, ed infinite
Scintille, a guisa di minuti Soli,
Gemmano la profonda azzurra volta.
Così belle son esse e numerose,
Così care a veder, che la pupilla

Vola non abbagliata a vagheggiarle,
E si bagna di pianto. È tal l'affetto
Che muovi in me! Se misero tu sei,
Non volerci con te nella miseria,
E su' tuoi mali io piangerò.
LUCIFERO.
            Quel pianto!...
Oh saper tu non puoi qual oceàno
Ne scorrerà!
ADAH.
Da me?
LUCIFERO.
        Da tutti, o donna.
ADAH.
Da chi?
LUCIFERO.
    Da milioni! Il popolato
Mondo, il deserto, il bàratro infernale
Ch'empierai del tuo germe.... Ah tutto, o donna,
Tutto un pianto sarà!
ADAH.
            Ne maladice,
O Cain, quello spirto!
CAINO.
            Al suo dispetto
Lascia libero il fren. Seguirlo io voglio.
ADAH.
E dove?
LUCIFERO.
    In parte che nel vol d'un'ora
Ridonato ti sia. Ma nella breve
Ora cose vedrà di lunghi giorni.
ADAH.
E può questo avvenir?

LUCIFERO.
                    Non fu composta
Dal vostro creatore in sette giorni
Col frusto d'antichissimi pianeti
Questa giovane terra? Ed io che v'ebbi
Parte all'impresa e l'aiutai, non posso
Quanto ei fece in più giorni e strusse in pochi
Rivelarvi in un'ora?
                    CAINO.
                    Andiam !
            ADAH.
                            Nè tolto
Più lungamente mi sarà ?
                    LUCIFERO.
                            T'accerta,
No 'l ti sarà. Le nostre opre non sono
Schiave degli anni, e stringere in un'ora
Possiam l'eternità, non altrimenti
Che prolungar quell'atomo di tempo
In una eternità. — La nostra vita
Misurata non è come l'umana.
— Ma segreti son questi. — Andiam, Caino!
                    ADAH.
Ritornerà?
                    LUCIFERO.
                    Sì, donna ! il solo, il primo,
L'ultimo, tranne l'Un.... da quel soggiorno
Ritornerà. Silenzioso attende
Che per voi si riempia il suo deserto,
Come aspetta la terra ancor mendica
D'umani abitatori.
                    ADAH.
            E dove alberghi?

LUCIFERO.
Nello spazio infinito. E vi sarebbe
Altro loco per me? Dove il tuo Dio....
Dove stanno i tuoi Dei, là sono io pure.
Tutta la signoria dell'universo
Con lui divido. La vita, la morte,
Gli anni, l'eternità, la terra, il cielo....
E quanto non è cielo e non è terra,
Ma stanza di color che l'uno e l'altra
Popoleranno e popolaro un tempo:
Son questi i regni miei. La sua corona
Con lui cosl divido, e cingo un serto
Che suo non è. Se tale, Ada, io non fossi
Mi vedresti tu qui? L'eteree scôlte
Vegliano al raggio della tua pupilla.
ADAH.
Vegliavano cosl nel Paradiso
Quando il vago serpente alla mia madre
La prima volta favellò.
LUCIFERO.
Mortale !
Tu m'hai compreso. Se desio ti punge
Di conoscere il vero, alla mia fonte
Vieni, e l'estingui, nè gustar dovrai
Frutto che ti rapisca un sol de'beni
Che t'ha lasciati il vincitor. — Mi segui !
(*Escono Lucifero e Caino.*)
ADAH (*seguendoli*).
O Caino ! Caino ! o mio fratello !

ATTO SECONDO.

SCENA I.
L'abisso dello spazio.

LUCIFERO, CAINO.

CAINO.
Fendo l'aere e non cado, e tuttavia
Temo cader.
LUCIFERO.
　　　　Tien salda in me la fede:
L'aere ti reggerà, poi che signore
Dell'aere io sono.
　　　　CAINO.
　　　　　Lo poss'io? d'empiezza
Reo non mi faccio?
　　　　LUCIFERO.
　　　　« Non cadrai se credi;
Dubita e sei caduto. » È tale il bando
Dell'altro nume che dimòn m'appella
Innanzi a'suoi cherùbi; e questo nome
Vien da loro iterato a crëature
Miserabili, imbelli e cieche al raggio
D'ogni saver che i termini trascenda
Della corta lor vista; a crëature

Che sol della parola adoratrici,
Credono o buono o reo ciò che per buono
O per reo fu bandito alla prostrata
Loro natura. Ah no ! di tai devoti
S legno il facile ossequio ; e tu vedrai,
M'adori o no, le stelle e i mondi tutti
Al di là della tua povera terra ;
Nè la mano io sarò che ti prepari,
Per qualche dubbio che nel cor ti nasca,
Dopo i brevi tuoi giorni, orrende pene.
Verrà di che su poca onda librato
Dica un uomo ad un uomo : « In me confida,
E passeggia sull'acque. » E l'uom passeggi
Confidente sull'acque. Io non ti dico :
Credi in me, come prezzo al tuo riscatto ;
Ma seguimi, ti dico, ed io mostrarti
Tali cose saprò che dirle inganno
Non oserai ; la cronaca de' mondi
Che fur, che sono, che saranno.

CAINO.
         O nume
O dimòn che tu sia, la nostra terra
Quella forse non è ?

LUCIFERO.
        Più non conosci
La polvere terrena, onde plasmato
Fu già tuo padre ?

CAINO.
     Sarà ver ? quel breve
Ceruleo globo nell'etere immerso,
Cui s'accosta un minore al disco eguale
Che ci schiara le notti ? è quello il nostro
Paradiso ? e le mura ove son esse ?
Ove i loro custodi ?

ATTO SECONDO.

LUCIFERO.
                    A me lo addita
Questo tuo Paradiso.
                    CAINO.
                            E lo potrei?
Mentre c'inabissiam nell'infinito
Come raggi di sole, alle mie ciglia
Scema ognor di grandezza; a mano a mano
Che ristringe la terra il disco suo,
D'un'aureola si fascia a quella luce
Simile che i più belli astri circonda
Se presso al Paradiso io li contemplo;
E scostandoci noi con ruinosa
Fuga, rimpiccolirsi ed ir confusi
Que' due lumi vegg'io tra i mille e mille
Che ne splendono intorno e che si funno,
Quanto più n'appressiam, gremiti e vasti.
                    LUCIFERO.
E se fossero terre assai maggiori
Della tua? se viventi assai più grandi
S'aggirassero in quelle, numerosi
Quanto le arene della vil tua spera,
Benchè tu le immillassi in altrettante
Minuzie intelligenti, e destinati
Tutti alla morte, ed infelici tutti,
Mortal, che penseresti?
                    CAINO.
                        Andrei superbo
Del pensier che giungesse a tal concetto.
                    LUCIFERO.
Ma se quell'alto e libero pensiero
Fosse tenacemente ad una serva
Materia avviticchiato, e quando alzarsi
Anelasse da questi ai più sublimi

Segreti del saper, confitto al suolo
Da minuti, vilissimi bisogni,
Tutti schifo e lordura, invan cercasse
Di sciogliere il suo volo? e quando il primo
D'ogni tuo godimento una laida opra
Fosse che ti svigora, e ti seduce
A produr nuovi spirti in corpi nuovi
Condannati essi pure (ove ne salvi
Qualche raro felice) alla comune
Fragilità?
                    CAINO.
        La morte è cosa ignota,
Dujo, o spirto, è per me, ma la dipinge
Terribile mio padre, e tal la credo.
In paterno retaggio a me legata
Fu colla vita, eredità funesta
Se pur ne debbo giudicar. Ma quaudo
Ella sia come dici (e la tortura
Profetica ho nel cor che dici il vero),
Fa' ch'io tosto succomba! a me parrebbe
Propagar l'omicidio in dar la vita
A sciagurati che patir dovranno,
Che dovranno morir dopo una lunga
Serie di mali.
            LUCIFERO.
        Non morrete interi:
V'ha cosa in voi che non si spegne.
                CAINO.
                        Al padre
Così l'Altro non disse allor che tratto
Fu dal suo Paradiso colla morte
Scritta sul volto. — Oh pèra, oh pèra almeno
La mia parte mortal sì che l'eterna
In angelo si muti!

ATTO SECONDO.

LUCIFERO.
      Io son composto
D'angelici elementi; esser vorresti
Ad immagine mia?
                CAINO.
                  Chi sii lo ignoro.
Ben veggo il tuo poter, le cose io veggo
Che mi vieni additando oltre la possa
Di mie terrene facoltà; ma questo
È pur sempre minor delle mie brame,
De' miei pensieri.
              LUCIFERO.
                  Quali son le brame,
Quali sono i pensieri úmili tanto
Nel loro orgoglio, che non han ribrezzo
Di chiudersi co' vermi in poca argilla?
                CAINO.
E tu, che dello spirto altera stanza
Ti fai, che la natura e quanto eccede
I confini del tempo in te comprendi,
E pur ti mostri doloroso,... oh, dimmi!
Che sei tu?
        · LUCIFERO.
              Che son io?... qual sembro io sono.
E per questo, o mortale, a te dimando
Se vuoi farti immortal.
                CAINO.
                  Tu mi dicesti
Che mal mio grado lo sarei. Fin ora
Nulla io seppi di ciò; ma poi che tale
Forza è pur ch'io diventi, ah! fa' ch'io provi,
Sventurato o felice, innanzi tempo,
La mia promessa eternità.

LUCIFERO.
                          N'avesti,
Pria di vedermi, un saggio.
              CAINO.
                      E come io l'ebbi?
          LUCIFERO.
Dolorando.
              CAINO.
          Il dolore è dunque eterno?
          LUCIFERO.
Prima noi ne faremo, indi i tuoi figli
L'esperimento.... Ma contempla! È grande
Ciò che tu vedi?
              CAINO.
              O puro etere immenso
Che sgomenti il pensiero! e voi, felici
Spere, che senza fin v'accumulate
Inesauste di luce agli occhi miei!
Dite, che siete voi? che son gli azzurri
Sterminati deserti ove godete
Turbinando vagar come le foglie
Raggirate dai limpidi ruscelli
Del paradiso? Oh dite! a voi proscritto
Venne forse un cammino? o trascorrete,
Sol da tripudio e da voler sospinte,
Per l'abisso celeste, a cui non sono
Posti confini? Ah! l'anima s'innalza
Quando, o luci, a voi pensa, inebbriata
D'eternità. Chiunque, o nume o numi,
Cose arcane, voi siate, oh quanto belle
Siete voi! quanto bella ogni opra vostra,
Ogni vostra vicenda, o qual più caro
Nome a voi si convegna! Ah qui mi date
Morir come la polve, ove la polve

ATTO SECONDO.

Sia mortale ancor essa, o mi scoprite
Qual virtù, qual scienza in voi si celi!
Il pensier che m'infiamma in tal momento
Degno, o luci, è di voi, se di voi degna
La sua creta non è. — Mi guida, o spirto,
A mirarle da presso, o qui m'uccidi.

LUCIFERO.
Non vi sei tu vicin? Ti volgi e cerca
La terra.

CAINO.
  Ov' è rimasta? altro non veggo
Che splendori e splendori.

LUCIFERO.
     A quella parte
Volgiti.

CAINO.
Non la scerno.

LUCIFERO.
     E pur ne manda
Tuttavia la sua luce.

CAINO.
   È quella forse?

LUCIFERO.
Quella.

CAINO.
Che di'? Le lucciole, gl'insetti
Luminosi vid'io che nella sera
Ingemmano le aiuole ed i cespugli,
E men pallidi son di quella spera
Che li produce.

LUCIFERO.
   Hai visto insetti e mondi
Splendere d'una luce; or che ne pensi?

CAINO.

CAINO.
Che gl'insetti son belli, e belli i mondi
D'una propria beltà, che nel suo volo
La lucciola notturna e nell'eterno
Vortice l'astro, d'una mano ha d'uopo
Che li corregga.
LUCIFERO.
Di qual man?
CAINO.
La svela
Tu medesmo al mio sguardo.
LUCIFERO.
Avrai tu core
Di contemplarla?
CAINO.
Che dirò? Lo ignoro.
Cose ancor non mirai ch'io non osassi
Novamente mirar.
LUCIFERO.
Mi segui dunque!...
Contemplar le mortali o le immortali
Forme vuoi tu?
CAINO.
Che sono?
LUCIFERO.
Una meschianza
Di quelle e queste. Interroga il tuo core:
Che gli siede vicin?
CAINO.
Le cose belle
Che mi veggo dinanzi.
LUCIFERO.
E più vicino?

ATTO SECONDO.

CAINO.
Ciò che non vidi e non vedrò. L'oscuro
Mistero della morte.

LUCIFERO.
E se mostrarti
Morte cose io potessi in quella guisa
Che molte ti mostrai delle immortali?

CAINO.
Fallo.

LUCIFERO.
Ti libra sul mio forte volo.

CAINO.
Come l'aere solchiam! come le stelle
Ci sfuggono dagli occhi!... ov'è la terra?
Ch'io rivegga colei che m'ha composto
Del materno suo loto.

LUCIFERO.
È lungi troppo.
Picciola nello spazio è la tua terra
Più che sovr'essa tu non sei. Ma pure
Non pensar di fuggirle. In poco d'ora
Tornerai come prima alla sua polve;
Giacchè patto quest'è della immortale
Nostra esistenza.

CAINO.
Or dunque, ove mi guidi?

LUCIFERO.
A veder ciò che visse anzi che nato
Tu fossi; all'ombre d'un'antica terra
Di cui macerie è quella tua.

CAINO.
Novella
La mia terra non è?

MAFFEI. — *Poeti inglesi e francesi.* 4

CAINO.
LUCIFERO.
Non più che nuova
Sia la vita, o Caino. Ella già v'era
Pria di te, pria di me, pria delle cose
Che di noi son maggiori, e n'han l'aspetto.
Molte sostanze non morranno, e molte
Che negano superbe il lor principio,
L'ebbero abbietto come il tuo. Periro
Potentissime vite, ed han ceduto
A creature neghittose e fiacche
Oltre il nostro pensar. Non fu, non havvi,
Nè giammai vi sarà d'eternamente
Immutabile e vivo altro che il tempo
E lo spazio. Ma reca ogni vicenda
Morte alla creta. Tu se' creta, ed altro
Comprendere non puoi che sussistenze
Gia formate di creta; e tali appunto
Si parranno a' tuoi sensi.
CAINO.
O creta o spirto,
Tutto io posso veder.
LUCIFERO.
Vien meco adunque.
CAINO.
Come rapidi i lumi al nostro tergo
Dileguano nel vano! e come grandi
Si fan le luci che mi stanno a fronte!
Quanto più m'avvicino io le distinguo
In sembianza di mondi.
LUCIFERO.
E mondi sono.
CAINO.
Con paradisi?

ATTO SECONDO. 51
LUCIFERO.
Forse.
CAINO.
Ed abitati
Dall'uom com'è la terra?
LUCIFERO.
O d'esso o d'altre
Più sublimi nature.
CAINO.
E serpi ancora?
LUCIFERO.
Uomini senza serpi? il solo eretto
Respirar vi dovrebbe?
CAINO.
Oh! come il raggio
S'impallidisce! ove n'andiam?
LUCIFERO.
Fra l'ombre
Di chi visse e vivrà; nella dimora
De' fantasmi.
CAINO.
Ogni lume è già sparito,
E la tènebra cresce.
LUCIFERO.
E pur tu vedi.
CAINO.
Terribile splendore! Il Sol, la Luna,
Le stelle tutte dileguàr. L'azzurro
Purpureo della sera in un morente
Crepuscolo si perde, e pur distinguo
Brune masse, infinite e ben diverse
Da que'lucidi mondi a cui mi sono
Raccostato pur or. Lieti, raggianti
Mi pareano di vita, e tali ancora,

CAINO.

Scinti dalle corrusche aeree zone,
Quando in monti ed in valli aperta e scabra
Mostravano la faccia, e d'essi alcuno
Fiamme gittava, e in liquide pianure
S'effondeano parecchi, ed in criniere
V'eran altri disciolti o coronati
Di luce, ch'io credetti il dolce aspetto
Della terra mirar.... Ma qui, qui solo
Caligine e spavento.

LUCIFERO.
     E nondimeno
Puoi distinto veder. Ma non chiedevi
Conoscere la morte e i suoi misteri?

CAINO.

Spirto! io chiesto non l'ho; ma poi che noto
M'è che vi sono, che la colpa ha fatto
Vittima della morte il padre mio,
Me con tutto il mio seme, io pur vorrei
Rimovere in quest'ora una cortina
Che sono un giorno di levar costretto.

   . LUCIFERO.
Guarda!

CAINO.
  Profonda oscurità!

LUCIFERO.
      La notte
Siede eterna all'entrata, e tuttavolta
N'aprirà le sue porte.

CAINO.
     Enormi spire
S'alzano di vapori.... oh! che son essi?

LUCIFERO.
Entravi!

ATTO SECONDO.

CAINO.
N' uscirò?
LUCIFERO.
Tu n' uscirai.
Chi dovrebbe altrimenti i vuoti regni
Riempir della morte? Ancor son pochi
Quei che vi sono, comparati ai molti
Che da te, dal tuo sangue a popolarli
Verran.
CAINO.
La notte si divide, e svolge
Le infinite sue bende a noi d'intorno.
LUCIFERO.
Procedi.
CAINO.
E tu?
LUCIFERO.
Non paventar! Venuto
Non saresti fin qui dal tuo pianeta
Senza il mio ministero. — Avanza, avanza!
(*Si perdono nel bujo.*)

SCENA II.

L' Ades.

LUCIFERO, CAINO *entrando*.

CAINO.
Qual'ampiezza e silenzio in questi mondi
Tristi ed oscuri! perocchè mi sembra
Molti, o spirto, vederne e popolati
Più delle spere luminose e sparse

Nell'etereo seren; di quelle tante
Che librate vi stanno e fér sospesa
La mente mia, se popolo lucente
Sièno di sterminato ignoto cielo,
O globi destinati alla dimora
D'animate sustanze; e sol radendo
Loro dappresso le trovai composte
Di materia palpabile, indolente,
Che la vita non già, ma l'abituro
Della vita parca. Qui l'aere è tutto
Grave, caliginoso; e solo un fioco
Crepuscolo v'albeggia, annunziatore
D'un mesto giorno che passò.
    LUCIFERO.
       Ne' regni
Della morte noi siamo. Hai tu vaghezza
Di vederne l'aspetto?
    CAINO.
      A tal dimanda
Rispondere io non so fin che la morte
Cosa oscura mi sia; ma quando fosse
Qual mio padre la dice, e la colora
Nelle sue lunghe querimonie, è cosa....
No! fermar non vi posso il mio pensiero!
Oh maladetto chi trovò la vita
Che conduce alla morte! e maladetta
Questa congerie d'insensata argilla
Che si fuse alla vita, e poi non valse
A rattenerla e la smarrì.... per quelli,
Per quelli istessi che non han peccato!
    LUCIFERO.
Maladici tuo padre?
    CAINO.
     E me! me forse

ATTO SECONDO. 55

Non maladisse nel darmi la vita?
Maladetto non m'ha, gustando il pomo,
Pria che nato foss'io?
         LUCIFERO.
              Ben dici; alterno
È fra voi l'imprecar... ma la tua prole?
Tuo fratel?
         CAINO.
        Mio fratello e i figli miei
Lo partano con me, con me che sono
Lor fratello e lor padre. Io lascio ad essi
La mia paterna eredità. — Fantasmi,
Ombre or vaghe e confuse, ora distinte,
Ma gravi tutte e dolorose, in questa
Lugubre, immensa region natanti,
Che siete voi? vivete, o già viveste?
         LUCIFERO.
Vivono ed han vissuto.
         CAINO.
            E qual mistero
Dunque è la morte?
         LUCIFERO.
            Non vi ruppe ancora
Colui che vi creò della seconda
Vita il suggello?
         CAINO.
        Non ancor: ci disse
Che morrebbe ogni cosa.
         LUCIFERO.
            Un giorno forse
Questo segreto svelerà.
         CAINO.
           Felice
Quel giorno!

LUCIFERO.

 Oh, sì! felice, allor ch'ei sciolga
Questo vel fra torture ed agonie
Senza fin, senza nome, a milioni
D'atomi imposte! d'atomi innocenti,
Che fin ora non son, ma che saranno
Sol per questo creati!

CAINO.

 E quelle grandi
Larve ch'io miro vagolarmi intorno,
Sai tu dirmi che son? Gli spirti eletti,
Che del nostro conteso e sospirato
Paradiso circondano le mura,
Non somigliano ad esse; e men l'effigie
Vi s'accosta dell'uom, qual io nel padre,
Nel fratel la ravviso, in me medesmo,
Nella cara mia sposa e mia sorella,
Ne' miei piccoli nati. Il loro aspetto
Nè d'angelo, nè d'uomo, ancor che ceda
Al sembiante immortal, l'umano avanza!
Belle, forti son esse, e maestose;
Pur non le posso difinir, chè forme
Pari a queste io non vidi. Il vol non hanno
Dei serafini, nè dell'uom l'imago,
Nè d'alcuno animal fra'più robusti
Che scorrono la terra, o d'altra cosa
Che vi respiri. Di beltà, di possa
Vincono le più belle e più gagliarde
Creature viventi, e pur diverse
Tanto da quelle, che non oso io quasi
Dirle membra animate.

LUCIFERO.

 E pur lo fûro.

ATTO SECONDO.

CAINO.
Dove?

LUCIFERO.
Dove tu vivi.

CAINO.
E quando il fùro?

LUCIFERO.
Quando l'astro abitàr che terra appelli.

CAINO.
Adamo è il primo abitator.

LUCIFERO.
Del vostro
Genere, sì; ma troppo è vile Adamo,
Fosse l'ultimo pur di questi antichi!

CAINO.
Che son?

LUCIFERO.
Ciò che sarai.

CAINO.
Che fùr?

LUCIFERO.
Viventi,
Nobili, intellettive, ottime, grandi,
Gloriose nature! e tanto sopra
A ciò che nel felice Eden già fùro
La madre e il padre tuo, quanto il sarete
Tu, Caino, e tuo padre alla sessanta
Millesima progenie, allor che l'uomo
Sia nell'estrema abbiezion caduto.
Dalle stesse tue fibre argomentarne
Puoi la fiacchezza.

CAINO.
Ed essi, oimè! periro?

CAINO.
LUCIFERO.
Perir su quella terra ove tu stesso
Perirai.
CAINO.
La mia terra a lor fu stanza?
LUCIFERO.
Sì.
CAINO.
Qual' è no 'l potrebbe. Angusta è troppo
Per tai giganti créature.
LUCIFERO.
È vero;
Fu maggior la tua terra.
CAINO.
E qual evento
La impiccolì?
LUCIFERO.
Ciò chiedi a Lui che strugge.
CAINO.
Per qual poter?
LUCIFERO.
Per sùbita ruina
Sterminatrice, per conflitto orrendo
Di scomposti elementi, il qual sommerse
Nel caos un orbe che diviso e svolto
S'era dianzi dal caos. Di rado il tempo
Questi casi produce, ma sovente
L'eternità. — Procedi, e nel passato
Medita e guarda!
CAINO.
Spaventoso aspetto!
LUCIFERO.
Vedi tu quelle larve? esse già furo
D'ossa e di polpe come tu.

ATTO SECONDO.

CAINO.
     Rifarmi
Debbo anch'io come quelle?
   LUCIFERO.
      A te risponda
Colui che v'ha creati. Io sol ti mostro
Ciò che sono color che nella vita
T'han preceduto. Ciò che furo il vedi,
Debolmente però, come a' tuoi sensi
Circoscritti ed infermi, alla tua poca
Particella immortal d'intelligenza,
Alla umana tua forza è conceduto.
Di costor non avete e non avrete
Che la vita e la morte. I tenui doni
Che vi sono rimasti, alla natura
Rispondono de' vermi ingenerati
Dalla belletta d'un mondo caduto,
Che da grande ch' egli era e glorioso
Venne poveramente in un meschino
Vil pianeta compresso, acciò dovesse
Tal progenie albergar che nella piena
Cecità si beasse.... un paradiso
D'ignoranza e d'error da cui sbandita
Fosse, come velen, la sapienza!
— Ciò che sono o che fur queste sovrane
Creature contempla! o, se l'incresce,
Torna alla gleba, officio tuo; securo
Guidar vi ti saprò.
    CAINO.
      No, spirto! io voglio
Qui rimaner!
   LUCIFERO.
   Lung'ora?

CAINO.

   Eternamente.
Poscia che dalla terra a questi regni
Debbo un giorno tornar, ch'io vi rimanga
Meglio certo sarà. M'è tedio e pena
Quanto la polve mi svelò. Tra l'ombre
Lasciami!

LUCIFERO.
   Tu no 'l puoi! Quasi uno spettro
Ora il vero t'appar, ma l'abitarvi
Non ti lice, o mortale, anzi che passi,
Come un tempo costor, la buia soglia
Della morte.

CAINO.
   Qual'altra abbiam varcata?

LUCIFERO.
La mia varcasti, e n'uscirai. Per queste
Profonde regioni ove nessuna
Cosa respira fuor di te, nudrito
Dal mio soffio tu sei. Contempla ancora,
Ma fin che non ti coglia il gran momento,
Non pensar di restarvi.

CAINO.
   E non potria
Ritornar come noi questa potente
Schiatta alla terra?

LUCIFERO.
   Il loro astro disparve,
Nè sorge più. Per la orribile scossa
Che la disfece trasformata è tanto
La spera ove abitàr, che la sua nova
Pur or sedata superficie un'orma
Dell'antica non serba, e da costoro

Più non saria riconosciuta. — Oh come
Era bello quell'astro!

CAINO.

È bello ancora.
Non è già colla terra il mio dispetto,
Sebben la debbo coltivar. Mi sdegna
Quel non poter senza grave fatica
Gustar della ritrosa i dolci frutti,
Nè spegnere la sete al mio pensiero
Cupido di saver, nè porre in calma
La mia mente agitata, i miei confusi
Timori della vita e della morte.

LUCIFERO.

Tu conosci il tuo mondo, oh, ma non puoi
Nè pur l'ombra idear di quel ch' egli era!

CAINO.

Che son quelle fantastiche figure
Smisurate di mole e pur minori
(Tai mi sembrano almen) per intelletto
All'altre che vedemmo? in qualche parte
Somigliano a' selvaggi abitatori
Delle nostre foreste, a quei più vasti
Che sogliono la notte orribilmente
Per le selve ruggir, ma dieci volte
Più tremendi son questi e più sublimi.
Sovrastano d'altezza alla muraglia
Che cerchia il Paradiso, e, come i brandi
Dei cherubini che vi stanno a guarda,
Fiammeggiano negli occhi, e pari a querce
Senza ramo nè scorza, i fieri denti
Sporgono dalle fauci. Oh! che son essi?

LUCIFERO.

Ciò che sono i *Mammù* nel tuo pianeta.

CAINO.
E le spoglie di questi a mille a mille
Stanvi occulte sotterra.
CAINO.
E niun v'è sopra?
LUCIFERO.
No, poichè se la tua fragile stirpe
Guerreggiasse con loro, in picciol tempo
Sterminata sarebbe, e l'ira eterna
Che su tutto il tuo seme è fulminata,
Verria delusa.
CAINO.
Guerreggiar con loro?
Perchè?
LUCIFERO.
Più non ricordi il duro bando
Che vi cacciò dal Paradiso? « In guerra
Con tutti, a tutti morte, ai più, tormenti,
Mali, angosce, miseria. » Il pomo è questo
Dell'albero vietato.
CAINO.
E forse i bruti
Di quel pomo cibàr perchè dannati
Siano anch'essi alla morte?
LUCIFERO.
Egli vi disse
Che per l'uom fûr creati in quella guisa
Che fu l'uomo per Lui. Vorresti adunque
Che la condanna del Signor cadesse
Più sull'uom che sul bruto? Anche la fera,
Senza il fallo d'Adamo, avria gioito
D'una sorte migliore.
CAINO.
Ahimè! per sempre
Infelici voi pur? voi pur dannati

ATTO SECONDO.

A seguir, com'io seguo, il tristo fato
Del padre mio? Nè tocco avete il pomo,
Nè con noi, sciagurati, il troppo caro
Saver diviso!... Oh l'albero ha mentito,
Giacchè l'uom non sa nulla! al grave prezzo
Della morte bensì, ma la scïenza
Ei pur n'avea promessa; or che sappiamo?

LUCIFERO.
Forse al lume del vero esservi guida
Può la morte, o Caino; e poi che certa
Fra le cose universe è questa sola,
Scorgervi la sua mano almen dovrebbe
A quel lume sicuro. Il pomo dunque,
Benchè letale, non mentì.

CAINO.
     Lugùbre
Solitudine! Io guardo e pur non posso
Cosa alcuna veder.

LUCIFERO.
    Perchè lontana
La grand'ora ti sta. Non può lo spirto
Tutto informarsi nella creta.... È molto
Per la creta però se non ignora
Che tale oscura region vi sia.

CAINO.
Che vi fosse la morte è già gran tempo
Che svelato mi fu.

LUCIFERO.
    Ma non già quanto
V'ha dopo lei.

CAINO.
L'ignoro ancor.

LUCIFERO.
    Che v'abbia

Una e molte esistenze oltre la tua
Questa mane ignoravi, or t'è palese.
     CAINO.
Ma qui tutto m'è buio.
     LUCIFERO.
     Attendi, e luce
Farsi il buio vedrai quando immortali
Diverranno i tuoi sensi.
     CAINO.
     E quello spazio
Interminato di lucente azzurro
Liquido, ondante sul mio capo? Il fiume
Parmi raffigurar che dal terrestre
Paradiso discorre al mio soggiorno;
Ma non ha come quello argini e foce;
Etereo è il suo color.... Sai tu che sia?
     LUCIFERO.
Ve n'han pur sul tuo globo, ancor che molto
Dissimili in ampiezza, e lungo i lidi
V'abiteranno i figli tuoi. Lo spettro
D'un pelago tu vedi.
     CAINO.
     Ha la figura
D'un secondo emisfero o d'una stella
Liquefatta. E le strane, immani torme
Che tripudiano a fior della sua crespa
Cerula superficie?
     LUCIFERO.
     Orche son quelle
Che dimorano in esso; i leviatani
D'un tempo antico.
     CAINO.
     E la terribil serpe
Che le squame stillanti e l'ardua cresta

ATTO SECONDO.

Dieci volte maggior del più superbo
Cedro terreno, dall'abisso innalza,
E cingere potrebbe un dì quegli astri
Che pur dianzi vedemmo? È della forma
Di quel colùbro, che strisciar godea
Sotto la pianta del saver?

LUCIFERO.
            Qual forma
Di colùbro fu quella, Eva, tua madre,
Meglio dirti saprà.

CAINO.
            Feroce troppo,
Troppo orribile è questo. Il tentatore
Fu per fermo più bello.

LUCIFERO.
            E no 'l vedesti
Tu mai?

CAINO.
    Non pochi della specie stessa
(Se mi dissero il vero) io n'ho veduti.
Ma quel che persuase alla mia madre
Di côrre il frutto proibito, od altro
Serpe di quell'aspetto, io mai non vidi.

LUCIFERO.
E no 'l vide tuo padre?

CAINO.
            Anch'ei no 'l vide.
Eva Adamo tentò, poi che tentata
Fu dal serpente.

LUCIFERO.
        O semplice intelletto!
Qualor dalla tua sposa o dalle spose
De' tuoi figliuoli, od essi o tu verrete
Lusingati, sedotti a qualche nova

CAINO.
O strana cosa, ricorrete al fonte!
Cercate l' orma di colui che primo
Tentò le seduttrici.
CAINO.
È tardo avviso.
Più non avvi cagion, perchè la serpe
Tenti il cor della donna.
LUCIFERO.
Altre cagioni,
Credimi, vi saran, perchè la donna
Sia dall'uomo tentata, e l'uom da lei.
Badi a ciò la tua stirpe! A me soltanto
Nocevole è il consiglio, a voi cortese.
Ma seguir no 'l vorrete, ed io di poca
Perdita mi dorrò.
CAINO.
La tua parola
M'è scura.
LUCIFERO.
O te felice!... Il mondo e voi
Siete giovani ancora.... Iniquo forse
Ti presumi, o Caino, e sventurato
Senza misura?
CAINO.
Se malvagio, ignoro,
Ma ne soffro la pena.... oh quanto io soffro!
LUCIFERO.
Primonato dell'uomo! un paradiso
D'innocenza e di gioia è il tuo presente
Stato di colpa o di dolore a fronte
Di ciò che patirai; ma questo ancora
Sarà, pur nel suo colmo, un paradiso
A quel che d'inaudito i tardi figli
Del tuo misero seme, accumulando

ATTO SECONDO.

Progenie su progenie, come polve
Di cui l'acervo senza fin s'ingrossi,
Patiranno e faran. — Ma vieni! è tempo
Ch'io ti guidi alla terra.

CAINO.
      E qui condotto
Sol per questo m'hai tu?

LUCIFERO.
      Non mi chiedesti
La sapienza?

CAINO.
    La chiedei pensando
Farmi felice.

LUCIFERO.
    Se felice il vero
Può far, tu l'hai.

CAINO.
     Ma il Dio de' padri miei
Fu benefico dunque allor che pose
Sulla pianta funesta il suo divieto.

LUCIFERO.
E benefico più se non l'avesse
Fatta mai germogliar. Però dal male
L'ignoranza non salva, e debbe anch'esso
In eterno girar come una parte
Delle cose create.

CAINO.
    Oh non di tutte!
Crederlo non poss'io, giacchè m'infiamma
Sete del bene.

LUCIFERO.
    E creatura esiste
Che del ben sia nemica? o che del male,
Per l'amaro suo gusto, abbia vaghezza?

CAINO.
No, no!... nessuna! L'elemento è desso
Di ciò che vive e che non vive.
CAINO.
Il male
Giugnersi non potrebbe a quei ridenti
Astri, che m'appariro, anzi che tratti
Qui nel regno dell'ombre il vol ci avesse.
Troppo, oh troppo son belli!
LUCIFERO.
Hai sol da lungi
Vagheggiati quegli astri.
CAINO.
Or ben, che monta?
La distanza li scema, e parte adombra
Dei raggi lor. Vicini, oh come belli
Mi parrebbero più!
LUCIFERO.
Le cose belle
Della terra avvicina, e poi decidi
Della loro beltà.
CAINO.
La cosa, o spirto,
Vaga fra tutte agli occhi miei, più vaga,
S'io l'accosto, diventa.
LUCIFERO.
Abbaglio è questo
Del tuo senso mortal. Che trovi in terra
Di così bello che le belle avanzi
Cose lontane, se da presso il miri?
CAINO.
Ada, la mia sorella! I numerosi
Astri del firmamento; il cupo azzurro
D'una placida notte irradiata
Da quel lume gentil che d'uno spirto,

ATTO SECONDO.

O del lieto suo mondo, ha l'apparenza;
Le rosee tinte della sera; il lampo
Maestoso del Sol quando risorge:
Quel suo tramonto che veder non posso
Senza il pianto sugli occhi (un dolce pianto!),
Senza che mollemente il cor mi tiri
A quel suo rubicondo occidentale
Eden di nubi; la foresta ombrosa,
I cespugli fiorenti, il mesto canto
Dell'augel che nell'espero confonde,
Mentre sul Paradiso il dì si chiude,
La sua nota d'amore alle armonie
Degli angelici spirti.... ah, tutto è noia
Al mio sguardo, al mio core, ove il mio sguardo
E il mio cor vi confronti il volto d'Ada!
Dalla terra e dal cielo io mi distolgo
Per vagheggiarla.
      LUCIFERO.
        È bella! è bella quanto
Lo possa un frutto di mortale arbusto
Sul primo albor d'un giovane creato;
Quanto un germe lo possa or or fiorito
Dai primi amplessi del connubio primo....
Ma pur sempre un abbaglio!
      CAINO.
             Oh tu ciò pensi,
Perchè fratello non le sei!
      LUCIFERO.
            Mortale!
Solo a chi non ha figli io m'affratello.
      CAINO.
Dunque all'uom tu no 'l puoi.
      LUCIFERO.
           Ma ciò non vieta

CAINO.
Ch'egli a me sia fratel. — Se d'una cosa
Bella così, che vincere in bellezza
Tutti gli astri non ponno, hai tu l'impero,
Perchè misero sei?
       CAINO.
              Perchè son vivo?
Perchè sei tu medesmo infortunato?
Ogni cosa è pur tale; anche Jeòva
Esser dovrebbe come noi! chè lieto,
Chi di tanti infelici è creatore,
No, per certo non è. Può dalla gioia
Procedere la morte? Onnipossente
Lo dice il padre mio. « Ma s'egli è buono.
Perchè genera il male? » io chiesi al padre.
« Questo mal, mi rispose, è varco al bene. »
Strano bene, io pensai, che dal peggiore
Suo contrario rampolla. — Un agnelletto,
Non ha guari, vid'io da velenoso
Dente trafitto. Il povero lattante,
Colla spuma alle labbra e sotto al vano
Miserando belar della sua madre,
Stava immobile al suolo. Il padre mio
Pochi steli raccolse, e la ferita
Ne medicò. L'agnello a poco poco
Si riebbe, rizzossi, e novamente
La mammella imboccò della nudrice,
Che trepida di gioia iva lambendo
Le care membra ravvivate. « Vedi
Come il bene, o Caino, èsca dal male. »
Così mio padre.
       LUCIFERO.
          E tu?
              CAINO.
                 Per reverenza

ATTO SECONDO.

Non fei parola; ma nel cor pensai:
Meglio per l'agnellin che mai non fosse
Stato morso dall'angue, e non avesse
Racquistata la vita al duro prezzo
D'ineffabili angosce, ancor che tosto
Dal farmaco lenite.

LUCIFERO.
    Aver, dicesti,
Sopra le cose che ti son più care,
Carissima colei che fu nudrita
Dal sen che t'ha nudrito, ed or del suo
Nudre i tuoi figli?

    CAINO.
      Il dissi! E che saria
Senza lei la mia vita?

LUCIFERO.
      Ed io che sono?

CAINO.
Cosa alcuna non ami?

LUCIFERO.
      Ama il tuo Dio?

CAINO.
Se do fede a mio padre, ama ogni cosa;
Tuttavia, se ben guardo, il lor destino
Non m'è prova d'amor.

LUCIFERO.
     Per questo adunque
Mal tu puoi giudicar se cosa alcuna
Mi sia cara o discara, o se più tosto
Volga nel mio pensiero un gran disegno
Dove ogni cosa singolar si fonda
Come la neve.

    CAINO.
    Neve? ignoto nome

CAINO.

Questo è per me.
   LUCIFERO.
    Ne godi! Oh ben dovranno
Conoscerlo più tardi i tuoi nipoti!
Ti riscalda fra tanto al dolce clima
Che d'inverni non sa.
   CAINO.
    Nè cosa hai cara,
Cosa che ti somigli?
   LUCIFERO.
    Ami te stesso?
   CAINO.
Sì, ma più quella che m'allevia il peso
De' miei tristi pensieri; e questo amore
Passa quel di me stesso.
   LUCIFERO.
    È ver, tu l'ami
Perchè bella ti par, come a tua madre
Bello il pomo parea; ma dileguata
La sua bellezza, perderai l'amore
Come ogni altro desio.
   CAINO.
    La sua bellezza?
Come potrebbe dileguar?
   LUCIFERO.
    Col tempo.
   CAINO.
Il tempo è già trascorso, e non di meno
Belli sono i miei padri. Ada li vince,
Li vincono di forme i serafini,
Ma pur son belli.
   LUCIFERO.
    Ed essi ed Ada il tempo
D'ogni avvenenza spoglierà.

ATTO SECONDO.

CAINO.
                    Men duole;
Ma ch'io scemi d'amarla, ah ciò non-posso
Pure idear! Se spegnersi dovesse
Quella cara beltà, men grave danno
Risentirne io dovrei che il sapiente
Crëator d'ogni bello! estinto andrebbe
Il fior delle opre sue.
LUCIFERO.
                    Ben ti compiango,
Chè cosa ami sì frale.
CAINO.
                    Io te, chè nulla
Nel creato non ami.
LUCIFERO.
                    E tuo fratello?
Sta vicino al tuo cor?
CAINO.
                    Perchè no 'l debbe?
LUCIFERO.
Egli è caro a tuo padre, al vostro Iddio....
CAINO.
Egli è caro a me pur.
LUCIFERO.
                    Fai bella mostra
D'animo mansüeto.
CAINO.
                    Io?
LUCIFERO.
                    Generato
Venne dopo di te. La madre tua
Lo predilige.
CAINO.
        Or ben? che si conforti

CAINO.
Del materno favor, di quel favore
Ch'ebbe prima il serpente.
LUCIFERO.
E quel d'Adamo?
CAINO.
Se l'abbia l a me non cale.... Amar non debbo
Chi di tutti è l'amor?
LUCIFERO.
Benignamente
Jéova anch'egli sorride, il buon Signore
Che fondò sulla terra un Paradiso,
Poscia a voi l'interdisse.
CAINO.
Io mai no 'l vidi,
Nè pur so ch'ei sorrida.
LUCIFERO.
Hai non per tanto
Visti i suoi cherubini.
CAINO.
Assai di rado.
LUCIFERO.
Quanto basta, o Caino, a farti istrutto
Come l'amano anch'essi.... e sono accolte
Le offerte sue.
CAINO.
Sian pure.... a che mi parli
Di ciò?
LUCIFERO.
Perchè pensato anzi quest'ora
Tu v'hai.
CAINO.
Ma s'io l'avessi?... a che mi svegli
Questo pensiero nella mente....
(S'interrompe agitato.)
Spirto!

Ne' tuoi mondi siam qui; non favellarmi
Del mio. — Tu m'hai svelate opre stupende.
Gli spettri di color che pria d'Adamo
Vissero, ed abitaro in un pianeta
Di cui solo un avanzo è quella terra
Che noi premiamo. Un turbine di mondi
Tu m'hai fatto ammirar, di cui remoto
Nebuloso compagno, entro gli spazj
Che riempie la vita, è il nostro globo.
I fantasmi vid' io d' un' esistenza
(Mio paterno retaggio) il cui funesto
Nome mi stringe di terror.... la morte !
Vidi assai, ma non tutto. Il Paradiso
Dove Jéova dimora or mi palesa....
O palesarmi il tuo. Dov' hai soggiorno?

LUCIFERO.
Io! per tutto lo spazio.

CAINO.
Ad ogni cosa
Fu concessa una sede, e voi l'avrete.
L'argilla ha la sua spera, han gli altri mondi
I loro abitatori; ogni sustanza
Vive in proprio elemento; e in fin le cose
Ch'ebbero, come dici, alito e vita,
E da gran tempo più non l'han, sortiro
Questo cieco soggiorno; ed un n' avrete
Voi pur!₄.. Regnate insieme?

LUCIFERO.
Iusiem regnamo;
Ma di soglio divisi.

CAINO.
Un sol regnasse
Di voi ! Potrebbe allor, colla felice
Unità dell'intento, uscir la pace

CAINO.

Da mal posti elementi e procellosi
Per discorde voler. Perpetui o saggi,
Quali, o spirti, voi siete, a che vi piacque
Disunirvi così? Non siete entrambi
Nella essenza vital, nella natura,
Nella gloria fratelli?

LUCIFERO.
E tu, fratello
Non sei d'Abel?

CAINO.
Son tale.... Ognor fratelli
Saremo noi.... ma dove ancor potesse
Frangersi questo nodo, avvi paraggio
Fra la carne e lo spirto? è questo infermo,
Labile come quella? o può disgiunta
Venir l'eternità dall'infinito
Perchè debba lo spazio in un abisso
Di sventure cangiarsi?... a qual proposto?

LUCIFERO.
Per regnar.

CAINO.
Ma non siete entrambi eterni?
Detto l'hai tu.

LUCIFERO.
Lo dissi.

CAINO.
E senza fine
Non è l'azzurra immensità ch'io vidi?

LUCIFERO.
Senza fin.

CAINO.
Nè potete insiem regnarvi?
Non v'è spazio che basti? a che la guerra
Fra voi?

ATTO SECONDO.

LUCIFERO.
Regnamo entrambi.
CAINO.
Un di voi due
Produce il mal.
LUCIFERO.
Qual'è?
CAINO.
Sei tu, che sdegni
Giovar, potendo, a noi mortali.
LUCIFERO.
Il vostro
Creator perchè dunque a voi non giova?
Io creati non v'ho. Voi siete sua,
Non mia fattura.
CAINO.
Se da lui vegnamo,
Dunque a lui tu ne lascia. Or ben, mi svela
La sua reggia o la tua.
LUCIFERO.
Manifestarti
L'una e l'altra io potrei, ma verrà tempo
Che vederne, e per sempre, una tu debba.
CAINO.
Perchè non ora?
LUCIFERO.
Il poco a cui t'apersi
La pupilla mortal si cape a stento,
Con un tranquillo e lucido concetto,
Nella umana tua mente, e vuoi levarti
Fino al doppio mistero? ai due principj?
Gli occhi alzar fino ad essi e contemplarli
Sugli occulti lor troni? Affrena, o polve,

CAINO.
La tua malnata ambizion! Letale
Ti sarebbe il veder.
　　　　　　CAINO.
　　　　　　　　Pur ch'io li vegga,
Non rifiuto la morte.
　　　　　　LUCIFERO.
　　　　　　　Il figlio or parla
Di colei che spiccò dalla difesa
Arboro il pomo. — Tu morresti, o folle,
Senza veder. V'attende il gran mistero
Nell'altro stato.
　　　　　　CAINO.
　　　　　　Della morte?
　　　　　　LUCIFERO.
　　　　　　　　Il varco
Tenebroso n'è dessa.
　　　　　　CAINO.
　　　　　　　Or che m'apprendi
Come guidi la morte a certo fine,
Me ne scemi il terrore.
　　　　　　LUCIFERO.
　　　　　　　Andiam! Ti voglio
Ricondur sulla terra a propagarvi
La stirpe tua. La fame ivi t'aspetta,
La sete, la paura, il pianto, il riso,
La fatica, il riposo, e poi.... la morte.
　　　　　　CAINO.
Perchè dunque ho veduti e m'hai dimostri
Tali e tanti segreti?
　　　　　　LUCIFERO.
　　　　　　　E non bramavi
La sapienza? Nell'eterne cose
Ch'io ti feci ammirar non imparasti
La conoscenza di te stesso?

ATTO SECONDO. 79

CAINO.
            Il nulla
Di me stesso io conobbi, altro non parmi....
            LUCIFERO.
Ecco, o figlio dell'uom, ciò che dovrebbe
Fruttar l'intera sapienza umana!
Conoscere il suo nulla! A' figli tuoi
Questo vero trasmetti, e fuggiranno
Da non poche amarezze.
            CAINO.
                    Altero spirto!
Ben audace e superba hai la parola,
Pure un altro t'è sopra.
            LUCIFERO.
                    Ah no! pel cielo,
Dove ei siede e governa, per l'abisso
Per le stelle infinite, e per la vita
Che comune ho con lui, no!... sul mio capo
Sta solo un vincitor, non un sovrano.
Ei l'omaggio otterrà dell'universo,
Ma non il mio. Con esso io duro in guerra
Come un tempo lassù. Per tutta quanta
L'eternità, nel baratro dell'ombre,
Negli spazi profondi immensurati,
Sull'ala infaticabile del tempo,
Tutto io vo' contrastargli! astro per astro,
Pianeta per pianeta ed universo
Per universo! e fin che il gran conflitto
Non cessi, ondeggeranno in dubbia lance;
E cessar non potrà se l'uno o l'altro
Spento non sia.... ma spegnersi potrebbe
La nostra vita sempiterna? il nostro
Non placabile sdegno? Il vincitore
Porrà nome di *male* allo sconfitto,

Ma qual ben ci darà? Se vinto avessi,
Sarebbero le sue, non le mie geste
Proclamate malvagie. E voi, mortali,
Voi pur dianzi creati, oh! di quai doni,
Ditemi, vi largì su quell'abbietta
Vostra terra?
   CAINO.
   Di pochi e in parte amari.
    LUCIFERO.
Vieni dunque al tuo mondo, e le reliquie
De' celesti favori a voi serbati
Vi deliba e vi gusta. Il bene e il male
Son due meri elementi, e chi li dona
Commutar non li può. Se buon è quello
Di cui v'è largo il donator, di buono
S'abbia nome egli pur; ma quando il male
Prema su voi, cercatene la fonte,
E pria di rinvenirla ingiuste accuse
Non m'apponete. Giudicar vi caglia
Non già dalla parola, ancor che sia
Voce di spirti, ma dal fior, dal frutto
Che vi dà l'esistenza. Un raro dono
L'albero v'impartì nella ragione.
Usatene, infelici, e per minaccia
Non lasciate atterrirvi, o tali imporre
Fantastiche credenze, a cui ripugni
Non men del senso la ragion. — Mortali!
Meditate! soffrite! E se l'esterno
Mondo vi manca, ne produca un altro
Intimo, intellettivo il vostro core.
Così farvi potrete alla natura
Spirtal vicini a trionfar la vostra. *(Spariscono.)*

ATTO TERZO.

SCENA UNICA.

La terra presso l'Eden, come nell'atto primo.

CAINO, ADAH.

ADAH.
Taci!... va dolcemente, o mio Caino.
CAINO.
Perchè, sorella?
ADAH.
    Il nostro Ënoc riposa
Su quel letto di foglie alle radici
Del cipresso.
CAINO.
   Il cipresso! una funesta
Pianta, che sembra lagrimar su quanto
Copre dell'ombra sua. Perchè l'hai scelto
Per tenda al figlio nostro?
ADAH.
    I suoi gremiti
Rami occultano il Sol come la notte.
Io lo scelsi per questo: allo mi parve
A proteggere il sonno.

CAINO.

CAINO.
Il lungo sonno....
L'ultimo!... Ma non monta. A lui mi guida.
(S' accostano al bambino.)
Amabile fanciul! l'acceso e puro
Vermiglio delle sue picciole gote
Vince quel delle rose, ond' ha composta
La culla.

ADAH.
E quei labbretti! oh, come sono
Vagamente socchiusi!... Ah non baciarli!
Desto in breve sarà: del suo riposo
Meridian la breve ora già passa;
Ma pria che tutta non si chiuda, il sonno
Non gli turbar; sarebbe atto crudele.

CAINO.
Porrò freno al desio. — Sorride e dorme!
Dormi pure e sorridi, o figlio mio,
Giovine erede d'un giovine mondo
Quasi, o bambino, come te. Quest'ore,
Questi giorni di riso e d'innocenza,
Enoc, son tuoi. Del proibito pomo
Tu gustato non hai, nè ti vergogni
Della tua nudità; benchè tra poco
Soffrir la pena d'un error t'è forza
Che mio, che tuo non è. Ma dormi intanto. —
Come viva è la gioia in quel suo volto!
Posano le palpèbre in dolce curva
Sovra le ciglia tremolanti e nere
Più del cipresso che le adombra, e chiuse
Tanto non son che dietro al tenue velo
L'azzurro occhio non rida ancor che dorma,
Egli sogna!... di che? del Paradiso.
Sogna, sogna di lui, diseredato

Figlio mio! non fu quello altro che un sogno
Perocchè non per te, non per tuo padre,
Non per tutti i tuoi figli il dilettoso
Loco di novo s'aprirà.

ADAH.

Caino!
Non far sul figlio tuo questi lamenti
Del passato. Rimpiangere in eterno
Vorrai tu quel soggiorno? E non possiamo
Farci un Eden noi stessi?

CAINO.

E come? e quando?

ADAH.

Come e quando a te piaccia. Alcun bisogno,
Pur che meco tu sia, di quel perduto
Paradiso non ho. Tu mio non sei?
Il nostro Enoc non è? fratello e padre
Qui non son? non è qui la dolce Zilla
Sorella nostra? Ed Eva, a cui dobbiamo,
Oltre i nostri natali....

CAINO.

Oh sì! fra tanti
Obblighi, le dobbiamo anche la morte!

ADAH.

O Cain! quello spirito superbo
Che di qui ti condusse, assai più cupo
Ti fe' del consueto: ed io sperava
Che le promesse maraviglie, e quella
Vision de' presenti e de' passati
Mondi (qual tu la chiami) avria composto
L'agitato tuo core in una calma
Paga di sapienza; ed or m'avveggo
Che la tua guida t'accorò. Ma grata

CAINO.
Non di meno io le son perchè sì tosto
Ti rese a noi.
CAINO.
Sì tosto!
ADAII.
Ho noverate
Due sole ore e non più da che partisti;
Ore lunghe per me, ma due soltanto
Secondo il Sol.
CAINO.
Che dici? E pur vicino
Mi son fatto a quel Sole, e moudi io vidi
Ch'egli un tempo schiarò, da cui rimsse
Per sempre il lume suo; poi terre ancora
Che giammai non vestì della sua luce;
Tal che parvemi d'anni il mio viaggio
Per gli spazi del cielo.
ADAII.
E pur fu d'ore.
CAINO.
Dunque il nostro intelletto ha la potenza
Di comprendere il tempo e la misura
Dalle cose che vede allegre e triste,
Picciole e grandi. — Immense opre mirai
D'immensa intelligenza, estinti soli
Han quest'occhi veduto; e contemplando
L'eternità, parea che in me trasfusa
Fosse una stilla della sua grandezza.
Ma qual atomo io sia di nuovo or sento.
Ben a ragion lo spirito mi disse:
« Tu sei nulla, o mortale. »
ADAII.
Il Creatore
Questo non disse.

CAINO.
    È ver: del farci tali
S'appaga il Creator. Perchè la polve
Con fantasmi adular di paradiso,
D'eternità, poi solvere di nuovo
La polve in polve? perchè ciò?
ADAH.
                      Lo sai:
Per la colpa de' padri.
CAINO.
                E noi castiga
Per l'error de' parenti? Essi peccaro:
Muoiano!
ADAH.
    Non è tua questa parola,
Ma dello spirto che seguisti. O come
Volentieri io morrei se riscattarli
Alla vita io potessi!
CAINO.
        Anch'io, sorella,
Quando un'ostia appagasse il mai non pago
Di vite, e quell'amabile dormente,
Quel roseo bambinetto non dovesse
Conoscere la morte e la sventura,
Nè lasciar l'una e l'altra agli infelici
Che da lui nasceranno.
ADAH.
               E non potria
Un'ostia espiatrice alla caduta
Nostra progenie riparar?
CAINO.
          Vorresti
Dar pel reo l'innocente? E qual riparo
Sarebbe il tuo? Rispondi! In che peccammo

CAINO.

Ond' essere dannati a far l'emenda
D'una colpa materna o già consunta
Pria che fossimo nati? E questa colpa
Arcana e senza nome ha forse d'uopo
D'un sacrificio che l'espii? se colpa
È cercar la scienza !

ADAM.
     Oimè, fratello !
Oimè ! la tua favella empia mi suona.

CAINO.
Lasciami dunque.

ADAM.
    Che di' tu ? lasciarti ?
No ! se pur ti lasciasse il nostro Iddio.

CAINO.
Che son quelle due biche ?

ADAM.
     Altari eretti,
Mentre lungi eri tu, dal nostro Abele.
Con te sacrificarvi, al tuo ritorno,
Egli volea.

CAINO.
  Con me ? Chi disse a lui
Se partir mi talenti i sagrifici
Ch'egli offre ogni mattin con bassa fronte
(Di cui l'abbietta codardia palesa
Più terror che rispetto) onde i favori
Dell'Eterno impetrar ?

ADAM.
    Quell'opra è pia.

CAINO.
Basta solo un altare : alcuna offerta
Io non ho.

ATTO TERZO.

ADAH.

Le soavi e primaticce
Frutta del suolo e delle piante, i fiori
Più vaghi ed odorosi, ecco l'offerta
Che gradisce il Signor, pur che la porga
Un'alma paga e mansueta.

CAINO.

Il duro
Suolo io sconvolsi, faticai, coverta
Fu la mia fronte di sudor, secondo
La divina condanna. Or che si vuole
Altro da me? Di che, di che dovrebbe
Dirsi pago il mio cor? di questa guerra
Che faccio alla natura onde strapparle
Lo scarso pane che mi nudre? O forse
Perchè polve son io? perchè carpone
Striscerò fin ch'io viva entro la polve,
Dargli grazie dovrei? dovrei per questo
Farmi un vile impostore, e dirmi lieto
Del mio tanto soffrir? Di qual peccato
Ripentito ei mi vuol? Di quel paterno!
Ma rimesso non fu per le sciagure
Che tollerammo? no 'l sarà per quelle
Che dovrà tollerar la nostra prole
Ne' secoli annunciati? Il pargoletto
Che riposa colà non antivede
Che in lui germoglia la trista radice
D' un eterno dolor per infinite
Miriadi di viventi. Oh! meglio assai
Che nel sonno io lo afferri e lo percota
A quegli aspri macigni, anzi che vivo
Lasciarlo sulla terra....

ADAH.

Oh Ciel!... Caino,

Non toccar quel fanciullo!... il figlio mio!..
Il tuo, Caino!

CAINO.

Non temer; per tutti
Gli astri del firmamento e pel divino
Poter che li governa, io' non vorrei
Farli, o cara, sentir men dolce tocco
Del mio bacio paterno.

ADAH.

E perchè dunque
Sì terribili son le tue parole?

CAINO.

Dissi che meglio di finir la vita
Saria pel figlio nostro, anzi che darla
Al dolor che lo aspetta, e poscia eredi
Farne i posteri suoi. Ma poi che scende
Tormentosa al tuo cor la mia favella,
Dirò che meglio al fanciullin sarebbe
Se mai nato non fosse.

ADAH.

Ah no, fratello!
Non parlar di dolore! I cherubini,
Che di figli son privi, invidiarti
Potrebbero le tue gioie paterne.
E di me che saria senza la dolce
Cura di vigilar sul mio bambino,
Di nutrirlo, d'amarlo?... Egli si desta....
Taci, taci, Caino! *(Corre al fanciullo.)* Enoc, diletto!
Guardalo, o mio fratello! oh come è pieno
Di vita, di vigor, di floridezza,
Di beltà, di letizia! a me somiglia,
Somiglia a te quand' hai tranquillo il volto;
Perchè simili tutti allor noi siamo.
Dissi il vero, o Cain? Non si riflette

Della madre il sembiante in quel del padre?
Quel del figlio in noi due, come nel fonte
Mentre l'acque son quete e tu sereno?
M'ama dunque, o fratello, e te pur ama
Per nostro amore, giacchè noi t'amiamo.
Miralo! ti sorride, e le sue braccia
Ti stende, e fisa nelle tue le azzurre
Grandi pupille e ti saluta. Il gaudio
Che tutto gli commove il piccioletto
Corpo non sembra che gli dia le penne?
Benedici a tuo figlio! Or le sue labbra
Risponderti non san, ma ti risponde
Certo il suo core.... ed anche il tuo!
    CAINO.
         Fanciullo!
Se difenderti può la mia parola
Contro il funesto maledir del serpe,
Ti benedico.
    ADAH.
     Lo potrà. D'un padre
Che benedice, la parola è santa,
E tutte le perverse anguine frodi
Sperderà: ne son certa.
    CAINO.
       Io non lo spero,
Ma pur lo benedico.
    ADAH.
     Abel s'accosta.
    CAINO.
Tuo fratello.

CAINO.

Entra ADELE.

ADELE.
Caino ! io ti saluto.
La pace del Signore in te discenda.
CAINO.
Salve, Abel !
ADELE.
La sorella or or mi disse
Che ristretto ti sei con uno spirto,
E seguito l'hai tu per regioni
Molto lungi da questa. Era uno spirto
Di quei che già vedemmo ? avea l'aspetto
Simile al padre nostro ?
CAINO.
Ei tal non era.
ADELE.
Perchè dunque seguirlo ? Esser potea
Qualche spirto nemico al sommo Iddio.
CAINO.
Ed amico dell'uomo. Il sommo Iddio
Tal fu dunque per noi ? dacchè ti piace
Appellarlo così.
ADELE.
Così, fratello ?
Oggi il tuo ragionar m'è novo e scuro.
— Ada ! alquanto ci lascia. Un sacrificio
Noi dobbiamo offerir.
ADAH.
Caino, addio !
Ma pria deh bacia il figlio tuo ! Tornarti
Possano alla quiete, alla salute

ATTO TERZO.

L'innocente bambino e il ministero
D'Abele. *(Esce col bambino.)*

ABELE.
Ove n'andasti?

CAINO.
Ove?... Io ignoro.

ABELE.
Che vedesti?

CAINO.
Gli estinti; i gloriosi,
Eterni, incircoscritti, onnipossenti,
Solenni arcani dello spazio; i mondi
Che son, che fùro.... un vortice d'obbietti
Sopra l'umano concepir; pianeti,
Soli, lune vid'io che turbinando
Rapidi s'avvolgeano a me d'intorno
Colla voce del tuono; ed or capace
D'uman colloquio non sarei. — Mi lascia,
Fratello.

ADELE.
Un lume natural non esce
Dagli occhi tuoi: d'insolito vermiglio
Colorate hai le guancie, e strano è il suono
Della tua voce. Ma che dee ciò tutto
Significar?

CAINO.
Ciò tutto?... Abel, mi lascia
Te'l ripeto.

ABELE.
Non pria che insieme offerto,
Pregato insieme non abbiam.

CAINO.
Fratello!
Sacrifica tu solo. Io te ne prego.
Caro a Jéova tu sei.

CAINO.
ADELE.
            Gli siamo entrambi,
Cred'io.
            CAINO.
    Di molto tu gli sei più caro.
Però non me ne cale. Atto al suo culto
Sei tu più ch'io non son. Lo adora dunque,
Se vuoi, ma solo, o senza me.
                ADELE.
                        Non degno
Figlio sarei del nostro inclito padre
Se te, qual mio maggior, non invitassi
A partir questa offerta, e come hai dritto,
A precedermi ancor nel santo ufficio
Che rendiamo al Signor.
                CAINO.
                        Io non ho mai
Un tal dritto richiesto.
                ADELE.
                        E ciò m'accora.
Oggi almen lo richiedi: io te ne prego.
Parmi l'animo tuo da qualche forte
Illusion commosso. Or ben, quest'opra
Ti calmerà.
                CAINO.
            Calmarmi? Oh no! veruna
Cosa no 'l può. Ma quando ho mai gustata
Questa calma dell'anima, quantunque
La vedessi talor negli elementi?
Abel! da me ti scosta, o ch'io ti lasci
Solo al tuo ministero almen concedi.
                ADELE.
No! nè questo, nè quello. Insiem dobbiamo
Compiere il santo rito. Oh non disdirmi!

ATTO TERZO.

CAINO.
Lo vuoi? sia pur così. Che far degg' io?
ADELE.
Scerre un altar.
CAINO.
Tu stesso a me lo scegli.
Non sono agli occhi miei che sterpi e sassi.
ABELE.
Scegli tu!
CAINO.
Questo.
ADELE.
Il più sublime, e quale
Spetta al figlio maggior. La sacra offerta
Or prepara, o fratel.
CAINO.
Dov' è la tua?
ADELE.
Vedila! le primizie della greggia.
Umile offerta d' un pastore.
CAINO.
Io greggia
Non ho; coltivo il suolo, e quanto il suolo
Dona al sudor delle mie braccia offrirgli
Posso e null' altro. Le sue frutta.
(*Raccoglie delle frutta.*) Mira
Come son colorate e nella piena
Maturità.
ADELE.
Caino, alza tu primo
La preghiera di grazia, onde si renda
Grato a Dio l' olocausto. A te conviensi
Che sei d' anni maggior.
CAINO.
No; mi precedi.

CAINO.

Novo io sono a tal opra, e, come posso,
Seguendoli verrò.
    ADELE *(s' inginocchia)*.
     Dio créatore!
Tu che spirasti un alito di vita
Per le nostre narici, e benedetti,
Riparati n' hai tu, benchè, peccando,
N' avessero perduti i padri nostri;
E perduti saremmo, ove temprato
Quel tuo giusto rigor colla clemenza,
Di che tanto ti piaci, a noi concesso
Non avessi un perdon, che dir possiamo,
Comparato all' offesa, un paradiso;
Tu che reggi la luce, il ben, la gloria,
L' eternità qual arbitro e signore,
Senza cui l' universo in mal cadrebbe;
Ma cosa teco non travia, qualora
Per un ottimo fin l' onnipossente
Tua bontà no 'l conceda.... oscuro, arcano
Ma certo fine! dal primiero accetta
Degli umili tuoi servi e mandriani
I novi nati della greggia. È nulla
Questa offerta per te; ma pur qual' altra
Non indegna sarebbe? E tu l' accogli
Come un atto d' amor di chi prosteso
Nella polve, onde nacque, ai cieli tuoi
Riverente la manda; ed esaltato
Venga il tuo nome in sempiterno.
     CAINO
 (rimasto in piedi durante questa orazione).
        O spirto.
Chiunque sii, dovunque segga; forse
Onnipotente.... e buono ancor, se tale
L' opre tue ti diranno! Iddio nel cielo,

ATTO TERZO.

Jéova quaggiù, se nomi altri non rechi;
Perocchè numerosi al par dell'opre
Sembrano, o spirto, gli attributi tuoi;
Ove un prego ti faccia a noi benigno,
Lo accetta! Ove ti plachi un'ostia, un'ara,
Ricevila! Per te da due mortali
Due ne furono erette. Hai caro il sangue?
Su quel sasso fumante, alla mia destra,
N'ha sparso il mandriano. Ei della greggia
T'immolò le primizie, e dalle ardenti
Membra una spira di sanguigno incenso
Or s'innalza al tuo ciel. Ma se le dolci
Frutte del suolo e del tempo più mite
Ti possono gradir, perchè non fûro
Nelle forme native e nella vita
Guaste, contaminate, e sono un saggio
Delle grandi opre tue; se queste frutte
Che t'offre la mia man sopra una zolla
Non macchiata di sangue, in faccia al Sole
Che le nudrì, preponi a quante offerte
Attirano su noi la tua pupilla,
Se propizio può farti un incruento
Altar che di scannate agne non fuma,
Volgiti al mio! Tu vedi innanzi ad esso
Un uom quale il creasti; ei nulla impetra
Di ciò che ottiensi genuflesso. Abbattilo
S'egli è malvagio; tu lo puoi, chè tutto
Puoi tu.... levarsi contro te saprebbe?
Se buono, o tu lo abbatti o lo perdona
Come più ti gradisce: arbitro sei
D'ogni cosa creata, e il male e il bene
Non sembrano poter che nella sola
Tua volontà. Ma sia che il bene o il male
Muova la voglia tua, m'è cosa oscura.

CAINO.
Non sono onnipossente, e mal saprei
L'onnipotenza giudicar. Soltanto
Sopportarne m'è forza i suoi decreti
Come feci sin or.

(*Il fuoco dell'altare di Abele si alza al cielo in una splendida colonna, mentre un turbine abbatte l'altare di Caino e ne sperpaglia sul terreno le frutte offerte.*)

ABELE (*inginocchiandosi*).
Fratello, ah prega!
Il corruccio di Jéova è sul tuo capo.

CAINO.
Perchè?

ABELE.
Son le tue frutte al suol disperse.

CAINO.
Vennero dalla terra; or ben, ritorno
Faccian pure alla terra. Il seme loro
Porterà nuovo frutto anzi l'estate.
Il tuo cruento sagrificio accolto
Fu più del mio. Non vedi in qual maniera
Tira il cielo le fiamme allor che intrise
Sono di sangue?

ABELE.
Come accolga il cielo
L'ostia mia non curar; ma fanne un'altra
Fin che tempo n'hai tu.

CAINO.
Novelli altari
Erigere non voglio, e non consento
Ch'altri n'eriga.

ABELE (*s'alza*).
Qual disegno è il tuo?

CAINO.
Atterrar quell'abbietto adulatore

ATTO TERZO.

Delle nubi vogl'io; quel vaporoso
Messagger delle tue stupide preci;
Quell'altar che rosseggia di trafitti
Capretti ed agnellini alimentati
Di puro latte per morir nel sangue.

    ADELE *(gli si oppone).*
Tu no 'l farai d'aggiungere ti guarda
A malvagie parole opre malvagie.
Non toccar questo altare! è fatto santo
Dal favor dell'Eterno, a cui gradita
Fu l'ostia mia.
    CAINO.
     Dal suo? dal suo favore?
Ma la gioia ch'ei sente al grave lezzo
Del sangue e delle carni arse e distrutte,
Può recar refrigerio alle belanti
Misere madri che chiamando vanno
La sgozzata lor prole? all'agonia
Di quell'ostie infelici e senza colpa
Che trafigge il tuo cultro? Or su, ti scosta!
Più sorgere non dee questo sanguigno
Ricordo al Sole e svergognar la terra.
    ADELE.
Fratel, non appressarti! a questo altare
Tu non porrai la violenta mano;
Ma se tu lo desii per un secondo
Sagrificio, egli è tuo.
    CAINO.
     Per un secondo
Sagrificio, tu di'? Mi sgombra il passo,
O questo sagrificio esser potria....
    ADELE.
Che vuoi tu far?

CAINO.

CAINO.
Va'! vanne! è caro il sangue
Al tuo Dio, lo rammenta! or ben, ritratti
Pria ch'ei n'abbia di più.
ADELE.
Nel suo gran nome
Qui fra te m'intrometto e questo altare
Ch'egli gradi.
CAINO.
Se in odio a te non sei,
Togliti di costà fin ch'io disperda
Sul terren quelle zolle: ovver....
ADELE *(impetradala)*.
Più caro
M'è Dio che la mia vita.
CAINO
(strappa un tizzone dall'altare e percota Abele sulle tempie).
E tu lo porta
Dunque al tuo Dio che tanto ama le vite.
ADELE *(cade)*.
Che facesti, o fratel?
CAINO *(attonito).*
Fratello!...
ADELE.
Accetta,
Mio Signore, il tuo servo, e a chi l'uccise
Perdona. Ei non sapea che si facesse. —
Dammi, Caino, la tua man.... dirai
Alla povera Zilla....
CAINO *(dopo un momento di stupore).*
È tutta rossa
La mano mia.... di che?
(Lunga pausa. Egli si guarda attorno con occhi tardi.)
Ma dove io sono?

ATTO TERZO.

Solo!... Abele dov'è? dov'è Caino?
Ch'io sia quel desso?... Oh svégliati, fratello!
Perchè giaci così sul verde suolo?
Non è l'ora del sonno.... oh come smorto!
Eri pieno di vita in sul mattino....
Che cosa hai tu?... Fratello, oh no! non farti
Gioco di me.... T'ha colto aspra percossa
Ma non mortale.... Ah perchè mai ti piacque
Contrastarmi così?... Ma questo è un gioco
Per volermi atterrir.... fu solo un colpo....
Oh ti muovi! ti muovi!... un moto ancora!
Così!... respiri.... bene sta.... respira
Verso di me.... Dio! Dio!

     ABELE (con fioca voce).
    Chi fa parola
Di Dio?
     CAINO.
  Quei che ti uccise.
     ABELE.
     Oh gli conceda
Dunque il perdon!... La mia povera Zilla
Racconsola, o Caino. Or l'infelice
Più non ha che un fratello.... (*Muore.*)
     CAINO.
     Ed io nessuno!
Chi rapito me l'ha? dischiusi ha gli occhi.
Morto dunque non è. Somiglia al sonno
La morte, e il sonno le palpèbre chiude.
Aperte ha pur le labbra.... è dunque vivo;
Respira.... e pur no 'l sento.... il core! il core!...
Batte?... proviam!... mi sembra.... ah no, non batte!
Son fantasmi ch'io veggo? o diventai
D'un altro mondo abitator, d'un mondo
Più di questo malvagio?... il suolo ondeggia....

CAINO.

Che cosa è ciò?
(*Pone la mano sulla fronte, poi la contempla.*)
                    Bagnata! E pur rugiada
Non è.... gli è sangue! sangue mio! fraterno
Sangue! il mio stesso che per me fu sparso....
Che farò della vita or che la tolsi
Alla propria mia carne? Oh no, che morto
Tu no 'l sei, tu no 'l puoi.... silenzio è morte?
No, no! si desterà. Vegliarlo io voglio....
Fragil tanto la vita esser non deve
Per cessar così presto. Or or parlommi....
Che gli dirò?... Fratello? a questo nome
Rispondermi vorrà? Non si percotono
L'un coll'altro i fratelli.... E pur, favella!
Che la mite tua voce ancor mi suoni
Tanto ch'io possa tollerar la mia.

Entra ZILLAH.

ZILLAH.
Odo un lamento.... che sarà? Caino
Veglia sopra il mio sposo.... A che ne stai
Qui, fratel mio?... riposa?... oh Ciel! che dice
Quel tuo pallor? quella riga di sangue?
No! non è sangue.... chi potea versarlo?
Abel che cosa è questa?... ei non si muove;
Respirar più no 'l sento, e da le mie
Cadono le sue mani esanimate
Come fossero pietra.... Ah perchè giunto
Troppo tardi sei tu, crudel Caino,
Per farti schermo al suo capo diletto?
Sia chi si voglia l'offensor, men forte
Stato fòra di te. Fra lor gittato

ATTO TERZO.

Ti saresti.... Accorrete, Eva! sorella!
Padre! la morte è sulla terra. .. ..
(Zillah parte chiamando i suoi parenti.)

CAINO.
E tratta
Da chi? da me che tanto odio la morte;
Il cui solo pensier m'avvelenava
Tutta quanta la vita anzi che noto
Me ne fosse l'aspetto! Io ve l'ho tratta!
Io che posi il fratel nelle sue fredde
Torpide braccia, come d'uopo avesse,
A spiegar la crudele i suoi diritti,
Della mia man ! — Dal sonno alfin mi sveglio....
Una tremenda vision mi fece
Tòrta la mente.... ma colui! svegliarsi
Più non potrà.

Entrano ADAMO, EVA, ADAH *e* ZILLAH.

ADAMO.
Mi tira a questo loco
Un gemito di Zilla.... oimè che veggo?
Mio figlio! figlio mio!... contempla, o donna,
L'opra del serpe!... l'opra tua!

EVA.
Deh taci!
Tutto, tutto nel core il dispietato
Dente io ne provo !... Abele! oh caro Abele!...
Dio! perchè me 'l togliesti? Il tuo gastigo
Passa il peccato d'una madre!

ADAMO.
Parla
Dunque, Cain, che testimonio n'eri!

Chi l' ha percosso? Un angelo nemico
Che con Dio non passeggia? o qualche belva
Della foresta?

EVA.
Un' orribile luce
M'attraversa il pensier come baleno
Che dal nuvolo irrompa. Il tizzo enorme,
Che giace là, strappato a quell'altare....
Tutto negro di fumo e rosseggiante
Di....

ADAMO.
Rispondi, Caino! e n'assicura
Che, quantunque infelici, almen non siamo
Senza misura sventurati.

ADAII.
Ah parla!
Di' che no 'l fosti, mio Cain!

EVA.
Fu desso!
Manifesto io lo veggo. A terra ei china
La colpevole testa, e colle mani
Lorde di sangue i fieri occhi si copre.

ADAII.
L'oltraggi, o madre!... Ah scólpati, Caino,
Da quest' accusa orribile che solo
Strappa il dolor dalle sue labbra.

EVA.
Ascolta,
Jéova! sul capo di costui ricada
La maladetta eredità del serpe;
Poi che razza di serpi esser dovea,
Più che umano germoglio. Desolati
Siano tutti i suoi giorni; e possa....

ATTO TERZO. 103
ADAH.
Arresta!
Non maledirlo, madre mia! Ricorda
Ch'egli è pur figlio tuo! Non maledirlo,
Ch'egli è pur mio fratello e mio marito.
EVA.
Orba ha te di fratello, e te di sposo,
Mia Zilla, e me di figlio; ond'io per sempre
Dal mio sen lo ributto e maledico.
Seco io rompo ogni nodo in quella guisa
Ch'ei ruppe e violò col figlio mio
Quei di natura.... O morte! a che venirne
Prima a me non volesti? a me che prima
Ti meritai? perchè, perchè non vieni
Ora almen che t'invoco?
ADAMO.
Eva, t'affrena:
Questo cordoglio natural potrebbe
Condurti all'empietà. Fu già colpito
Da severo giudizio il nostro capo;
Ed or che ne si avvera, il grave peso
Sopportiamne così che il nostro Iddio
Proni servi ci vegga alla suprema
Sua volontà.
EVA.
La sua?...
(*Additando Caino.*) Di' moglie a quella
Dello spirto feroce in cui la morte
S'incarnò: di quest'empio, a cui la luce,
Me misera! donai, perchè d'estinti
Seminasse la terra. Accumularsi
Possano le bestemmie della vita
Tutte sul capo suo. Per lo deserto
Lo sperda il suo dolor, come già spersi

Dal Paradiso fummo noi, fin tanto
Che la man de' suoi figli in lui si torca
Com' ei la torse nel fratel. Le spade,
L' ale de' cherubini il dì, la notte
Lo perseguano sempre, e faccia il tocco
Delle sue piante generar serpenti.
Nelle sue fauci in cenere si muti
Ogni frutto del suol. Le poche foglie
Su cui declini per dormir la fronte,
Di scorpioni sien nido. Il morto Abele
Sgomenti ognora i sonni suoi. La veglia
Siagli un perpetuo terror della morte.
Possano le più terse acque de' fiumi,
Quando il labbro v' accosti a macularle,
Possano in sangue tramutarsi, e tutti
Gli elementi fuggirlo, o di sustanza
Per lui cangiar. Ch' ei viva in quelle angosce
Che dan morte ad ogni altro; e questa morte
Sia più cruda per lui che primo al mondo
Conoscere la fe'. — Va', fratricida!
Questo nome è Caino ora e per tutte
Le progenie avvenir, di cui l' orrore,
L' abborrimento tu sarai, quantunque
L' origine di tutte. Inaridisca
L' erba al tuo piè, ti neghi il bosco un' ombra,
La rupe un antro, la terra una fossa,
Il Sole un raggio, il cielo il proprio Dio. (*Parte.*)

ADAMO.

T' allontana, o Caino! Insiem con noi
Non ti lice abitar. Parti! e la cura
Lascia a me dell' estinto. — Omai solingo,
Desolato io vivrò. Noi due vederci
Più non dobbiam.

ATTO TERZO. 105

ADAH.
No, padre! oh non cacciarlo
Così! lo aggrava il maledir materno....
Non v'aggiungere il tuo.
ADAMO.
No 'l maledico.
Oh l'è già dal suo cuore! — Andiam, mia Zilla,
ZILLAH.
Debbo vegliar lo sposo mio.
ADAMO.
Mi segui.
Quando lungi sarà chi ti dispose
A questo ufficio doloroso, entrambi
Qui torneremo.
ZILLAH.
Un bacio, un bacio ancora
Su queste guancie pallide, su queste
Fredde labbra e pur or, pur or sì calde!
Oh mio core! oh mio core!
(*Partono Adamo e Zillah.*)
ADAH.
Udisti? andarne
Noi dobbiamo, o Caino. Io son già pronta;
Così saranno i nostri figli. In braccio
Ènoch io porterò, tu la sorella.
N'andiam pria che tramonti, acciò che il bujo
Non ne faccia smarrir per lo deserto.
— Parla!... parla con me colla tua sposa.
CAINO.
Lasciami!
ADAH.
Tutti ti lasciaro!
CAINO.
E meco

CAINO.

Osi tu rimaner? Non hai spavento
Di seguir chi commise un tal misfatto?
ADAM.
Io spavento non ho che del lasciarti.
Per quanto raccapriccio in cor mi desti
L'opra che d'un fratello orbo ti fece,
Io mi debbo tacer. Fra te ciò resta
E l'altissimo Iddio.
VOCE INTERNA.
Cain! Caino!
ADAM.
Una voce! Odi tu?
VOCE.
Cain! Caino!
ADAM.
D'un angelo è la voce.

Entra L'ANGELO DEL SIGNORE.

ANGELO.
Ove lasciasti
Abele il fratel tuo?
CAINO.
Ma sono io forse
Il custode d'Abel?
ANGELO.
Che mai facesti,
Caino? Il sangue dell'ucciso Abele
S'alza e grida al Signore. Or maledetto
Sulla terra sei tu, che bevve il sangue
Dalla feroce tua mano versato.
Docile come prima alle tue braccia
L'aspro terren non cederà. Da questo

ATTO TERZO.

Giorno tu scorrerai per l'ampia terra
Vagabondo e fuggiasco.

ADAH.

Oh questa pena
Tollerarla non può! Tu dalla faccia
Della terra il respingi, e gli nascondi
Quella di Dio! Fuggiasco e vagabondo
Da chi lo incontri sarà morto.

CAINO.

Oh fosse,
Fosse, o donna, così! Ma chi la vita
Togliere mi potria? Su questa terra
Squallida, inabitata alcun non vive.

ANGELO.

Spento hai pure il fratello; or chi sicuro
Ti fa del figlio tuo?

ADAH.

Angiol di luce,
Pietà! Non dir che il mio povero seno
Nudra in questo bambino un patricida!

ANGELO.

Imiterebbe il padre suo. Ma dimmi!
Costui che lordo di fraterno sangue
Ora innanzi ti sta, non fu nudrito
Del latte d'Eva? nè potria dar vita
L'uccisor del fratello al patricida?
Ma ciò non avverrà. M'ingiunse il mio
E tuo Signore di stampargli in fronte,
Perchè libero ci vada, il suo sigillo.
Cadrà su chi l'uccide una vendetta
Dieci volte maggior. Vieni!

CAINO.

Che cerchi
Da me?

CAINO.
ANGELO.
Stamparti sulla fronte un segno
Che difesa ti sia da quel misfatto
Che commettesti.
CAINO.
No! morir mi lascia.
ANGELO.
No 'l dei.
(L' Angelo improntà un segno sulla fronte di Caino.)
CAINO.
M' arde la fronte, e nondimeno
È lievissima pena a ciò che sento
Nel mio cor. Sei tu pago? Ogni sventura
Vo' sopportar come potrò.
ANGELO.
Ribelle,
Duro fosti, o Cain, dalla tua cuna
Come le glebe che sudar dovrai;
Ma l' ucciso da te fu dolce e mite
Come gli agnei che pasturava.
CAINO.
Troppo,
Troppo io nacqui vicino alla caduta
De' padri miei. L' immagine del serpe
Nel pensier di mia madre ancor vivea,
E dolcasi pur sempre il padre mio
Del suo perduto Paradiso. Io sono
Quello che son. La vita io non ho chiesta,
Nè da me stesso mi creai; ma quando
La mia morte potesse a questa polve
Tornar lo spirto.... perchè no? Le luci
Quell' estinto riapra, e ch' io mi giaccia
Orrendamente come lui. La vita
Cosi Jéova ridoni al suo diletto,

Ed a me la ritolga, a me che mai
Cara non l'ebbi.
ANGELO.
Chi può far l'ammenda
Dell'omicidio? Il fatto è fatto. Or vanne !
Tutti compi i tuoi giorni, e l'opre tue
Sien diverse da questa. (*L'Angiolo sparisce.*)
ADAH.
Egli disparve.
Caino, andiam ! Non senti ? il figlio nostro
Piange nella capanna.
CAINO.
Ei mal conosce
La cagion del suo pianto; ed io che sangue
Versai, non posso una lagrima sola
Spremere da quest'occhi. Ah tutta l'acqua
De' quattro fiumi non saria bastante
A purgar l'alma mia !... Potrà mio figlio
Sostener la mia vista ? Ada, lo credi ?
ADAH.
Vorrei, se no 'l credessi....
CAINO (*la interrompe*).
Ah cessa, o donna !
Non minacciar; minaccie troppe udimmo !
Corri ai nostri fanciulli. — Or or ti seguo.
ADAH.
Solo con quella spoglia io non ti lascio.
Partiamo insieme.
CAINO.
Eterno, inanimato
Testimon che la terra e il ciel funesti
Di sangue incancellabile ! m'è bujo
Qual cosa ora tu sia; ma se tu vedi
Quello ch'io sono, perdonar vorrai

CAINO.

A questo sciagurato, a cui non ponno
Nè il suo Dio perdonar, nè il proprio core.
Addio! Toccarti la mia man, che fatto
Misero t'ha cosl, nè il dee nè l'osa.
Io che nacqui dal grembo onde sei nato,
Che bevvi il latte che bevesti, e tante
Volte ti strinsi al mio petto fraterno
Con infantile affezion, più mai
Non ti vedrò! Nè quello io far ti posso
Che tu fatto m'avresti.... il corpo tuo
Ricompor nella tomba! Oimè! la prima
Che per l'uom fu scavata!... e da qual mano?...
O terra, o terra! la mercede è questa,
Questo il compenso ch'io ti do per tanti
Frutti che a me donasti! — Ora al deserto.

ADAH
(*si piega e bacia il corpo d'Abele.*)

Una sorte funesta ed immatura
T'ha colpito, o fratel. Ma fra i dolenti
Che piangono per te, sola io non piango.
Lagrime rasciugar, non già versarle
Ora è l'obbligo mio; benchè fra tutti
Miserissima io sia, nè per te solo,
Ma per colui che ti svenò. — Caino!
A partir la tua salma io son disposta.

CAINO.

Prenderemo il cammin ver l'oriente
Del Paradiso. Desolata e trista,
Quale a me si conviene, è quella plaga.

ADAH.

Tu sarai la mia guida; e possa Iddio
Forsi la tua. T'affretta! i nostri figli
Or n'andiamo a levar.

CAINO.
                    Chi là si giace
Figli non lascia. Inaridito ho il fonte
D'una stirpe gentil, che, dal suo fresco
Connubio uscendo, temperato avrebbe
Il bollor del mio sangue. I figli nostri
Stretti avremmo, o sorella, a quei d'Abele.
Abel!...

ADAH.
La pace sia con esso!

CAINO.
                          E meco?...
      (S'avvicina.)

CIELO E TERRA,

MISTERO.

INTERLOCUTORI.

ANGELI.

SAMASIA.
AZAZIEL.
RAFFAELE *arcangelo.*

DONNE.

ANAH.
AHOLIBAMAH.

UOMINI.

NOÈ ed i suoi figliuoli.
IRAD.

CORI.

SPIRITI DELLA TERRA.
MORTALI.

CIELO E TERRA.

> Or avvenne che gli uomini cominciarono a
> moltiplicare sopra la terra, e che furono
> loro nate delle figliuole:
> I figliuoli di Dio, veggendo che le figliuole
> degli uomini erano belle, si presero per
> mogli quelle che si scelsero infra tutte.
> . . . .
> In questo tempo i giganti erano in sulla terra,
> e furono anche da poi quando i figliuoli
> di Dio entrarono dalle figliuole degli uo-
> mini. Costoro sono quegli uomini possen-
> ti, i quali già anticamente erano uomini
> famosi. E il Signore si pentì d'aver fatto
> l'uomo sulla terra, e se n'addolorò nel
> cuor suo.
> E il Signore disse: Io sterminerò sulla terra
> gli uomini ch'io ho creati; io stermi-
> nerò ogni cosa dagli uomini sino agli
> animali. . . . . .
>
> *Genesi*, cap. IV.

SCENA I.

Luogo dirupato e selvoso vicino al monte Ararat.

(*Mezzanotte.*)

Entrano ANAH, AHOLIBAMAH.

ANAH.
Nel sonno è il padre nostro; ed ecco l'ora
Che fra' densi vapori, onde l'alpestre
Ararat si corona, i nostri amanti
Scendono in terra. Oh come il cor mi batte!
    AHOLIBAMAH.
Invochiamli.
        ANAH.
        Nel cielo astro non veggo.
Io tremo.

AHOLIBAMAH.
 E tremo anch'io, ma sol per questo
Loro indugiar.
ANAH.
 Sorella! ancor ch'io senta
D'amare Azazìel più che non ami....
Oh! qual parola mi sfuggì!... Me lassa!
Empio è fatto il mio core.
AHOLIBAMAH.
 È forse empiezza
L'amar cose celesti?
ANAH.
 Il nostro Iddio
Come pria più non amo, Aolibàma,
Dacchè l'angelo suo di me si accese.
Nè questo è bene. Se malvagio o buono
Sia l'amor mio m'è scuro, e nondimeno
Son da mille terrori e da funesti
Presentimenti combattuta.
AHOLIBAMAH.
 Un figlio
Scegli dunque di Adamo, e suda, e intendi
All'ago, alla conocchia. È già gran tempo
Che Jafet t'ama. Or bene, a lui ti sposa
E polve partorisci.
ANAH.
 Ove pur fosse
Mortale Azazìel, d'un foco istesso,
Credimi, l'amerei; però m'è caro
Che tal non sia. Sorvivergli io non posso;
Ma pensando a quel dì che sulla tomba
D'una povera figlia della terra,
Che l'adorò com'egli adora Iddio,
Quell'ali eterne poseran, la morte

Men terribile parmi, anzi mi affliggo
Chè per tempo infinito il suo dolore
Non cesserà. Perenne e sconsolato
Il mio sarebbe ov'ei fosse mortale,
Ov'io fossi immortal.
    AHOLIBAMAH.
      Di' meglio: un'altra,
Com'Ana un giorno, ei n'amerà.
     ANAH.
       Se mai
Ciò che dici avvenisse, e come io l'amo
Lo amasse un'altra, mi saria men duro
Del pensar ch'ei dovesse al mio sepolcro
Struggersi nel dolor.
    AHOLIBAMAH.
     Se tal pensiero
Far potessi del mio.... vorrei per sempre
Strapparmelo dal cor, benchè celeste.
Ma non tardiamo; d'invocarli è tempo.
     ANAH.
Ascolta, o serafin, dalla tua spera
 La mia preghiera.
Sia che bello di gloria un astro arcano
Ti accolga entro i suoi vortici,
Sia che tu vegli nell'etereo vano
Compagno ai sette arcangeli,
Sia che tu miri le stellate ruote
Per lo gran mar dell'essere
Danzar, librato sulle penne immote,
Dell'amor mio sovvengati!
Nulla io sono per te, ma l'universo
Per me tu sei. Le lagrime
Cosa ignota ti sono, ed io lo verso....
Oh ch'io sol le conosca, e d'una stilla

Mai non bagni il dolor la tua pupilla!
 Il tempo a te non fugge, e la divina
Beltà che irraggia gli occhi tuoi non muore.
Terra e ciel ne divide.... il solo amore
N'agguaglia e ne avvicina;
Ma più tenera amante, e tu lo sai,
Sotto il lieto tuo ciel non pianse mai.
A vol tu varchi le stelle infinite,
Vedi l'aspetto di colui che fece
Te di sublime ed immortal natura,
Me di vil creta invece,
Ed una delle misere sbandite
Dal terrestre giardino e peritura....
Pur m'odi, o serafin. Se mai dal cielo
Tu scendesti per me, ch'io sappia almeno,
Pria che mi colga della morte il gelo,
Ciò che, saputo, il seno
M'aprirà d'insanabile ferita.
Obbliar potrai tu negli anni eterni
Chi ti amò sulla terra oltre la vita?
 Grande è l'amor che nella colpa è nato.
E la paura io sento
Di questa fiamma che nel cor mi eterni.
Perdona, o serafin, se m'addolora,
Figlia d'Eva qual sono, un tal pensiero.
Il dolore è vital nostro elemento,
Ed un Eden la gioia a noi vietato,
Che pur veggiam talora
In sogno menzognero.
 Ma l'ora è già vicina in cui mi apprendi
Che posta in abbandono
Dall'amor tuo non sono.
Vieni, o diletto serafin, discendi,
Spirto d'amore, e lieti

Non far del lume tuo solo i pianeti.

AHOLIDAMAH.

 Samiasa! ovunque il tuo fulgido volo
Per la siderea volta
Si spazi, ovunque splendere
Possa o sole o pianeta, ove tu reggi,
Sia che tu muova ad assalir lo stuolo
Dell'anime sdegnose
Che regno e scettro disputar son ose
A chi tutto soggioga alle sue leggi;
O storni dall'abisso una travolta
Stella a perir vicina,
Ed involvente nella sua ruina
Quanto ha respiro e vita,
(Chè a tal destin sortita
Fu la polvere umana) o dei minori
Angeli ti accompagni ai ludi, ai cori,
Samiasa! ardente serafin, te chiamo.
Vieni! io t'aspetto ed amo.
Molti (non io!) d'un'ara
Ti onorano e di culto. A me ne vieni
Se il cor t'è guida, e cara
Veracemente ti son io. D'argilla
Me fece il Crëator, te di sereni
Candidissimi raggi e più lucenti
Dell'astro mattutin che nei torrenti
Del sacro Eden scintilla.
E nondimen l'eterna
Tua vita, o serafino,
Rispondermi non sa con quell'affetto
Che tu spirasti nel mortal mio petto.
 M'arde una fiamma interna
Non soffocata dalla polve; è questa
Una favilla del foco divino

Che la tua luce accese
E quella istessa del tuo Dio: ma resta
E resterà per molta
Vicenda di stagioni in me sepolta.
  La morte e la sventura, a noi discese
Qual materno retaggio, io non pavento.
Se' forza è pur ch'io pèra,
Dovrem per questo separarne? oltraggio
Non reca il tempo al giovanil tuo raggio;
Ma sono eterna anch'io.
Sì, tale io sono, e intera
Non perirò: dagli anni,
Dai casi e dagli affanni
Sorgerà vincitor lo spirto mio.
  Pari al ruggito degli abissi io sento
Suonar questa parola: « Eternamente
Vivrai.... » ma vita tormentosa o lieta?
Non so, nè vo' saperlo; a me lo asconda
Quella mano segreta
Che del bene e del mal la doppia fonte
Di tenebre circonda.
  Può la forma cangiar, non la sustanza
Chi ci creò: noi pure
Siamo essenza divina, ed allo strale
Del suo corruccio volgerem la fronte,
E lo scudo opporrem della costanza.
  Oh sì! con te potrei
Durar l'eternità delle sventure.
Tu sopporti con me questa mortale
Dolorosa mia vita, e non dovrei
Partir la incorruttibile,
La immortale con te, per vil timore?
  No! s'io venissi dal vipereo dente
Trafitta a mezzo il core,

E tu pur fossi l'infernal serpente
Che mi avvolgesse del suo fiero amplesso,
Sorriderti vorrei, non maledirti,
Vorrei le braccia aprirti,
Premerti accesa dell'affetto istesso.
   Ma vieni, o serafino, e di che tempre
Sia l'amor che ti porta una terrena,
Stretto al mio sen, vedrai.
Pur se nel volto del tuo Dio la piena
Di tai dolcezze delibar tu sai,
Rimanti in ciel per sempre.
ANAH.
O sorella, sorella! un aureo solco
Fende la notte.... Or vengono!
AHOLIBAMAH.
                   Le nubi
Rischiarano coll'ali, e par che rompa
La luce del mattin.
ANAH.
           Se il padre nostro
Quella luce vedesse?
AHOLIBAMAH.
               Ei la direbbe
Lo splendor della luna ascesa in cielo,
Per virtù d'una magica canzone,
Pria dell'ora segnata.
ANAH.
          Eccoli! ei viene!
Azaziel — Corriam a lor, sorella.
AHOLIBAMAH.
Avess'io, per volarti infra le braccia,
Le tue penne, o Samiasa!
ANAH.
           Oh vedi! in fiamme

Tutto appar l'occidente e come il Sole
Dal suo tramonto rinascesse. Mira!
Sull'estremo ciglion dell'Ararattc
Un'iride si curva; essa è la traccia
De'lucenti lor passi.... ed or di nuovo
Bujo com'era pria. Così le spume
Agitate dall'orca, che s'innalza
Dal suo cupo soggiorno e lungo i piani
Del mar senz'onda si trastulla, al guardo
Spariscono d'un tratto allor che il mostro
Negl'imi gorghi si rituffa.

AHOLIBAMAH.
                        Il suolo
Toccano già.... Samiasa!
        ANAH.
                Azaziele! (*Partono.*)

SCENA II.

IRAD, JAFET.

IRAD.
L'animo non ti cada. A che ne vai
Ramingando in tal guisa, ed ai silenzi
Della misera notte il tuo confondi?
Piangi e guardi le stelle? invan tu speri
Qualche aiuto da lor.
        JAFET.
                Conforto almeno
Nel mio dolore. Ah forse in questa notte
Ella pur le contempla! assai più bella
Una vergine parmi allor che mira
Le bellezze immortali. Ana!

IRAD.
                        Non sei
Dalla vergine amato.
            JAFET.
                Oimè!
            IRAD.
                        Disprezza
Me pur l'altera Äolibàma.
            JAFET.
                    Io soffro
Per te.
            IRAD.
    Si pasca dell'orgoglio suo.
Virtù di non curar la dispettosa
Prendo dal mio. Ma forse avrò dal tempo
Piena vendetta.
            JAFET.
                E lieto in tal pensiero
Sei tu?
            IRAD.
    Nè lieto, nè dolente. Amata
L'avrei per sempre se quella superba
Riamato m'avesse. Or l'abbandono
Libera al suo destino.
            JAFET.
                A qual destino?
            IRAD.
Vôlto ha il core ad un altro, io me ne avvidi.
            JAFET.
Ana?
            IRAD.
    No, la sorella.
            JAFET.
                A chi?

IRAD.
     Lo ignoro.
Pur, se tace il suo labbro, il volto suo
Manifesto me 'l dice.
    JAFET.
     Ana, di certo,
Non ama altri che Dio.
    IRAD.
      Ma dove un altro
La vergine ne amasse, a te che monta
Se l'amato non sei?
    JAFET.
     Nulla.... e pur amo!
    IRAD.
Ed io non più.
    JAFET.
     Ma dimmi, or che non ami,
O credi non amar, sei più felice?
    IRAD.
Sì.
    JAFET.
 Ti compiango.
    IRAD.
   La cagion?
    JAFET.
      Chè sei
Privo di quell'amor che mi addolora.
    IRAD.
Del mal che ti disenna è certa prova
Questo tuo vaniloquio. Io non vorrei
Sentir come tu senti, ove tant'oro
Mi volessi tu dar quanto fruttarne
Potria l'intero numeroso armento
De' nostri padri. Favellarti intendo

Di quel vile metal che n'offre in cambio
La prole di Cain, quasi potesse
Un rifiuto del suolo, un'ingiallita
Miserabile arena esser compenso
Alle pelli, alle carni, al latte, ai frutti,
A quanto i greggi nostri, i nostri campi
Ci sogliono produrre. Oh va'l sospira,
Jafet, a' tuoi pianeti, e il lupo imita
Ululante alla luna. Io m'incammino
Dove il sonno mi chiama.

JAFET.
      Io pur v'andrei
Se speme avessi di trovarlo.

IRAD.
     Dunque
Non mi segui alla tenda?

JAFET.
     Andar disegno
A quell'antro del Caucaso che vuolsi
Un occulto tragitto al cieco mondo,
Ond'escono gli spirti e van raminghi
Sul volto della terra.

IRAD.
    A quale intento
Vai tu colà?

JAFET.
  Lenir la mia tristezza
Pascendola d'errori ancor più tristi,
Irad, confido. Il loco è desolato
Come il mio cor.

IRAD.
   Ma periglioso. Orrende
Voci e strane apparenze ai più sicuri
Terribile lo fan. Seguirti io voglio.

JAFET.
Irad, mi credi, nel pensier non volgo
Mali proposti, e mal non temo.

IRAD.
　　　　　　　　　　　Appunto
Perchè buono tu sei, nemico acerbo
Il mal ti si farà. Smetti, o mi lascia
Teco venir.

　　　　　JAFET.
　　　　　　Nè quel, nè questo. È solo,
Irad, il mio sentier.

　　　　　　　　IRAD.
　　　　　　　　　　La pace adunque
Venga con te. (Parte.)

　　　　　　JAFET.
　　　　　　　　　La pace? ov'essa alberga
La cercai!... nell'amore; e forse degno
L'amor con cui l'ho cerca era di lei.
Ma gravezza in suo loco ed abbandono
Dell'animo io trovai, trovai scomposti
Giorni, poi notti crudelmente insonni.
La pace? e qual? la sconsolata calma
Del deserto, i silenzi d'una selva
Ad or ad or dal turbine interrotti,
Che scoppia e stride fra' suoi rami: è questa
La pace della stanca anima mia.
Pervertita è la terra, e molti segni,
Molti prodigi annunciano che pende
Sulla umana progenie un gran disastro.
Ana, diletta mia! quando quell'ora
Da Dio prefissa crollerà le dighe
Poste al furor dell'oceàno, ah, dimmi!
Non ti avrebbe il cor mio fatto riparo
Dall'elemento inferocito? Questo

Mio cor che t'ama indarno, indarno batte,
E batterà più forte e indarno ancora
Quando tu.... Punitrice ira di Dio!
Perdona a quella vita, unica, pura
Fra tanta moltitudine d'iniqui:
Un astro solitario a cui le nubi
Fanno per un istante un fitto velo,
Ma spegnerlo non ponno.... Ana, io t'avrei
Nella polve adorata.... e nol volesti!
Oh salvar ti potessi allor che un'onda
Sarà la terra tutta; e, re d'un mare
Senza sponde nè letto, il leviatano
Stupirà de' suoi novi immensi regni,
Da una rupe guizzando ad uno scoglio! (*Parte.*)

Entrano NOÈ, SEM.

NOÈ.
Sem, dov'è tuo fratello?

SEM.
In traccia d'Irad,
Com'egli suole, mi dicea: ma temo
Si avviasse più tosto al padiglione
D'Ana. Nel buio della notte intorno
Vi si aggira il fratel come colomba
Sopra il suo nido depredato; o forse
Inoltrato sarà per la foresta
Verso l'orrida cava che nel fianco
Dell'Araratte s'inabissa.

NOÈ.
Ed ivi
Jafet che fa? Quel loco è scellerato
Pur sulla terra scellerata, albergo

Di ben cosa peggior che la famiglia
Colpevole dell'uom. Jafet è sempre
Fiso co' suoi pensieri in quella figlia
Del seme maledetto, e tuttavolta
Farla sua non potrebbe ove ne fosse
Pur corrisposto. O cor vano dell'uomo!
Il figlio, il sangue mio che non ignora
Qual misfatto si aggravi e qual castigo
Sulla perfida terra, e già presente
L'accostar di quell'ora, in tal delirio
Debbe incauto cader?... Va', mi precedi!
Rinvenirlo m'è forza.

SEM.
         Oh no, mio padre;
Sostati! a ricondurlo io sol non basto?

NOÈ.
Per me non paventar: contro l'eletto
Di Jéova il male non ha possa alcuna.
Andiam!

SEM.
      Dove si attenda il padre d'Ana?

NOÈ.
Allo speco del Caucaso! (*Escono.*)

SCENA III.

Luogo selvaggio ed alpestre. Una caverna

JAFET.

                Foresta,
Sempiterna allo sguardo; e tu, spelonca,
La cui profondità non si misura;

Voi pure, o monti, così vari e belli
D'una orrenda beltà che si compiace
Nella selvaggia maestosa pompa
D'arbori immani, di radici attorte
Ai pendenti dirupi che fann'arco
Sulla ruina, e dove il piè dell'uomo,
Se ne potesse guadagnar l'altezza,
Moveria vacillando! Oh! sì! voi tutti
Sembrate eterni, e nondimeno in pochi
Giorni e forse iu brev'ora (oh qual vicenda!)
Voi sarete abbattuti e dalla indomita
Foga dell'acque dislocati; e questa
Tenebrosa voragine, che il varco
Par d'un mondo intestino, in ogni cieca
Latèbra sua dalla furente piena
Inondata sarà; tal che nell'antro
Del lion nuoteranno orche e delfini.
E la umana famiglia? i miei fratelli?
Dunque io sol piangerò la vostra morte,
Io sol di tutti voi? ma sono io forse
Di voi tutti il miglior perchè vi debba
Succedere alla vita?... Ameni lochi,
Ov'io pieno di speme a lei volgea
L'amoroso pensiero! e voi recessi
Mesti e deserti e forse a me più cari,
Voi dell'abbandonata anima mia
Testimoni solinghi, entro l'abisso
Per sempre sparirete? oh voi non solo!
. Ma fin quel giogo che s'appunta al cielo
Sfolgorante così che tien l'aspetto
D'una stella remota, avvolto anch'esso
Verrà nella gran piena; e le sue spalle
Raggio di Sol non vestirà più mai,
Nè mai più svolgerà dalla sua fronte

Le nebbie del mattino; ed io la sera
Non vedrò più cader dietro al suo dorso
Quel gran disco di foco, e nell'addio
Cingergli un serto di mille colori!...
Lieto faro del mondo, ove solea
L'angelo riposar come più presso
Al suo cielo, al suo Dio, mai più dall'acque
La tua cresta alzerai!.... Ma questa voce
Mai più sonò per te, per ogni cosa
Fuor che per noi, noi soli, e per le fere
Che dee mio padre riparar dall'onda
Come Dio gli prescrisse? Ei può salvarle,
Ed io, lasso! non valgo a tòr quell'una,
Quel vago fiore delle figlie d'Eva,
Al destin che le stesse orride serpi
Ponno illese sfuggir! le serpi istesse
Che il dente figgeranno in qualche nova
Terra balzata dal fumante limo
Di quest'orbe sommerso, allor che il Sole,
Vaporato e congesto il gran palude,
Un tumulo ne faccia unico immenso
Alla morta Natura. Oh quante grida
Cesseranno in quel dì! Mia dolce terra,
Così giovine ancora e pur colpita
Da sentenza mortale! Io veggo e piango
Ogni dì che s'ihvola, ed ogni notte....
(Notti e dì noverati!), e te non posso,
Nè quella cara sovvenir che tanto
Ti fa bella e diletta agli occhi miei.
Meditar non poss'io sul tuo destino
Senza un alto dolor, che parte anch'io
Della tua polve.... (*S'arresta.*)

Strepito nella caverna e risa beffarde.
N' esce uno SPIRITO.

JAFET.
Chi sei tu? favella
In nome dell'Altissimo! *(Lo Spirito ride.)* Per quanto
V' ha di più sacro sulla terra, parla!
(Lo Spirito ride.)
Pel diluvio imminente e per la terra
Che l' acque inonderanno, e per le aperte
Sorgenti dell' abisso, e per lo cielo
Che le sue nubi in altro mar converte,
E per l' alta virtù che strugge e crea,
Sconosciuto e terribile fantasma,
Di'! perchè ridi di quel riso orrendo?
SPIRITO.
E perchè piangi tu?
JAFET.
Per questa terra,
Pe' figli suoi. *(Lo Spirito ride e sparisce.)*
Quel dèmone schernisce
La ruina di un mondo, a cui la luce
Diman rinascerà senza che viva
Crèatura rischiari. In questa notte
Ultima che precede alla sua morte
Dorme la terra o quanto in lei si aduna;
E dovrebbe ella forse il suo destino
Incontrar vigilando?... Oh! che mi appare?
Larve che della morte e della vita
Mescono le sembianze; il lor linguaggio
Suona come di spiriti creati
Pria di quest' orbe che già muor...: si fanno
In parvenza di nubi a me da presso.

Molti SPIRITI *escono volando dalla caverna.*
CORO DI SPIRITI.

    Esultiamo, esultiam! quest'odiata
Razza che non potè nel Paradiso
Serbar la propria stanza,
E volse in pianto il riso
Dalla imbelle scienza affascinata,
Morrà. L'ora si avanza.
    Ad uno ad uno, per la lenta offesa
Della età, della spada e dell'affanno,
Costor non periranno.
Tutti una morte subita inattesa
Sterminerà. Già spunta il dì prescritto.
    Vedrem la terra in oceàn conversa.
Dal flutto incircoscritto
Alito di viventi
Non s'alzerà, ma sibilo
E tempestar di venti.
L'angelo errante in traccia
D'un loco ove posar lo stanco volo,
Invan per l'universa
Immensurata faccia
Scorrerà di quel mare. Un balzo solo
Non lascerà la liquida
Tomba scoverto per segnar qual era
Il supremo rifugio, ove l'umano
Disperar terminò, poi che la fiera
Onda guardata e riguardata in vano
Non gli recò l'atteso
Riflusso salvator. Deserto e vuoto
Saran per ogni dove. Un elemento

Unico, fisso e steso
Sull'ampio volto della terra, il freno
Reggerà della vita, e tutto spento
N'andrà l'umano loto.
Gli screziati e lieti
Colori di Natura in un sereno
Perpetuo vaniranno, e sulla varia
Beltà dei gioghi alpini
Vedransi effuse l'onde
In un piano uniforme e senza fini.
 Gli olibani e gli abeti,
Che l'insulto sfidâr di cento verni,
Più non trarran le fronde
Dal gorgo universal che le divora.
L'acqua soltanto e l'aria
S'offriran senza vita agli occhi eterni;
L'uomo, il foco, la terra andran distrutti
Chi saprà costruirsi una dimora
Sugli spumanti flutti?

JAFET (s'avanza).

Il padre mio! No, no! la specie umana
Non sarà tutta morta: il mal soltanto
Da lei disparirà. — Via, maledetti,
Che tanta palesate iniqua gioia
Perchè lo sdegno del Signor distrugge
Ciò che voi non ardite e non potete!
Via! fuggite di qui nei tenebrosi
Vostri covili, fin che l'onda occùpi
Quelle buie latèbre e vi disperda
Per lo spazio infinito, orribil gioco
All'eterno furor delle bufere.

SPIRITO.

 O figlio dell'eletto!
Quando tu, quando i tuoi sofferto avrete

La guerra del terribile elemento,
E l'irruente pelago
Si ricomponga nell'antico lotto,
Buoni forse e felici allor sarete?
   Oh no! dolore e stento
Patrimonio saran della novella
Vostra progenie: bella
Men della estinta, produrrà la vita
Più breve assai che gl'incliti giganti
Figli di spirti angelici
E di madri terrene. Il solo pianto,
Null'altro avrete della gloria avita,
Dei molti beni posseduti avanti.
   Parla, o mortal! redimere
A tal prezzo ti vuoi? vuoi tu di pane,
Di bevanda, di nozze esser giocondo
Sull'esequie fraterne? e non arrossa
Per pudor la tua guancia? o vile è tanto
L'anima tua che favellarci possa
D'un infortunio immane,
D'uno scempio comun senza un profondo
Terror? senza una lagrima
D'alta pietà sul ciglio?
Senza provar quel nobile ardimento
Che l'onda ingoiatrice
Aspettar ti farebbe anzi che pòrte
Nel misero naviglio
Sotto l'ali paterne a salvamento?
Anzi che sull'avel dell'infelice
Terra innalzare un giorno,
De'suoi mali obblioso, il tuo soggiorno?
   Cieco ed empio è colui che nella morte
Di tutti i suoi la ignobile
Vita sostiene. Avversa

La tua specie alla mia, perchè di mente
E d'indole diversa,
Noi ci abborriam: ma sappi! alcun non trovi
Di noi, spirti caduti, a cui non giovi
Vuoto un trono lasciar nel più lucente
Padiglione del ciel per questa oscura
Dimora, anzi che soli
I fratelli veder nella sventura.
   Or vanne! ed altri vili
Produci a te simili.
Ma quando la sovrana onda t'involi
Ogni terrestre altezza,
Dei travolti ed estinti in quell'abisso
Patriarchi giganti invidia al fato;
Poi nel tuo cor disprezza
Quel tuo padre codardo a tal sorvisso
Progenie di magnanimi,
E te disprezza che da lui se'nato.
      CORO DI SPIRITI.
Esultiamo, esultiam! le preci umane
Più non saran moleste
Alle nostre segrete aerie feste.
Nè più vedrem quella stirpe abborrita
Curvarsi nella polvere
A chi vuol la viltà delle preghiere,
A chi per obliate ostie s'irrita,
Ed a chi noi da tanti
Secoli non chiniam le fronti altere.
   Ma sì vedremo le sorgenti arcane
Scaturir dell'abisso e tutto quanto
Nel càos riconfondere.
Noi vedremo perir le crëature
Di lor polve superbe, e dispolpate
Ossa convolte dall'orribil fiotto

Per gli antri biancheggiar, per l'aperture,
Pei burroni de' monti. Una mischianza
Faran le fere tutte (allor placate
Con sè stesse e coll'uom) quando le prema
L'onda e la disperanza:
La tigre innocua a lato
Spirerà dell'agnel, quasi le stesse
Poppe succhiato avesse.
Fin che il silenzio eterno,
Qual era anzi che rotto
Fosse dalla parola
Crëatrice di Dio, sul desolato
Mondo starà. La sola
Regïon de le stelle,
Non costernata, seguirà l'alterno
Suo giro inviolabile.
   Breve tregua coi vortici
Palleggerà la morte, e la suprema
Reliquia vagabonda
Del vecchio orbe distrutto
Destinata a produr genti novelle,
Rispetterà, per volgere
Su lor più formidabile gli artigli.
Quei pochi avanzi che sull'ultim'onda
Noteran del diluvio, uscir vedranno
Fuor del suo fango, asciutto
Per la vampa del Sole, un'altra terra,
Cui nel corso dei tempi essi daranno
Nuovi infelici figli,
Nuove età, nuovi mali, e nuova guerra,
E colpe e vizi che la gente antica
Sconobbe, e il tristo séguito
Dell'ira, del livor, della fatica,
Finchè....

JAFET (interrompe).

Finchè si degni il Senno eterno
Solvere questo sogno avvicendato
Or di bene or di mal, pei tempi tutti,
Per tutte quante le create cose
Che sotto alle sue grandi ale raccoglie.
E sia chiuso l'inferno, e, ridonata
Alla primiera virginal bellezza
La terra, il suo perduto Eden ritrovi
Più fiorente di prima, e in cui non possa
L'uom più fallire, e sin l'iniquo spirto
Operi il ben.

SPIRITO.

Miracolo sì grande,
Dimmi, quando avverrà?

JAFET.

Quando il divino
Redentor, pria di spine e poi di gloria
Coronato la fronte, a noi discenda.

SPIRITO.

Or ben! fino a quel dì vi dibattete
Nelle vostre catene, e il mondo invecchi.
Contro voi, contro il ciel, contro l'inferno
Seguitate a pugnar fin che le nubi
Siano pregne del sangue che dai campi
Della battaglia fumerà. Novelli
Tempi, climi novelli ed arti e genti
Succederanno; ma le colpe antiche,
Ma le antiche miserie in altro aspetto
Nella tua specie rivivran. Le stesse
Tempeste dello spirto affogheranno
Quelle povere età come or le tombe
Degl'illustri giganti il flutto affoga.

CORO DI SPIRITI.

Esultiamo, o fratelli! e tu, mortale,
Da noi ti scosta, e vale.
　　L' udite voi ? l' udite ?
Il fremito lontano
Del furente oceáno
Ne percuote l' orecchio. Alle stridenti
Penne dan moto i venti.
Gravide di fumane
Pendon le nubi, irrompono
Spalancate le fonti dell' abisso;
S' aprono le infinite
Cataratte del cielo.... Ecco la mane
Di quel gran dì prefisso.
　　E l' uomo indifferente,
Come nato dall' utero materno
Cieco d' occhi e di mente,
Guarda i presagi dello sdegno eterno,
Ma nulla vede. Il suono,
Muto al senso mortale, al nostro arriva.
Un rattenuto tuono
Di raggruppate folgori
Mormora tra le spere
Di scoppiar desioso. Alla visiva
Virtù de' soli spiriti
Giunge il remoto corruscar de' lampi
Che ne son le fiammifere bandiere.
　　Gemi, o terra! tu sei giovane ancora;
Pur la tua bella aurora
Ti sta men presso dell' occaso. O campi,
O montagne, tremate! immane tomba
V' apparecchiano i flutti ognor crescenti.
Alle giogaie alpine
Le navi romperan, sugli eminenti

Gioghi, ove tesse il nido
L'aquila a' nati suoi, verran disperse
Le conchiglie marine.
    Oh come per le vaste acque rimbomba
Del forte augel lo strido!
Invan chiama i suoi figli, a lui risponde
Solo il mugghiar dell'onde.
E l'uomo intanto al rapido
Vol di quell'ale invidierà.... ma dove
Vagar potranno che non sien sommerse?
Poichè dell'aquilino occhio l'acume
Rivolto in ogni dove
Scernere non potrà che flutti e spume.
    Leviam, leviam, fratelli,
Un cantico di gioia! Omai disfatta
Vedrem la umana polve
Fuor che un avanzo della imbelle schiatta
Di Set, cui dalla morte Iddio sicura
Per eternar ne' secoli novelli
La colpa e la sventura.
    Ma di Caino il seme
S'estinguerà. Dai vortici
Tutte aggirate e chiuse
Saran le care vergini,
O, suffolte a fior d'acqua dall'effuse
Lunghe lor chiome volgeran l'estreme
Querele al ciel che assorte
Nell'onde punitrici
Le abbandoni cosi.... quelle infelici
Delle ancor nella morte!
La sentenza sonò. Morrà l'intera
Stirpe di Adamo, e silenzio profondo
Seguirà d'improvviso al moribondo
Grido delle universe umane voci.

Or, fratelli, fuggiam! fuggiam veloci,
Ma pieni il cor di giubilo. . . . .-
Noi cademmo, e l'uom cadde. Oh così pèra
Ogni fiacco avversario dell'Eterno
Che paventa l'inferno!
(Gli Spiriti levano il volo e spariscono per l'aria.)

JAFET.

Dio la terra ha dannata, e la paterna
Arca l'avviso ne bandì. Gli stessi
Demoni lo gridàr dalla caverna
Lor segreta dimora. Ènoc veggente
Lo annunciò da gran tempo in quelle mute
Pagine sue che parlano allo spirto
Più che il tuono agli orecchi. E l'uomo udita
La gran voce non ha: le bende agli occhi,
Corre incontro al destin che già lo incalza,
Nò commosso è l'incredulo, nè vinto
Più di quanto al suo fioco ultimo grido
Sarà l'Onnipossente e il sordo flutto
Ministro suo. — Nell'aere ancor non veggo
Segno alcun. Poche, rare e non mutate
Di color son le nubi, e nel supremo
Dì della terra sarà lieto il Sole
Qual era al quarto del creato, quando
Disse Iddio; « Sia la luce! » e fu la luce.
E se l'uom, che plasmato ancor non era,
Non destaro i suoi raggi alle preghiere,
Le melodi inspiràr dell'augelletto
(Ben più care ad udir) che per l'azzurro
Si spazia come gli angeli, e saluta
Pria de' figli d'Adamo, il Creatore....
Già n'odo il dolce mattutin concento!
L'oriente s'infiamma, il giorno spunta,
E cantano gli augelli.... Oimè sì presso

Quello e questi all'occaso ! In picciol volo
Essi reclineran le stanche penne
Nel baratro dell'acque; e nati e spenti
Pochi mattini nebulosi, il Sole
Di nuovo apparirà.... ma che potranno
I suoi dardi ferir ? l'antico, informe
Caos che lo precesse, e rinascendo
L'ala omai vana tarperà del tempo.
E che valgono l'ore alla sustanza
Priva d'aura vital ? quanto a Jeòva
L'eternità che nacque insiem con esso
Dal crēator suo cenno. Un desolato
Vuoto la stessa eternità saria
Se Jeòva non fosse, e l'uomo e il tempo
Per l'uom creato, periranno insieme
Nell'onda struggitrice, in cui fra poco
Sarà quest'orbe giovanil sommerso. —
Ma che veggio colà? Forme terrene
Ed aeree all'aspetto.... ah no! celesti;
Tanto son belle! Non distinguo i volti;
Pur con qual atto grazïoso il piede
Non movono dall'erta attraversando
Que' vapori del monte! Oh! dopo i negri
Spirti che m'attristaro, e dopo il canto
Del trionfo infernal, questa beata
Vision mi conforta e rasserena
Come un dolce splendor di paradiso.
Venissero a recar che Dio perdona
All'umano peccato, ond'io sovente
Lo supplicai!... S'accostano.... ma quella
Ana non è? Gran Dio !...

SAMIASA, AZAZIEL, ANAH, AHOLIBAMAH
si avanzano.

ANAH.
Jafet!
SAMIASA.
Un figlio
Di Adam.
AZAZIEL.
Che fai tu qui mentre l'intera
Stirpe tua si riposa?
JAFET.
E tu che fai,
Angelo, sulla terra or che dovresti
Esser in ciel?
AZAZIEL.
Dimentichi od ignori
Che parte delle cure a noi commesse
È di guardar la terra vostra?
JAFET.
I buoni
Spirti l'abbandonaro, ed anche i rei
Fuggono il caos che si appressa. — O dolce
Ana, che amai non riamato, ed amo
Pur sempre invan, perchè perchè vagando
Vai con questo Immortale, or che nessuno
Di lor più scende a visitar la terra?
ANAH.
Risponderti non oso; e nondimeno,
Jafet, perdona!
JAFET.
Ti perdoni il Cielo,

Da cui vivente crëatura omai
Non isperi perdono. In gran periglio,
Ana, tu sei !

AHOLIDAMAH.

Ritorna alle tue tende,
Audace figlio di Noè ! Noi due
Ti sconosciam.

JAFET.

Conoscermi, o superba,
Meglio or ora potrai. Qual fui tal sono,
Nè tua sorella l'obbliò.

SAMIASA.

Rispondi,
O figlio di quel giusto, in cui l'Eterno
Più si compiace; che vuoi tu? son piene
Di sdegno e di dolor le tue parole.
In che mai ti offendemmo?

JAFET.

In che, tu chiedi?
Nel più vivo del cor.... Ma detto hai vero,
Aôlibàma ! non potea meritarla,
Benchè polvere anch'essa. — Addio per sempre,
Ana ! Io spesso iterai questa parola....
Or per l'ultima volta. — Eletto spirto....
O chiunque tu sia, chiunque in breve
Debba tu diventar, puoi farti scudo
A questa bella.... a queste belle figlie
Di Cain ?

AZAZIEL.

Contro che?

JAFET.

Tu pur nol sai?
Tu pure? O serafini, o serafini !
Voi peccaste coll'uomo, e col peccàto

Forse ne partirete anche il castigo,
Ma certo il mio cordoglio.
SAMIASA.
Il tuo? fin' ora
Non mi venne al pensier che labbro umano
Favellar per enimmi a noi dovesse.
JAFET.
Nè Dio ve gli ha disciolti? Or ben, con esse
Voi pur siete perduti.
AHOLIBAMAH.
E sia. Lo spettro
D'una vita che cessa impaurirli
Non può se dell'amor che noi li amiamo
N'amano anch'essi. Io, vedi, a lui congiunta,
Non temerei d'un eterno dolore.
ANAH.
Oh non dirlo, sorella!
AZAZIEL.
Ana, tu tremi?
ANAH.
Sì.... per te! Pria che l'ombra d'un affanno
Togliere ti dovesse un'ora sola
Del tuo gaudio immortal, darei con gioia
La poca vita che mi resta.
JAFET.
È dunque
Per lui che tu mi lasci? Oh te felice
Se così non ti lascia il tuo Signore!
Poi che lieti non son, nè benedetti
Questi nodi d'amor fra gl'immortali
E le mortali. A stentar sulla terra
Nati noi siamo ed a perirvi; ed essi
Fur creati lassù ministri e servi
Di Dio. Ma se quest'angelo possiede

La virtù di salvarti, è giunto il tempo
Che salvar non ti può fuor che la sola
Destra del Ciel.

ANAH.

Di morte ei parla.

SAMIASA.

A noi,
Ed a quelle che amiam? Se tanto afflitto
Non fosse, irriderei la sua parola.

JAFET.

Non mi affliggo per me. Redento io sono
Non già da' merti miei, ma dalle sante
Virtù di un padre a cui diede l'Eterno
Di francar la sua prole: e se gli fosse
Maggior grazia largita, e la mia stessa
Vita potesse riscattar costei,
Costei, dove ho riposta ogni mia gioja....
Ana! oh l'ultima allora e la più cara
Del seme di Caino, assunta anch'essa
Nel legno salvator coi pochi avanzi
Della schiatta di Set....

AHOLIDAMAH.

Che dici? e pensi,
E speri tu che noi, caldi le vene
Del sangue di Cain, del primonato
Dall'uomo e concepito in Paradiso,
Speri tu che confonderci vorremmo
Per sì fatto connubio alla scaduta
Razza di Set, meschino ultimo frutto
Dei tardi ed insensati anni d'Adamo?
No! se pur dalla terra il dì fatale
Potessimo sviar. Disgiunta sempre
Fu la mia stirpe dalla vostra, e sempre
Sarà.

JAFET.

Teco non parlo, Aōlibàma;
Troppo quell'avo tuo, di cui ti vanti,
Rivivo in te, quel perfido che sparse
Il primo sangue.... e d'un fratello! Io parlo
Con te sola, Ana mia.... (che tal ti dica
Benchè non sei, concedimi! se forza,
Se forza è pur che da te mi divida,
Dividermi non so dalla dolcezza
Del dirti mia.) Per te, per te sognava
Che lasciata una figlia Abel ne avesse
Di cui la mansueta indole tutta
Fosse in te custodita, in te diversa
Dall'altre figlie di Cain, quantunque
Pari a lor di beltà....

AHOLIDAMAH.

Che dir vorresti?
Che costei somigliasse anima e sangue
Al nemico mortal del padre mio?
M'odi! Se in Ana sospettar potessi
Solo un'orma di Abel.... Va', va'l ti scosta,
Vil rampollo di Set. Tu gitti il seme
Della discordia.

JAFET.

Lo gittò tuo padre,
O figlia di Caino.

AHOLIDAMAH.

Ei non uccise
Già Set perchè tu debba alzar lo sguardo
Sull'opre che passàr fra Jéova e lui.

JAFET.

Jéova, ben parli, il giudicò; nè certo
Ricordar ti vorrei quel suo misfatto,

CIELO E TERRA.

Se tu non ne menassi orgoglio e vanto
Non che sentirne raccapriccio.

AHOLIBAMAH.

Il nostro
Comun padre egli fu: dell'alvo umano
Primo germoglio; intrepido, gagliardo
E tollerante più di tutti.... E rossa
Per colui mi farò che n'ha trasfusa
La vita? Osserva la progenie nostra!
Vedine la beltà, le vaste membra,
Il coraggio, la possa, i numerosi
Giorni....

JAFET.

Vi son contati.

AHOLIBAMAH.

E siano pure.
Ma fin che li riscaldi un lieve soffio
Di vita, Aòlibàma andrà superba
Di tai fratelli e di tai padri.

JAFET.

E noi
Del solo Onnipotente. Ana, tu certo....

ANAH.

Ai decreti di Dio, che pure è il Dio
Non men di Set che di Caino, io debbo
Piegar la fronte, e cercherò la forza
Di sopportare ed obbedir. Ma quando
Innalzar non temessi una preghiera
In quest'ora terribile che l'ira
Del Signor ne minaccia, oh non sarebbe
No per sottrar la mia povera vita
Al sepolcro de'miei!... Sorella, o mia
Dolce sorella! che varrebbe il mondo,
Che varrebbero i mondi e la promessa

D'un felice avvenir senza un ricordo,
Senza una gioia del passato? e priva
Del padre mio, dell'amor tuo, di quanto
Nacque e crebbe con me, che pari al mite
Raggio degli astri m'abbellìa la vita
D'un soave crepuscolo? Sorella,
Prega, oh prega mercede ove impetrarla
Per noi si possa! Orribile è la morte
S'io penso, o cara, che morir tu dei.

AHOLIBAMAH.
Che favella è la tua? Costui che sogna,
Coll'arca di suo padre (una chimera
Da lui costrutta a sgomentar le menti)
Ti dovrebbe avvilir? Ma noi le amate
Non siam de' serafini? E se pur tali
Non fossimo, Anna mia, supplicheremo
Da questo figlio di Noè lo scampo?
Pria che questo avvenisse.... oh no, sorella!
Costui certo vaneggia esagitato
Da notturne vigilie, e dalla febbre
D'un amor senza speme. E chi potrebbe
Crollar queste montagne e questa immota
Terra? ed all'acque ed alle nubi imporre
Di vestir nova forma e differente
Da quella inalterabile che pria
Videro gli avi nostri, or noi veggiamo?
Chi potrebbe ciò far?

JAFET.
    Quella parola
Che l'ha create.

AHOLIBAMAH.
  Chi la udì?

JAFET.
    La vita

Che animò l'universo.... oh, tu sorridi?
Spiriti! è questo il ver? se mi disdite,
Voi non siete del cielo.
SAMIASA.
Aölibàma,
Riconosci il tuo Dio.
AHOLIBAMAH.
Chi n' ha creati
Sempre qual Dio d'amore io riconobbi,
Non di dolor.
JAFET.
Ma dimmi, altro è l'amore
Che lagrime e dolor? l'Onnipossente
Che la terra creò per questo dolce
Sentimento del core, anch'ei sofferse
A cagion de' suoi primi abitatori.
AHOLIBAMAH.
Così fu detto.
JAFET.
Ed è.

Entrano NOÈ, SEM.

NOÈ.
Che fai, mio figlio,
Qui colla razza de' malvagi? A parte
Vuoi de' mali venirne o del gastigo?
JAFET.
Colpa, o padre, non è se qualche via
Cerco di salvamento a queste figlie
Della terra. Tu vedi! empie non sono
Se van coi serafini.
NOÈ.
E questi adunque

Son quegli spirti che, lasciato il trono
Di Dio, stringono in terra iniqui nodi
Colla progenie di Caino? I puri
Figli del ciel che la beltà corruppe
Delle figlie dell'uom?
AZAZIEL.
L'hai detto, o padre.
NOÈ.
O sventura, sventura a tai connubi!
Non ha posto il Signor fra terra e cielo
Forse un termine fisso, e circoscritta
Ciascuna specie?
SAMIASA.
E l'uom non fu creato
Ad immagine sua? nè caro a Dio
L'opre sue sono forse? Or nell'amarle
Noi lodiam chi le fece.
NOÈ.
Un uom son io,
Non più che un uomo, nè levarmi ardisco
Arbitro su'miei pari, e men sui figli
Del ciel; ma dacchè volle i suoi giudizi
Dio palesarmi, vi dirò che santa
Cagion non può condurvi, o serafini,
Dal trono del Signore a questa terra
Destinata a perir.
AZAZIEL.
Ma se ciò fosse
Pel suo riscatto?
NOÈ.
Riscattar la terra
Che l'eterno dannò? benchè di luce
E di gloria esaltarvi a Dio piacesse,
Voi nol potete. Se da lui veniste

Messaggeri di grazia, universale
Fóra il vostro messaggio e non ristretto
A due sole colpevoli, percosse
Da sentenza mortale, ancor che belle
Di stupenda beltà.

JAFET.
Deh taci, o padre!

NOÈ.
O figlio, o figlio mio! Se nell'abisso
Che Dio spalanca ruinar non brami,
Radile dal tuo cor. Fra poco, o figlio,
Spariran colla terra, e tu d'un mondo
Miglior di questo diverrai signore.

JAFET.
No: morir qui mi lascia in un con esse.

NOÈ.
Degno per tal desio tu ne saresti;
Ma il Signor ti perdona.

SAMIASA.
E voi, voi soli
Jéova perdona? e non costei, più cara
Di te, di se medesmo al figlio tuo?
Dimmi, perchè?

NOÈ.
Lo chiedi a Chi ti fece
Di me più grande, e, pari a me, sommesso
A quel voler che tutto può. — Ma vedi!
Raffael qui ne viene, il più soave
De'nunzi suoi, la creatura bella,
A fallir men soggetta.

*Entra l'*ARCANGELO RAFFAELE.

RAFFAELE.

Eterei spirti,
Che splendere dovreste al divin soglio,
Perchè starvi quaggiù? di questo modo
Obbedite al Signor che vi prescrisse
Rigidamente di lasciar la terra?
Ritornate, adorate ed offerite
Coi sette Eletti un glorioso omaggio.
In cielo è il seggio vostro.

SAMIASA.

O primo e bello
Su tutti i figli del Signor, da quando
Ne si vietà la terra? essa pur vide
Passeggiar l'Increato, e le sue glebe
Sentir l'orma divina.... E non è questo
L'orbe che per amarlo Iddio compose?
L'orbe a cui recavamo, allegri messi,
I decreti del Ciel, nelle più lievi
Opre adorando la sembianza eterna?
Non vegliammo noi sempre alla tutela
Di questo bello e giovanetto mondo,
Sua nuovissima impresa, onde serbarlo
Non indegno di lui?... Ma perchè tanto
Severa è la tua fronte? e perchè parli
Tu di condanna e di ruina?

RAFFAELE.

In note
Di fiamma, o serafini, il gran decreto
Letto avreste di Dio, nè vi sarebbe
Mestier che io vel dicessi, ove discesi

Mai qui non foste da'siderei cori,
Vostra sede verace. Ma la colpa
Dee figliar l'ignoranza; e se l'orgoglio
Fin negli spirti del saver rampolla,
Ne fa buja la mente, e questo è il primo
Frutto del trasgredir. Mentre ogni buono
Spirto la terra abbandonò, voi soli
Un colpevole amore a lei configge:
Un amor che vi sgrada, e per le figlie
Dell'uom vi accende di malnato foco;
Pur l'Eterno vi assolve, e fra' suoi puri
Angeli vi richiama. Or via! salite,
Salite al ciel se perdere vi duole
La vostra lieta eternità.

AZAZIEL.

Nè frangi
Tu pur questo divieto, a noi mal noto,
Visitando la terra?

RAFFAELE.

Io qui discesi
Nel gran nome di Dio per ricondurvi. —
Quante volte, o diletti, insiem varcammo
Lo spazio eterno! oh ripigliamo insieme
Quella via gloriosa! È ver! la terra
Scellerata morrà; morran con essa
Tutti i suoi figli.... Ma creata o strutta
Dovrà questa infelice un ampio vuoto
Lasciar nel coro de' beati spirti,
Che pur dopo la colpa immortalmente
Vivran? — Cadde dal cielo anche Satano,
L'arcangelo fratel, che la rivolta
Propose e il foco che lo strazia al culto
Reso a Dio fino allora. Oh, ma voi puri
Tuttavia, voi men grandi e men possenti

Di lui, non obbliate il suo misfatto,
Nè da qual alto e in qual profondo è sceso!
Nella figlia dell'uom che sì vi alletta
Mal cercate un compenso alla pienezza
Dell'eterno piacer, che tardi e invano
Rimpiangereste. — In guerra a lungo io fui
Ed a lungo sarò con quel superbo,
Cui sì tosto rincrebbe esser creato
E conoscere Iddio che fra le schiere
Degli angeli sedenti alla sua destra
Sublimato lo avea, non altrimenti
D'un sol fra gl'infiniti astri minori.
Io lo amai.... bello egli era.... e qual bellezza,
Fuor la sola increata, a tanto lume
Non si copria? Deh fosse a lui rimossa
L'ora del suo cader!... Malvagio è forse
Questo sospiro: ma voi due che l'ira
Dell'offeso Signore ancor non colse,
M'udite attenti e fate senno. Amate
L'eternità con Sàtana o con Dio?
Scegliete! il serpe tentator non entra
Ne' vostri cuori; dalle insidie sue
Custoditi son gli angeli; ma l'uomo
Diede al serpe l'orecchio, ed alla donna
Lo deste voi che dell'anguinea voce
Ha più soave e lusinghiero il bacio.
Sol la creta animata il tentatore
Delle sue spire circui, ma il riso
Della donna rapirci una seconda
Oste minaccia, a Dio fatta ribelle
Per sua cagion. — Toglietevi alla terra
Voi non nati a morir. Più non saranno
Le due che amate, e di eterni lamenti
Per poca argilla dissipata il cielo

Voi stancherete. Durerà nel vostro
Immortale pensier la rimembranza
Di queste infortunate assai più lungi
Del Sol che le schiarò. Divisa in tutto
L'angelica sostanza è dalla umana,
Pur le si unisce nel patir. Vorreste
Al pianto affratellarvi, alla sventura
D'una razza infelice, abbandonata
Al flagel della età, da tormentose
Cure sbattuta, e dannata alla morte
Dominatrice della terra? E quando
Concedesse ai mortali Iddio placato
Calcar l'orma degli anni e trascinarsi
Fino al limo natio senza troncarne
L'incompiuto sentier, bersaglio ai mali
Non sariano pur sempre?

AHOLIBAMAH.

Ah sì, fuggite!
Una voce profetica mi grida
Che noi tutti morrem pria che ne giunga
L'età de' nostri padri.... E non vedete
L'oceàn della terra sollevarsi
Con orrendo mugito all'oceàno
Che dal ciel si riversa? All'ira eterna
Sfuggiran poche vite, e invan gli sguardi
Noi, prole di Caino, innalzeremo
Al Dio sterminatore. —Ana! se fisso,
Immutabile è questo, e mortal prego
Non commove l'Eterno oh! rinunciamo,
Rinunciam coraggiose ai nostri amanti;
E come al taglio d'una spada incontro
Al diluvio corriam, se non con lieta,
Con intrepida fronte, e men dolenti
Di noi che dei rimasti in vil servaggio;

Di quei che, l'acque rabbassate, un pianto
Faran sugl'infiniti che versarlo
Più non potran!... Fuggite, o serafini!
Rivolate alle spere, ove non rugge
Furia di mar, nè turbine imperversa.
Nate noi siamo per morir, ma voi
Per vivere immortali, e sallo Iddio
Se della morta eternità l'eterna
Vita è miglior. Sommessi al suo volere,
Piegate il capo come noi. — Per tutta
L'inesausta clemenza a tutto il seme
Di Set concessa, prolungar la vita
Più di quanto ei prefisse io non vorrei
Al prezzo che vi tolga un solo, un lieve
De' celesti suoi doni. — Addio per sempre!
E quando innalzerete al ciel le penne,
Pensate.... pensa, unico mio! che teco
Questo cor salirà. Tu non mi vedi
Lagrime; ma d'un angelo la sposa
No, non dee lagrimar. — Per sempre addio!
Flutti! or venite e m'ingoiate.

ANAII.

                    Dunque
Morir dovrem? divisi eternamente,
Angelo, sposo, sarem noi? Mio core,
Mio cor! tu presentivi il tristo vero,
Misero! e nondimeno eri felice!
Io lo strale aspettava, ed or mi coglie
Come fosse impensato.... Eppur t'invola!
Fa' ch'io non possa rattenerti! Il pianto
Mio sarà corto, eterno il tuo, se vieni
Per me reietto dal tuo Dio. Già troppo
Avvilito ti sei con una figlia
Del colpevole Adamo. A noi prescritta

Fu la sventura, e come noi la punta
Del dolor può ferire anche i Celesti.
L'angelo che primiero a noi dischiuse
Gli arcani del saper fu rovesciato
Dal suo trono di luce in una ignota
Tènebra.... ma non tu! tu non sarai
Sventurato per me. Le tue pupille
Non conoscono il pianto, e senza pianto
Saria più grande il tuo dolor.... Va'! fuggi!
Ed oblia l'infelice a cui gli orrendi
Vortici non daran l'angoscia orrenda
Di questo addio!· Vanne al tuo ciel ! disgiunta
Da te la morte mi parrà men dura.
    JAFET.
Pietà, padre, pietà! Severo è il lampo
Della tua fronte, arcangelo beato
Ma pur misericorde.... Oh di' che queste
Delle mortali non saran la preda
Del crudele elemento! A noi soltanto
Non sia l'arca un asilo, o mi vedrai
Soccombere con esse.
    NOÈ.
     Ammuta, o figlio,
Dei ciechi affetti! Se non puoi nel petto
Soffocar l'empietà, ti guarda almeno
Dall'offendere Iddio con la parola.
Vivi la vita che t'impose, o muori
Della morte de' giusti, e dissimile
Dal seme di Caino.... Ammuta, o gemi
Silenzioso, e delle tue querele
Non fastidir l'Onnipossente. Ingiusto
Vuoi si faccia per te? Nè tal saria
Se per cagion d'un unico vivente
Dio mutasse consiglio? O figlio mio,

Leva la tua ragion! Ciò che di grave
Sopportar può la creta e tu sopporta.
JAFET.
Ma spente che saranno, e noi vagando
Solitari n'andrem per quegli ondosi
Deserti, ed alla nostra amata terra,
Agli amici, ai fratelli un dì sì cari,
Velo il gran mare ne farà, potremo
Noi soffocar le lacrime e i lamenti?
Potrem noi nel silenzio della morte
Ritrovar qualche pace? O Dio, ti mostra
Vero Dio di salute! Ancor n'è tempo!
Non pronunciar sulla natura umana
La condanna di Adamo! allor due soli
Ne chiudean la famiglia, e come i flutti
Numerosa or la vedi; or le infinite
Stille della imminente orribil piova
Immagine sarien di quei sepolcri
Che la morte aprirebbe, ove il destino
Concedesse ai mortali onor di tomba.
NOÈ.
Chiudi, audace, quel labbro. Ogni tuo detto
Suona una colpa. E tu, nunzio divino,
Al disperato suo dolor perdona.
RAFFAELE.
Spirti! questi mortali han la favella
Delle malnate passioni; e voi,
Voi che privi ne siete, o tali almeno
Esser dovreste, mi seguite in cielo.
SAMIASA.
Noi ti seguiamo. A tollerar disposti
La sventura siam noi.
RAFFAELE.
Così rispondi?

Così.
>AZAZIEL.

>>RAFFAELE.
>>Tu pure? Or ben, da questo punto
>>Vi respinge il Signore e vi dispoglia
>>D'ogni celeste qualità. — Fuggite!

>>>JAFET.
>>>Fuggir? Ma dove andranno? Udite il cupo
>>>Rombo che manda la montagna! udite!
>>>Già scoppia in un altissimo fragore.
>>>Alito non si muove, e pur le foglie
>>>Agitate susurrano, e da' cespi
>>>Cadono i fiori inariditi. Oppressa
>>>Come sotto un gran carco è la Natura.

>>>>NOÈ.
>>>>Attendete, attendete! il grido è questo
>>>>Degli augelli marini. In filto sciame
>>>>Velano come nubi il minaccioso
>>>>Cielo, e fan rote a quell'aerea punta,
>>>>Ove pur nel tumulto e nella rabbia
>>>>Delle tempeste non ardian levarsi.
>>>>Or sarà quell'altezza il lor rifugio
>>>>Ultimo e passeggiero.

>>>>>JAFET.
>>>>>Il Sole! il Sole!
>>>>>Miratelo spuntar!... ma gli fu tolta
>>>>>La raggiante corona; un negro solco
>>>>>Circoscrive il suo disco, e al mondo indice
>>>>>L'ultimo de'suoi giorni: omai nel velo
>>>>>Della notte si avvolgono le nubi
>>>>>Più che pria tenebrose, e in oriente,
>>>>>Onde usciano pur or si liete aurore,
>>>>>Sol le colora un luccicar di bronzo.

NOÈ.
Non vedete quel subito baleno
Messaggero del tuon che già n'è sopra?
Lungi di qui! lasciamo agli elementi
La perversa lor preda. All'arca, all'arca!
Quelle salde compagi a noi daranno
Ricovero e salvezza.
JAFET.
Ah sosta, o padre!
Non voler l'Ana mia delle spietate
Onde rapina!
NOÈ.
Ciò che vive e spira
Debbo ad esse lasciar! — Vieni!
JAFET.
Io rimango.
NOÈ.
Rimanti dunque, e muor con esse! Ed osi
Al profetico cielo alzar gli sguardi
Tu che vuoi riscattar chi la Natura
Corrucciata condanna, obbediente,
All'ira di Jéova il giusto Iddio?
JAFET.
Ira, o padre, e giustizia insiem non vanno.
NOÈ.
In quest'ora, o protervo, Iddio bestemmi?
RAFFAELE.
Tempra lo sdegno, o patriarca, e torni
Sulla fronte severa il cor paterno.
Il figlio tuo non perirà, malgrado
La follia che lo acciecca. Ei non distingue
Il valor de' suoi detti, e spenta alfine
Questa vampa d'amor, la sua ragione
Si sveglierà. Nel baratro dell'acque,

Come i figli del ciel con queste figlie
Della terra proscritta, il figlio tuo
Non cadrà.

AHOLIBAMAH.

  La bufera a noi si avanza....
A struggere la vita un fiero patto
Terra e cielo fermâr, nè fra le posse
Dell'Eterno e dell'uom la lotta è pari..

SAMIASA.

Ma per voi sta la nostra. In un tranquillo
Astro con noi verrete, ed indivisi
Sosterremo il destin che là ci aspetta;
Che se l'obblio della materna terra
Voi berete lassù, noi pur beremo
L'obblio del ciel nativo.

ANAH.

    O care tende
Del padre mio! dolcissimo soggiorno
Della mia culla! o boschi, o valli, o poggi,
Qual man, ditemi voi, le dolorose
Lagrime tergerà dalle mie ciglia,
Quando più non sarete?

AZAZIEL.

    Il tuo celeste
Sposo. Non ti accorar: benchè preclusi
Dal cielo, altri ricoveri felici
Ne rimangono, o cara, onde sbanditi
Noi non sarem.

RAFFAELE.

  Malvagio! hai lingua audace,
Ma fiacca mano. Quell'acciar di foco
Che dall'Eden cacciò l'incauto Adamo,
Nell'angelica destra ancor fiammeggia.

AZAZIEL.

Spegnere non ci può: minaccia il solo
Mortal fango di morte, e a noi favella
D'armi che ci percuotano.... le spade!
Che mai son esse ai nostri occhi immortali?

RAFFAELE.

La grand'ora già suona, in cui la prova
Farai del tuo poter. Palese, o stolto,
Ti sarà quanto è vana, iniqua impresa
Nei decreti cozzar del tuo Signore:
Stava la possa tua nella tua fede.

Alcuni MORTALI *fuggendo e cercando
uno scampo.*

CORO DI MORTALI.

La terra al ciel si mesce....
Che mai faremo, ahi miseri!
Dio, Dio, pietà! la fera
Delle foreste l'ulula
Con noi la sua preghiera!
   Sibila il drago ed esce
Divincolando dall'antica tana,
E mansueto per terror s'appressa
Alla famiglia umana.
   Gl'irrequieti augelli
Mandano un grido di spavento.... Ah cessa,
Signore, i tuoi flagelli.
   Pietà, Signor, del supplice
Mondo creato dalla tua parola!
Non è, non è la sola
Umana creatura
Che a te si volge in lagrime,
Ma tutta la Natura.

CIELO E TERRA.

RAFFAELE.
Addio, terra infelice! Io v'abbandono,
Sventurati suoi figli! e darvi aita,
Pur volendo, io potrei? l'Onnipossente
Proferì la condanna. *(Parte.)*

JAFET.
Alcune nubi
Calano basse basse, ed han sembianza
Di voraci avvoltoi che sulla preda
S'avventino dal cielo; ed altre immote,
Come scogli nel mare, impazienti
Aspettano il segnal per riversarsi
In torrenti di pioggia. Il bel zaffiro
Sparso di stelle scintillanti in cielo
Più non vedrò. La morte alza il vessillo
Dov'era il Sole, e un pallido bagliore
L'aere a stento rischiara.

AZAZIEL.
Ana; mi segui!
La sventurata e maledetta fossa
Che gl'irati elementi un'altra volta
Nel cäos torneranno, obblia per sempre.
Come allo schermo dell'ali materne
Sta la prole dell'aquila sicura,
Starai sotto alle mie. Non ti funesti
La ruina d'un mondo e questa guerra
Di venti e di procelle. Accolta in altro
Più lucente pianeta, eterea vita
Vivrai con me. Non son, non sono i cieli
Unici nel creato i tempestosi
Nembi che noi lasciamo.

(Azaziel e Samiasa spariscono con Anah ed Aholibamah.)

JAFET.
Esse fuggiro!

Sparvero a mezzo i tuoni e le saette
Dal mondo abbandonato.... O viva, o spenta
Insiem con questa terra, Ana, in eterno
Gl'infelici occhi miei non ti vedranno!
CORO DI MORTALI.
O figlio di Noè! vorrai tu solo
Campar dalla fatale onda omicida?
Nò del fraterno disperato duolo
Ti moveran le grida?
UNA MADRE
(porgendo a Jafet il suo lattante).
Oh salva il mio bambino!
Lo partorii nell'ora
Del dolor, che mutavasi in diletto
Quand'io lo strinsi al petto.
Nato appena morir?... Che fe' di rio
Questo caro fanciul che sugge ancora,
Perchè si affretti a rompere
Un tenue fil di vita
La terra al cielo unita?
Perchè l'immenso pelago
S'alzi sul capo d'un infante?... O figlio
Di Set! nel tuo naviglio
Pon questo amato pegno,
O tu sia maledetto, e maledetta
La tua razza funesta, e Dio che segno
Ne fece ai colpi della sua vendetta.
JAFET.
Taci, taci, insensata! ah! questo il tempo
Di bestemmie non è, ma di preghiere.
CORO DI MORTALI.
Pregar? ma dove ascendere
Le preghiere potranno or che sui monti
Fan le accalcate nugole

Un cerchio oscuro e denso,
E l'acque lor confondono
Alle inesauste fonti
Dell'oceàno immenso
Che fin le arene del deserto assale?
   ALTRI MORTALI.
 Maledetto sia pur chi v'ha creati,
Figli di Set! dannati
A spaventosa morte
Noi siamo; e a lui non sale
La parola dell'ira e del dolore.
Ma poichè non mutabile è la sorte
Che ci colpì, di vani
Preghi l'Inesorabile
Aduleremo? e con labbro che muore
Bacerem noi quelle spietate mani?
S'ei la terra creò perchè soffrisse,
Onta eterna su lui!
   ALTRI MORTALI.
    Mirate! i flutti
S'avanzano ruggendo, e quel ruggito
Assorda la Natura. Oh non vedete
Le piante evulse e scisse
Cader nell'infinito
Gorgo che le divora,
Che ne aggira e ne strugge i fiori, i frutti,
Che già varca ogni altezza, e cresce ognora?
Piante superbe e liete,
Che germogliàr sorelle
Agl'immortali arbusti
Cresciuti in Paradiso
Pria che la dote del saper recasse
Eva al primo marito, ed ei l'imbelle
Cantico del servaggio a Dio levasse.

CIELO E TERRA.

ALTRI MORTALI.

Invan le palme al cielo
Giugniamo, o noi perduti! il ciel diviso
Non è dall'oceàno, e un fosco velo
Ne cela ai supplichevoli
Sguardi il Signor.

ALTRI MORTALI.

Ti scosta,
O figlio dell'eletto!
Vanne a spiegar sui vortici
La tua mobile tenda, e là ti apposta.
Gl'ingordi flutti onusti
Vedrai tra poco delle morte spoglie
Dei tanti a cui diletto
Tu fosti in fanciullezza,
Ed a quel Dio che la tua voce accoglie
Manda un inno di grazie e d'allegrezza.

UN MORTALE.

Oh felice colui che nel Signore
Placido si addormenta! Ancor che l'acque
Inondino la terra, umili e proni
Gridiam dal nostro core:
« Fu suo voler, gli piacque. »
Dio mi donò la vita;
Ritolgami se vuole i proprì doni.
Sebben negli occhi miei
Si spegnesse la luce eternamente,
Ed al suo ciel la flebile
Preghiera mia sonasse inesaudita,
Per quanto avvenne ed avverrà, vorrei
Laudar l'Onnipossente.
   Spazio, principio e termine,
Tempo ed eternità di Lui son opra;
Alla vita, alla morte, all'universo,

Noto ed ignoto, è sopra.
Quanto ei creò può struggere....
Ed io dovrei, perverso,
Per un soffio di misera esistenza
Dolermi e maledir l'Onnipotenza?
No! quale io vissi, immoto
Nella mia fè soccombere desio.
Gli astri, che al suo comando uscîr dal vuoto,
Vacilleran, non io!

CORO DI MORTALI.

Dove fuggiam? sui vertici eminenti
Non più! l'ingorda piena
De' montani torrenti,
Con raddoppiata lena
Incontro al mar dirupa,
Al mar che tutte occùpa
Le caverne de' monti, e già sovrano
Copre le valli e il piano.

UNA DONNA.

Oh mi salva, mi salva! È già sepolta
La nostra valle. Il padre mio, la tenda
Ov'io nacqui, i fratelli, i loro armenti,
La selva antica e folta
Che solea temperarmi i raggi ardenti,
Onde al tramonto uscìa
Di soavi augelletti un'armonia,
E fin quel picciol fonte
Che rinverdia la pallida
Erba de' nostri solchi, in una orrenda
Voragine disparve!
   Pur dianzi ascesi il monte,
Io guardai la pianura e la sperata
Mèsse; nè fior nè frutto
Presso a cader mi parve!

Ed or sommerso è tutto....
Dio! perchè m'hai creata?

JAFET.

Per morir, ti creò ne' tuoi verd'anni!
Te fortunata! a spargere di pianto
La tomba universal della Natura
Tu costretta non sei.... Perchè la vita,
Quando tutto finisce, anch'io non perdo?

(*Le acque salgono. Fuggono gli uomini per diverse parti, e il Coro dei mortali si sperpaglia cercando salvezza sulle cime dei monti. — Jafet rimane sopra una rupe, mentre l'arca, tuttavia lontana, se gli viene accostando.*)

UN SOGNO.

I.

Doppia è la vita. Il sonno ha il proprio mondo;
Termine che la morte e l'esistenza
— Come a gran torto lo appelliam — divide.
Il sonno ha il proprio mondo. Immenso regno
Di fantastici veri. I sogni anch'essi,
Svolgendosi, han respiro, affetti, riso,
Pianto. Al destarne che facciamo, un peso
Ci lasciano sul core, e delle noje
Sollevano il pensier che la diurna
Veglia ne aggrava. In intima armonia
Stretti sempre con noi, di noi son parte,
Parte del tempo nostro, e quali araldi
Di quell'eterno or vengono, ora vanno,
Simili a spirti del passato; e voci
Sono dell'avvenir non altrimenti
Di Sibille. Posseggono la forza;
La tirannia del gaudio e del dolore
Ci mutano a piacer; di noi fann'essi
Ciò che lor più diletta, e coi fantasmi,
Coi simulacri d'una età fuggita
Ne spirano terrore. Ed ombra forse
Il passato non è? Che sono i sogni?
Creature dell'alma. Or ben, sustanza

Può l'anima produr di quante furo
Fin or più luminose, e popolarne
Que' pianeti che crea, dar vita a forme
Dell'uom più durature. Io mi vorrei
Richiamare alla mente un' apparenza
Ch'ebbi, forse dormendo. In un pensiero
Può capir molta età, può dentro un' ora
Racchiudersi una lunga umana vita.

II.

Due giovani vid'io nel più bel fiore
Degli anni lor. Sedeano sulla cima
D'un verde colle dolcemente acclive:
Ultimo anello di catena alpestre·
Che finia con un capo, ancor che flutto
D'oceàn nol bagnasse alla radice.
Cigneasi tuttavia di lieti campi,
Di boscaglie, di mèssi e di villette
Frequenti e sparse; e da rustici tetti
Si levavano a spira onde di fumo.
Arbori d'alta fronde in ordinato
Cerchio disposte gli facean corona;
E disposte dall'uom non dal capriccio
Della natura. I giovani, ch'io dico,
Una fanciulla ed un garzon, sul colle
Stavano contemplando. Ella mirava
Quanto allo sguardo le si offria; bellezza
Pari alla sua. Mirava il giovinetto
Lei sola. Entrambi nell'april degli anni,
Pure alquanto dispàri. A quella immago
Che s'affaccia la luna al lembo estremo
Dell'orizzonte, la fanciulla al varco

Della donna giugnea. Di qualche state
Più giovine il garzon; ma gli anni avea
Superati il suo cor di largo tratto.
Più non era per lui nell'universo
Cosa che l'allettasse; una sembianza
Sola egli amava; e questa in questo punto
Gli beava lo sguardo. Ei vagheggiata
Tanto l'avea, che raderla in eterno
Non potea dal pensier. N'era la vita,
Il respiro, la voce. Alcuno accento
Non volgeale il garzon, ma si sentia
Rabbrividir quand'ella a lui parlava.
La sua luce ella n'era; ei collo sguardo
Seguitava i suoi sguardi, e non vedea
Fuor che per essi; e cielo e terra e tutto
Gli coloriano d'un color d'amore.
Più non vivea di propria interna vita,
Ma di riflessa. Un mare in cui sommersi
Stavano i suoi pensieri era costei.
Al suon delle sue labbra, ad una stretta
Della sua man più rapido, più caldo
Scorreagli il sangue; e quel tumulto in mille
Guise mutava del garzon la guancia,
Senza che la cagion di tali angosce
Fosse nota al suo cor. Ma la fanciulla
Non partia quell'affetto. I suoi sospiri
Non volavano a lui. D'amor fraterno
Essa lo amava e nulla più; ma questo
Era pur molto, perocchè fratelli
Non avea la donzella, e di tal nome,
Per infantile affezion, solea
Quel giovine appellar. D'antica stirpe
Ella venia, germoglio ultimo e solo.
Ei parea di quel nome allegro e tristo.

Perchè? Dal tempo con dolor l'apprese,
Quand' ella s'invaghì d'un altro amante.
Il pensier della giovine a quel punto
Era volto all'amato, e dall'altura
Tendea lo sguardo per veder se ratto
Volava il suo destrier, come la brama,
D'indugi impaziente, ond'era accesa.

III.

E nello spirto del mio sogno avvenne
Subito mutamento. Un abituro
Vecchio m'apparve, ed un destrier bardato
Presso le mura. Il giovine di prima
Pallido e solo passeggiava i marmi
D'un antico Oratorio. Egli s'assise;
Prese un tratto la penna, e qualche motto
Vergò; ma l'occhio rilevar nol seppe.
Poscia fe' delle palme all'inchinato
Capo sostegno, e tremiti convulsi
Le sue membra agitàr. Levossi, e quanto
Vergato avea co'denti e colle pugna
Stracciò, ma stilla non gli uscì dal ciglio
Si ricompose, e spandersi parea
Su quel volto la calma. In quel momento
Entrò la donna ch'egli amava. Un riso
N'abbellia le sembianze allor serene.
L'amor che le portava il giovinetto
Ella a pien conoscea — non ardua cosa! —
Sapea che su quell'anima dolente
L'ombra sua si gittava, e che infelice
Era per lei, ma il quanto erale scuro.
Il giovine si mosse, e dolcemente,

— Quantunque freddo e non curante in vista —
La man le prese e strinse. A quella stretta
Gli balenò sul viso uno scompiglio
Di pensieri ineffabili, che tosto
Si dileguàr. La mano egli ritrasse,
E da lei si scostò con passo tardo;
Ma non già come quei che s'accommiata;
Perocchè non turbati e sorridenti
Si divisero entrambi. Ond'era entrato
Egli uscì; presse il dorso al suo corsiero,
E riprese la via; nè di quel tetto
Più varcò, fin ch'ei visse, i limitari.

IV.

E nello spirto del mio sogno avvenne
Subito mutamento. Era il garzone
Giunto agli anni virili, e degli ardenti
Climi una patria s'era fatta; i raggi
Bevea del loro Sole. Umane forme
D'aspetto bruno e sconosciuto attorno
Gli stavano. Egli stesso era diverso
Dall'uom che fu. Di mare in mar vagava,
Di terra in terra. Immagini affollate
Succedeano com'onde al mio pensiero. .
Ei parte era di tutte. Una di queste
— L'ultima — me l'offrì tra le ruine
D'abbattute colonne, e, mentre il vampo
Meridìan cocea, disteso all'ombra
Di mura everse e sopravvisse ai nomi
Di color che le alzaro. Egli dormia.
Camelli e dromedari a lui da canto
Pasturavano, e nobili destrieri

Al margine d'un fonte eran legati.
Un uom vestito d'ondeggiante drappo
Vegliava mentre si giacea l'intera
Tribù nel sonno; e su'lor capi un cielo
Senza nube splendea, così sincero,
Trasparente così che all'occhio umano
Visibile non v'era altro che Dio.

V.

E nello spirto del mio sonno avvenne
Subito mutamento. Era la donna,
Da quel giovine amata, ad altri avvinta
Di nodo nuziale, e questi affetto
Minor non le recava. Un mille miglia
Partia la terra di costei da quella
Cui l'esule si elesse; e là vivea.
Bei fanciulletti le facean ghirlanda
D'ambo i sessi. Ma pur su quella fronte
Era lo stampo del dolor, la nube
Rivelatrice d'un'interna guerra:
E l'occhio cavo ed inquieto enfiarsi
Di lagrime parea, senza che goccia
Scorrere ne potesse. Or da qual fonte
Procedea la sua pena? A lei nessuna
Cara cosa mancava; il primo amante
Sconcertar non potea, di sì lontano,
Con audaci speranze e con desiri
Colpevoli, o con muto e mal represso
Cordoglio l'armonia de'suoi pensieri.
Or che destava quel dolor? Diletto
Egli mai non le fu; nè mai cagione
Ella dato gli avea che tal le fosse.

La radice per ciò delle torture,
Che premeano il suo core, essere al certo
Non potea quell'assente. A lei non era
Nulla più che lo spettro del passato.

VI.

E nello spirto del mio sogno avvenne
Subito mutamento. Il pellegrino
Era tornato alla sua patria. A' piedi
Dell'altar lo vid'io con una sposa.'
Creatura gentil, ma non la stella
Della sua gioventù. Mentr'ei raccolto
Stava innanzi l'altar, lo stesso il prese
Convulsivo tremor che nell'antico
Oratorio l'assalse; e quel tumulto
Di pensieri terribili sul volto
Gli apparì come allora, e similmente
Si dileguò. Riebbe alfin la calma;
Pur le note proferte ei non intese,
Ed ogni cosa che vedea, confusa
Vacillavagli intorno. Un velo alfine
Gli oscurò le pupille e più non vide
Ciò che presso egli avea; sol l'abituro
D'un tempo, e le sue vaste antiche sale,
Gli appartamenti consueti, il giorno,
L'ora, l'ombra, la luce ed ogni cosa
Ogni ricordo di quel loco e lei,
Che fu l'arbitra un dì del suo destino,
Gli tornavano a mente; oscura coltre
Fra il lume e la sua vista. E perchè mai
Tutto ciò lo agitava in quell'istante?

VII.

E nello spirto del mio sogno avvenne
Subito mutamento. Oimè, la donna
Tanto amata da lui, come diversa
Per la segreta infermità del core!
Avea smarrita la ragion, perduto
Il bel lume degli occhi, e di terreno
Nulla più v'apparia. Reina ell'era
D'un fantastico mondo; il suo pensiero
Ingombrato venia da cure opposte,
Da sustanze impalpabili straniere
Alla vista d'ogni altro, ed alla sua
Familiari. La demenza insomma,
Come il volgo la chiama. E pur follia
Più di questa profonda i saggi occùpa.
E funesto è quel don che ci consente
Di vederne l'aspetto. Or ben, che dunque
È la follia? Non più d'un vetro acuto,
Per cui la verità delle sue vane
Larve dispoglia la distanza, accosta
Nuda al guardo la vita, e l'amarezza
Gustar ne fa dell'odioso vero.

VIII.

E nello spirto del mio sogno avvenne
Subito mutamento. Il pellegrino,
Come diànzi, era sol. Le cose tutte,
Di che cinto io lo vidi, o dileguate,
O con esso in battaglia; e fatto egli era

Segno alla disperanza, alla sventura,
All'astio ed alla invidia. Alcuna cosa
Che non fosse di fele amareggiata
Più non gustava; e simile all'antico
Signor del Ponto, si pascea di loschi
Che, perduta ogni forza, in nudrimento
Poi si mutàr. Vivea di cibi arcani,
Mortiferi ad ogni altro. Erano i monti
Gli amici suoi. Cogli astri e col vivente
Spirto dell'universo ei conversava;
E questi gli squarciarono il velame
De' lor segreti. Aperto era per lui
Il libro della notte, e la parola
Degli abissi svelava alla sua mente
Un prodigio o un mistero.

IX.

Il sogno mio
Qui si ruppe e finì, nè mutamento
Novo successe. Vision bizzarra
Che di due vite, come vero, il fato
Nella mente mi pinse: una perita
Nella demenza, nel dolore entrambe.

LA SPOSA PROMESSA D'ABIDO.

CANTO PRIMO.

I.

Quella plaga conosci, ove il cipresso
   Cresce al mirto vicino, e degli eventi
   Di che scena ella fu, dan vera immago?
Ove scoppia il furor dell'avvoltojo
In misfatti di sangue, e la dolcezza
Del tortore si fonde in un lamento?
Quella plaga di pampini vestita,
Consolata di rose ognor novelle,
E d'un ciel sempre puro? Ove il leggiero
Volo di zeffiretti al molle incarco
De' profumi si piega entro i fioriti
Orti di Gula, e cedri, aranci, ulivi
Recan frutta sì belle? Ove non tace
Mai l'usignolo, e terra e ciel di tinte
Gareggiano sì vaghe e sì diverse?
Ove un ostro più cupo il mar colora,
Ove, simili al fior che le inghirlanda,
Le vergini son care? Ov'è divina,
Fuor dell'uomo, ogni cosa? È l'oriente,

È la culla del sol l'avventurosa
Terra! E sull'opre de' suoi figli il riso
Può quell'astro mandar della sua luce?
Foschi come i congedi dell'amore
Sono i lor cuori e i lor racconti.

II.

     Armato
Di tutto punto un seguito di schiavi,
Come a prodi conviensi, il cenno attende
Del temuto Signore; o che ne debba
Scortare i passi, o vigilarne i sonni.
Posa il vecchio Giaffìr nel suo divano
In cupo meditar. Benchè la fronte
Del Musulman conoscere non lasci
Che di rado il pensiero a chi l'osserva,
E sa tutto coprir fuor che l'orgoglio,
Pingesi tuttavia su quel cipiglio
Immoto e corrugato il turbamento
D'una insolita cura.

III.

    « Olà! sgombrate! » —
E gli schiavi sgombràr. — « Qui venga il primo
Guardïan del serraglio. » — E non ritenne
Che l'unico suo figlio, e l'Etiòpe
Esecutor del suo comando — « Haruno!
Come l'ultima guarda abbia varcato
La soglia esterior.... Miseri gli occhi
Che di mirar la mia figlia svelata

Osassero nel volto !... A lei tu vanne
E conducila qui dalla sua torre.
Fisso a quest'ora è il suo destin, ma cenno
Tu non le far. Da me, da me soltanto
Raccogliere dovrà quant'io le imponga. »
— « È l'udire i tuoi cenni un adempirli,
Pascià » — Dir oltre al despota non ponno
Gli schiavi; e questi si partia nel punto
Che Sellm s'apprestava a scior la voce.
Ritto a' piè del Pascià cogli occhi al suolo
Riverente ei chinossi, e in dolce suono
Così prese a parlar; chè muore il figlio
D'un musulmano, ma non siede in faccia
Del padre suo. « Mio padre. Oh no! rampogne
A Zuleica non far, nè al suo custode!
Io, se colpa qui trovi, io sono il reo.
Su me, sulla mia testa il corrucciato
Tuo sguardo cada. Oh l'alba era sì bella!
Gl'infermi ed i vegliardi, io mi dicea,
Leghi il sonno in quest'ora; io me ne sciolgo.
Ma solo vagheggiar le meraviglie
Della terra e del mare, e non poterne
Dividere il diletto, il rapimento
Con altra viva crèatura, a noja
Tornavami. Comunque io sia disposto
Di pensiero e di cor, me non alletta
Quel trovarmi romito, e la sorella
Svegliai. Del tuo serraglio agevolmente
Svolgesi, o tu lo assenti, a me la chiave.
Nè desti ancor gli schiavi, insiem n'andammo
Al bosco de' cipressi, e il mare e il cielo
Cosa nostra facemmo. Ivi il pietoso
Racconto di Mejnunno e la canzone
Di Sadi ne indugiàr fin che ci scosse [1]

Il fragor del tamburo, e l'ora, o padre,
Del tuo divano mi sonò. Condotto
Dal mio dover, qui venni a farti omaggio.
Ma Zuleica rimase. Il tuo corruccio
Questo non mova. Penetrar nel bosco
De' cipressi non pon fuor che le sole
Custodi della torre.

IV.

« O parto imbelle
D'una schiava! — Il vegliardo a lui rispose —
Nato da madre miscredente. Invano
Sperava il padre tuo qualche scintilla
D'ardire in te ! Negli anni in cui dovrebbe
Vibrar quella tua mano un giavellotto,
Tendere una balestra, ed un destriero
Al corso esercitar, tu molle greco
Di cor, se non di fede, ami l'orecchio
Volgere al mormorio d'un rivoletto,
O veder dalla boccia uscir le rose.
Oh quell'astro lassù, che di stupore
Empie al mattino i tuoi frivoli sguardi,
Trasfonderti potesse un lampo solo
Del foco suo! Tu, tu che senza sdegno,
Senza colpo ferir questa mia ròcca,
Pietra su pietra, ruinar vedresti
Abbattuta da bronzi nazareni,
E i muri antichi di Stambùl riversi
Dal cane moscovita.... Oh va', pusillo!
E di spada non già ma di conocchia
Arma la man, più debole di quante
Torcano un fuso. — Harùn! Corri a mia figlia;

E fa' che in avvenir, se il capo hai caro,
Più non prenda tai voli. Un arco è quello,
E v'è tesa una corda. »

V.

Alcun accento
Da Selim non partì. L' orecchio almeno
Di Giaffìr non l'udia ; ma quegli sguardi,
Quelle parole più che stral nimico
Profondamente lo passaro. « Io parto
D' una schiava ? Io pusillo ? Ah, tali oltraggi
D' altra bocca scoppiati avrei col sangue...
Figlio me chiami d' una schiava ! E padre,
Chi, chi dunque mi fu ? — Così Selimo
Fremea nel chiuso della mente, e lampi
D' un rancor più feroce e più profondo
Che lo sdegno non è gli uscian dagli occhi,
E spegneansi a fatica. Un raccapriccio
Colse il vecchio Giaffìr quand'ei s' avvide,
Contemplando il garzon, della segreta
Ira che tali insulti in lui destaro ;
E il germe presentì d' una vicina
Rivolta. « Non rispondi ? A me t' accosta,
Fanciullo ; io t' entro ne' pensieri. Imprese
Vi son che tu non osi ; ma se barba
Più folta avessi e più valido braccio,
Con piacer ti vedrei rompere un' asta,
Fosse pur contra me. » — Queste beffa rde
Voci proferte, saettò d' un guardo
Selim che lo sostenne, e il suo rifisse
Nel paterno così che lo costrinse
A mirar di traverso. E la cagione ?

La sentia dentro al cor, ma non osava
Indagarla Giaffir. « M'aspetto un giorno
Non poca noja dalla indocil alma
Di sì fatto garzone. Io, dacchè nacque,
Caro non l'ebbi mai. Se la fatica
Di cacciar la gazella o il pauroso
Fagian non lo disfranca, è forte prova
Per lui: nè credo che gittar si possa
A quei rischi audacissimi che l'uomo
La morte affronta per la gloria. E pure
Fidarmi io non dovrei di quegli sguardi,
Nò di quel sangue.... Un sangue al mio sì presso!...
Che non sappia egli mai.... Più che non tenni
Terrò nell'avvenire occhio vegliante
Su quel fanciullo. Un arabo, un cristiano
Che getti il ferro e prigionier si renda
M'è colui, nulla più.... Ma non ascolto
La voce di Zulcica? A me susurra
Come un canto d'Uri. La figlia è questa
Della mia scelta; nè sua madre istessa
Più di lei mi fu cara. È la mia sola
Speme, cui non offuschi ombra di tema. —
O Peri mia, gratissima mi giungi!
Alla mia vista desiosa un fonte
Nel deserto sei tu che di sua fresca
Linfa disseta il viator languente,
E lo strappa alla morte. Il santo asilo
Del Profeta non ode una preghiera
Della mia più fervente allor che il cielo,
Come in questo momento, io benedico
Perchè a me ti donò. »

VI.

      Zuleica, bella
Come colei che prima errò — sedotta
Per sedurci in eterno — allor che volse
L'angelico sorriso alla funesta
Serpe — amabile ahi troppo! — onde la immago
Fu sigillata nel femmineo core;
Abbagliante non men di quei fantasmi
Di Paradiso che talor nel sonno
Piovono del dolore, e quanto amato,
Quanto ha perduto l'infelice in terra
Trova in ciel novamente; e dolce e mesta
Quasi un lontano sovvenir d'amore
Chiuso in sen d'una tomba; ingenua e pura
Come il prego che a Dio manda il bambino,
Di quel vecchio feroce era la figlia.
L'accoglica lagrimando, e quelle guance
Non bagnava il dolor. — Chi mai sconosce
Come fiacca, impossente è la parola
A cogliere un balen della celeste
Luce che spande la beltà? Chi mai
Confuso non rimase, affascinato
Dalla sua vista? nè mutò colore,
Nè l'animo gli cadde, e la persona
Tutta non gli tremò sotto la stretta
Di così caro e maestoso impero?
La vergine era tale. Incoronata
D'un'aureola divina e d'ineffabili
Grazie ignote a lei sola. Arcano raggio
D'amore, innata leggiadria, concerto
Mirabile di forme, in cui dipinto

Era ogni moto del pensier, dolcezza
Che tutto armonizzava, ed uno sguardo
Dello cosi che l'anima parea.
— Timida in atto sul petto crescente
Croce fea delle braccia, ed alla prima
Nota d'amor la vergine le stese,
E d'esse il collo al genitor ricinse,
Che blandizie a blandizie a lei rendea
Benedicendo, e nel paterno core
Sentia quasi ammollir la ferrea voglia.
Chè feroce quantunque, un sol pensiero
Nimico alla sua figlia il cor paterno
Di Giaffìr non facea. Ma questi dolci
Nodi d'affetto ambizïon disciolse.

VII.

« Zuleica, figlia mia! di quanto affetto
T'ami tuo padre, questo dì t'insegni.
Perocchè mi condanna a separarmi,
Straziando il mio cor, dalle tue braccia,
Per darti a quelle d'uno sposo. A quelle
D'uno sposo però che pari, o figlia,
Mai non ebbe sin or fra' battaglieri
Delle prime colonne. Al sangue illustre
Noi musulmani non guardiam gran fatto;
La stirpe tuttavia di Carasmano[1]
Splende da molti secoli e primeggia
Fra il popolo guerrier di quegli audaci
Timarïotti che di terre han fatto[2]
Nobilissimo acquisto, ed or lo sanno
Serbar. Ma sappi, e basti. Il tuo futuro
Sposo al bej d'Aglù per sangue è stretto.

L'età sua non ti dico: io già non voglio
Legarti ad un fanciul; nè tenue dote
Gli recherai. Così la mia congiunta
Alla sua possa, quel firman di morte,
Terror di tutti, sfideremo, e mancia
N'avrà qual si conviene il messaggiero
Di tai presenti. ' Or nota è a te la voglia
Del tuo padre e signor, nè più bisogna
Che il tuo sesso conosca. A me s'aspetta
Favellarti, o Zuleica, e fia l'estrema
Volta, d'obbedienza : a te lo sposo
D'amor favellerà. »

VIII.

Silenziosa
Chinò la donzelletta al suol le ciglia;
E se queste di lagrime s'empiero,
Lagrime che represse un verecondo
Timor, se quella guancia ora vermiglia,
Or pallida si fe', con repentina
Vicenda, al suono de' paterni accenti,
Che pari a pungentissime saette
Le trafissero il cor, qual altro affetto
Esserne la cagion, fuor che temenza
Di vergine, potea? Non è più bella
La bellezza che piange? il bacio istesso
Dell'amor, repugnante la rasciuga.
Il rossor d'una vergine si veste
D'una tal leggiadria, che nol vorrebbe
Scemar d'un'ombra la pietà. — Qualunque
Fosse il mistero che turbò quell'alma,
O Giaffir non v'attese, o dalla mente

Subitamente gli sfuggì. Le palme
Ei tre volte percosso,⁵ il suo destriero
Chiese, e deposto il fulgido chibòco⁶
Tempestato di gemme, i ricchi arcioni
Agile ne inforcò; poi, circondato
Da stuol di Mangrabi, di Mamelucchi
E di Delissi,⁷ con rapido passo
Al campo si condusse, ove di forza
E di destrezza al paragon si corre
Ne' guerreschi esercizj, or colpeggiando
Con jeriddi spumanti, or con inflesse
Scimitarre. Il Kislar co' negri suoi
Solo intanto vegliava alle gelose
Porte dell' Harem.

IX.

La sua man puntello
Era alla fronte, e immobile lo sguardo
Sul fosco azzurro dell' onde quiete,
Che lambian dolcemente i sinuosi
Dardanelli; ma l'onde, ma le rive
Non vedea, nè le fasce al capo involte
Delle guarde paterne che rotando
Con braccio vigoroso i curvi acciari,
Fendeano a fren disciolto in simulata
Pugna il viluppo d'addoppiati feltri;⁸
O lanciavano il dardo; e fin lo scoppio
De' lor barbari *allà*⁹ non penetrava
L'orecchio suo. Rapiagli ogni pensiero
La bella figlia di Giaffìr.

X.

Parola
Selim non proferia; significava
Sol ne' caldi sospiri il chiuso affetto.
Pallido, taciturno e senza moto
Tristamente figgea tra gli spiragli
D'un graticcio lo sguardo, e volto in lui
Era quel di Zuleica, ancor che vana
Le tornasse ogni prova a sollevarne
L'ostinato dolor. Sebben diversa
L'origine ne fosse, ugual tormento
Sentia la giovinetta. Ardeale in seno
Una fiamma più mite, e tuttavolta
Per tema, peritanza o per ignota
Altra causa tacea. Ma forza è pure
Ch'ella rompa il silenzio. « Onde le mosse
Ne prenderò? m' è nuova in ver la cura
Ch'ei mette in evitarmi.... Oh mai, fratello,
N'accogliesti così! Ma congedarne
Così noi non dovrem. » — Tre volte il suolo
Misurò della stanza a lento passo
Guatandolo di furto, ed egli immoto
Pur sempre rimanea. La giovinetta
Prese allora il vasel dell'odoroso
Perso Atargùle, [10] e il liquido profumo
Agitò sul marmoreo pavimento
E sui pinti pareti. Alcune stille
Irroraro a Selim la veste e il petto,
Ma nol parve notar come se fosse
Marmo egli pure. « E mesto e muto ognora?
No! così non ti voglio. Io non m' attesi
Tal contegno da te. » Veduto in quella

Le venne un gruppo de' più vaghi fiori
Che produca il meriggio. « Amar li suole,
Ed offerti da me discari forse
Non gli saranno. » Balenato appena
Il pensier fanciullesco alla donzella,
Che, spiccata una rosa, alle sue piante
La bella creatura era già stesa.
« Nunzia dell'usignolo è questa rosa, "
Onde trarti d'affanno. Egli ti avvisa
Per l'amato suo fior che la vicina
Notte prolungherà la più soave
Delle sue melodie. Benchè per uso
Ne' sien meste le note, a questa volta
Modular tenterà giocondi suoni,
Sperando che la sua dolce canzone
Sgombri dalla tua mente ogni funesto
Pensiero. »

XI.

Oh come? Il mio povero fiore
Ricusi tu? Me lassa! A che la fronte
Così reclini sulla mia? ma quanto
T'ami non sai? Fratello! o d'ogni cara
Cosa più caro! Ti son io, ti sono
Cagion dunque di sdegno o d'amarezza?
Vieni! il tuo capo nel mio grembo appoggia,
E poi che la mia voce e la canzone
Del mio vago augellin virtù non hanno
Di serenarti, i miei baci, o fratello,
Calma t'infonderanno e dolce sonno.
So che spesso accigliato è il padre nostro,
Ma che tale tu sia m'è dolorosa

Novità. Ch'ei non l'ami anch'io lo veggo,
Ma l'amor di Zuleica è dunque uscito
Dalla tua mente? M'apporrei? T'affligge
L'uom trascello a mio sposo? Il suo congiunto,
Quel bej di Carmano è il tuo nemico?
Se ciò fosse, o fratello, io qui ti giuro
Per l'altar della Mecca — ove concesso
Alla femmina sia per quel devoto
Santuario giurar, di cui l'entrata
Le si contende. — Oh no! Senza il tuo cenno,
Senza il consenso tuo, la mano istessa
Del Sultan non mi avrà. Che? tu faresti
Pensier che separarmi ora e per sempre
Da te dovessi, e dividere un core
Che tu solo·possiedi? E se disgiunti
Così fossimo noi, chi, chi sarebbe
L'amica tua? Chi la mia guida? Uniti
Sempre furo e saranno i nostri cuori.
Sì, lo stesso Azraèl " quando lo strale,
Che separa ogni cosa, abbia per noi
Tratto dalla faretra, i cuori nostri
Mescerà — tanto io spero — in una polve.

XII.

Voce, moto, respiro e sentimento
   Ritornano al garzone; alza di terra
   La vergine, e svanita è fin la traccia
   Del sofferto dolor: nella pupilla
   Gli splendono pensieri a lungo ascosi
   Entro il buio del cor; pensieri ardenti
   Che struggono la vita; e pari all'onda
   D'un ruscel che da' mesti ombrosi salci

Ove occulta scorrea, d'un tratto irrompe
E rivela i suoi limpidi cristalli;
O conforme alla folgore che scoppia
Dall'oscuro vapor che la imprigiona,
Tutta l'anima sua da quelle brune
Lunghe palpèbre sfavillò. Pugnace
Corsier che d'una tromba oda lo squillo,
Lion che si ridesti all'imprudente
Latrar d'un veltro; e pallido tiranno
Sfiorato appena da mal destro arciero,
Non così violento, impetuoso
Come Selim, riscotesi e sobbalza
Quando della fanciulla il giuro intende.
Rotta allor la catena a' suoi compressi
Sentimenti, « Or se' mia, se' mia per sempre,
Gridò, mia finch'io spiri e ti difenda,
Mia fin oltre la tomba! E questo sacro
Giuro, benchè tu sola il proferisti,
Pure entrambi ne lega. Alle tue labbra
La mente e il core lo ispiràr. Più capi
Così salvasti.... Non tremar! Del tuo
Non favello. Una ciocca de' tuoi crini
Sacra cosa è per me. Non sosterrei
Di svellere un capello alla tua bella
Fronte, o Zuleica, per tutti i tesori
Nella spelonca d'Istakar sepolti. — "
S'addensaro al mattin sulla mia testa
Nuvoli minacciosi, ed una piova
Di rampogne versàr. Per poco un vile
Non mi disse il Pascià: ma perchè prode
Il vigliacco si faccia ora ha ben onde.
Quel figlio abbietto d'un'abbietta schiava....
— Calmati, mia Zuleica! è tale il nome
Ch'egli mi die'. — Quest'uom, benchè di lingua

Vantatrice non sia, mostrargli un core
Saprà che la sua voce e la sua spada
Non varranno a domar.... Mio padre? oh tale
Mercè tua mi sarà. — Segreto intanto
Rimanga il giuro che ne stringe. — Ignoto
Non m' è qual uomo al suo talamo speri
Mal tuo grado condurti. Oh mai ricchezze
Non s'acquistaro con peggior vergogna!
Mai più sozza, rapace anima il corpo
D'un Muselim " non ammorbò. L'Egripo "
Non gli diede il natal? V'ha di costui
Tra' laidi figli d'Israel più laida
Creatura? Ma basti. Alcun non sappia
Quanto corse fra noi; dirallo il tempo.
Lascia a me, lascia a' miei dì quell' Osmano
Bej la cura. Intrepidi compagni
Staranmi il giorno del cimento a' fianchi;
Chè non son qual ti sembro. In pugno io stringo
Armi, amici.... e vendetta ! »

XIII.

« E qual mi sembri
Non sei tu, fratel mio? Come cangiato,
Me misera, ti trovo! Eri pur dianzi
Sì tenero, amoroso, ed ora, oh quanto
Da te diverso! L'amor mio conosci;
Nè maggior, nè minore esser potria.
Mirarti, udirti, assidermi al tuo lato,
E la notte odïar perchè vederci
Non possiam che nel giorno — altra cagione
Di quest'odio non ho; — non mai disgiunta,
Viva o morta, da te ! la speme è questa

Unica, estrema d'ogni mio pensiero.
E baciarti cosi, così baciarti
Gli occhi, il volto, le labbra.... Ah cessa, cessa!
La tua bocca è di fiamma; arde la febbre
Ne' polsi tuoi! l'incendio a poco a poco
Pur si desta ne' miei.... già sulle guancie
Sento il foco salirmi.... I tuoi dolori
Quando infermo tu fossi, o sventurato,
Sollevare, addolcir; le tue ricchezze
Dividere con te senza sprecarne.
Povero consolarti, e mezzo il fascio
Portar de' mali tuoi, nè d'un lamento
Mai ferirti l'orecchio.... A farti pago
Ogni studio porrò, ma non le ciglia
Chiuderti! Vana mi saria la prova!
Ecco a quanto sospiro. Oltre io non posso,
Oltre, o fratello, tu non vuoi. Ma dimmi
Che bisogno abbiam noi di tanto arcano?
Il perchè non si mostra agli occhi miei,
Pur se a' tuoi si rivela, altro io non curo.
Sia così. M'accennasti amici ed armi.
Nube è questo per me. Proposta io m'era
Di svelare a Giaffir qual giuramento,
Selim, ne avvince. Infrangere il suo sdegno
Nol potrebbe giammai, tal che lasciarmi
Arbitra di me stessa alfin dovria.
Strano forse è il desio di rimanermi
Qual rimasi fin qui? Dalla mia prima
Tenerissima età veduto ho forse
Altr'uom fuor che Selimo? e qual vaghezza
Pungere mi dovria di novi aspetti?
Io non bramo che te, te mio compagno
Ne' solinghi miei passi e nei trastulli
Della mia fanciullezza. E tu vorresti

Ch'io rinnegassi que' dolci pensieri
Nati in me colla vita? Oh qual vicenda
Ne condanna a celar ciò che fu sempre
Il tuo vanto, il mio vanto? Offrirmi agli occhi
D'uno straniero e leggi e Fede e Dio
Mi vietano, lo sai; ma ch'io men dolga
Tuttavia non pensar; col suo precetto
Nulla il grande Profeta a me contese.
Poi che te m'ha concesso avventurosa
Del seguirlo son io! Rabbrividisco
All'idea di legarmi eternamente
Coll'uom ch'io mai non vidi. E non dovrei
Manifestarmi al padre mio? Superbo,
Non lo ascondo, è il Pascià; disamoroso
Con te fu sempre; un nulla a sdegno il move....
Dio ne guardi, Selim, dal provocarlo! —
La cagion non saprei; ma grave peso,
Grave, qual d'una colpa, è questa ingrata
Finzion che m'imponi; e rea sarebbe
Veracemente come dentro io temo?
Chiariscimi, o fratello, e non lasciarmi
In balia d'un pensier che m'atterrisce.
Ah vedi! Il Thocadar." Ritorna il padre
Dalla battaglia simulata. Io tremo
Di scontrarne lo sguardo. E puoi, Selimo
Dirmene la cagion? »

XIV.

« Nelle tue stanze
Ritraggiti, Zuleica; or mi bisogna
Al Pascià presentarmi, e di firmano,
Di tributi, di leve e di governo

Seco a lungo parlar. Nuove non buone
Giunsero dal Danubio. I combattenti
Lascia il nostro Visir dalla vittoria
Turpemente scemar tal che il Giaurro
Ringraziarnelo può. Ma guiderdone
Sollecito ha il Sultan per tali imprese.
M'odi: Allor che il tamburo al pasto e al sonno
Chiami a sera le schiere, insinuarmi
Sino a te cercherò: furtivi poscia
Ci trarrem dal serraglio in riva al mare.
Alto è quel muro che il giardin circonda,
Nè temo esplorator che per udirne
S'inerpichi lassù; ma se l'ardisse,
Stringo una lama che provàr non pochi,
E ponno altri provar. Colà svelarti
Quanto non sai, nè pensi pur, Sellmo
Potrà senza sospetto. A me t'affida,
Zulcica, e non temer. Tu il sai; la chiave
Del serraglio è con me. » — « Temer, fratello?
Temer di te? Giammai dalle tue labbra
Non sonò tal parola » — « Or va'! t'affretta
Zulcica! È mia la chiave e miei gli schiavi
D'Harùn. Doni lor diedi, e di maggiori
Promessi io n'ho. Saprai nella seguente
Notte i miei casi e i miei proposti. Io sono
Ben diverso, amor mio, da quel che sembro.

CANTO SECONDO.

I.

Rugge al vento il mar d'Elle ed imperversa,
Come quando l'amore in tempestosa
Notte nelle sue brune onde sospinse,
Poi ritrarre obbliò, quell'animoso
Notator, quel bellissimo garzone
Sospir della fanciulla abitatrice
Di Sesto, allor che lume egli non vide
L'aer bujo secar fuor che la face
Sull'ardua torre dell'amata. Indarno
E l'impeto del vento, e gli spumosi
Flutti, e lo strido de' marini augelli,
E del cielo e del mar l'orrendo aspetto
Lui sconsigliaro dal lasciar la sponda.
Chè cieco e sordo alle minaccie il guardo
Vòlto al faro tenea della fanciulla;
Amico, unico lume a lui raggiante
Nell'ampiezza de' cieli; e solo il canto
Di quella cara gli feria l'udito
Sordo ad ogni altro suon. — Non dividete
Mai più, flutti spietati, i cuori amanti.
Storia antica accennai, ma sin che fiamma
D'amore i petti giovanili accenda,
Rinnovarsi potria.

II.

Sibila il vento,
E solleva al mar d'Elle i vasti flutti;
E la notte, che scende e il vel dispiega,
Copre i lidi famosi invan bagnati
Di sangue — or solitudine profonda —
Ove Priamo regnò; ma del suo regno
Non riman che macerie e qualche avello.
Tutto il tempo ingojò, fuor che i divini
Fantasmi, onde molcea la notte eterna
Il gran veglio di Scio.

III.

Deh, poi che trasse
A quella terra e calpestò le sacre
Sponde il mio piede, e il mio braccio divise
L'onda tumultuosa, a me sia dato
Teco, o Vate, sognar, teco piangendo
Vagar per quell'antico illustre suolo,
Credere che ogni gleba a me nasconda
La polve d'un eroe, che il suo gran mare
Bagni e flagelli tuttavia le piagge
Non menzognere del divin tuo carme.
E qual petto di ghiaccio a te non presta,
Questo suol visitando, intera fede?

IV.

La notte di sue negre ali ricopre
L'Ellesponto, e sull'Ida ancor non sorge
L'astro gentile che schiarar solea

Gli eroi del sacro vale. Alcun guerriero
Più non saluta il suo placido lume;
Solo il grato pastor gli benedice.
Pascola la sua mandra intorno al sasso
Del grande che morì per la saetta
Di Paride. Sublime e maestoso
Sepolcro, a cui d'Ammon l'inclito figlio
Pomposamente s'accostò. Sepolcro
Da popoli costrutto e coronato
Da monarchi, or che sei? Deserta bica
Di zolle accumulate e senza nome.
Come povero dentro hai l'abituro,
Figlio di Teti? E fuor?... Bisbiglia il solo
Stranier che la tua spoglia ivi riposa.
Il cenere dell'uom, più che la pietra,
Dura al vol dell'età, ma il tuo disparve.

V.

Tardi verrà Diana in questa notte,
  Del pastore a conforto e del nocchiero.
Nè pria che dalle velte alzi la fronte,
Reggerà luce alcuna il legno incerto.
Le faci che del golfo il curvo seno
Lungamente schiararo, andàr morendo
L'una appresso dell'altra, e non si mostra
In quest'ora solinga altro splendore
Tranne quel della lampada che spande
La torre di Zuleica. In questo asilo
Arde un lume solingo, e qualche grano
D'ambra odorosa, che le bianche dita
Attritàr della vergine, profuma
La serica ottomana, e lì vicino

— Come obbliarlo potè mai ? — quel sacro
Amuleto risplende che solea
Recare un dì la madre sua ; giojello
Di smeraldi incrostato ove sentenze
Del Kursi[17] sono incise, utili avvisi
Nella vita mortale e pia promessa
Della immortal. Dipinto a più colori
Presso al suo Combulojo[18] evvi un Corano,
E parecchi papiri : antiche rime
Tolte al naufragio della età da perse
Penne e in aurei caratteri vergate.
Evvi pure un liuto, or taciturno,
Ma non pria sì negletto. Una ghirlanda
Di fiori, entro chinesi urne raccolti,
L'aurea lampa incorona, opra stupenda
Di cesello. I più ricchi e bei tessuti
Delle spole d'Irano, i preziosi
Balsami di Sciraza, e quanto il guardo
Quanto il senso conforta in quel gentile
Appartamento s'accogliea ; ma tutto
Di mestizia or si veste. Ov'è la Diva,
La Peri che vi alberga, in questa notte
Così deserta e tenebrosa ?

VI.

Avvolta
In quel bruno mantel che sole han dritto
Recar le illustri musulmane, il seno,
Che più caro a Sellmo era del cielo,
Riparava Zuleica dagl'insulti
Della rigida brezza, e il piè tremante
Movea per la selvetta. Ad ogni soffio
Che le fronde agitava, un raccapriccio

L'assalia. Ma dal bosco all'aere aperto
Giunta alfin la donzella, il cor più largo,
Dietro l'orme traea della sua guida.
A volgersi e tornar nella sua chiostra
La spronava il terror, ma come al caro
Fratel suo trafugarsi? O dare al labbro,
Onde suon non uscia che di dolcezza,
Rampogne inconsuete?

VII.

Ad una grotta
Essi giunsero alfin che nel macigno
Natura avea scavato, ed aggrandito
L'opra dell'uomo. Solitaria in essa
Ritracasi talor la giovinetta.
Ivi o solea toccare il suo liuto,
O mandar nella mente i sacri versi
Del suo Corano; e nei fervidi sogni
Del pensier giovanile, ella cercava
La forma divinar del Paradiso;
O dove, sciolto dalle membra, il volo
Prenda lo spirto della donna; enimma
Che solvere non piacque al gran Profeta.
Ma certa di Selimo è la dimora.
Non crede ella però che lungamente
Egli debba gioir, così diviso
Dall'amata sorella, in quel soggiorno
Degli eletti. Qual mai più cara amica
Ritrovarvi potria? Gli amplessi, i baci
Che Zuleica gli dà, sapran nel cielo
Dargli forse le Hurri?

VIII.

      Cangiato assai
Quell'antro le parea da quando il vide
L'ultima volta ; ma falsar figura
Potea l'ombra notturna a' nuovi oggetti
Che le stavano intorno. Una lucerna
Diffondea tristamente un lume fioco
Ben diverso dal giorno. Alla sua vista
Strane cose s'offriano ; ammonticchiate
Armi al tutto dissimili da quelle
Che maneggia il Deli, ravvolto il capo
Dal suo triplice vel, nella battaglia.
Spade d'else e di lama a lei straniere ;
Ed una insanguinata.... e dal misfatto
Forse ; chè senza colpa il sangue umano
Mai non si versa. Luccicar sul desco
Una coppa vedea, che di gelata
Bevanda o d'altro a lei noto licore
Non parea mescolata. « Or ben che dice,
Fratel mio, tutto questo ? » — A lui conversa ,
Cercandone lo sguardo, alfin proruppe —
« Sei tu ben mio fratello ? »

IX.

      Avea Selimo
Tratti i panni pomposi, e più non era
L'elevato turbante alla sua bella
Fronte corona, ma cigneane un drappo
Di porpora le tempie. Il suo pugnale,

Ricco di perle preziose e degne
D'un regal diadema, alla cintura
Or più non gli splendea; guarnianlo invece
Rozze bocche di foco ed una lama
Disadorna; sull'omero gittato,
Alla foggia di Candia, un bianco lino
Scendea neglettamente; il corsaletto
D'auree borchie distinto, alla sembianza
D'una lorica, difendeagli il petto;
E di squamme argentine eran coperti
Dal ginocchio alla pianta i ben commessi
Schinieri. Ove dagli occhi e dalla fronte
Non avesse il garzon la maestosa
Aria spirato del comando, ai gesti,
All'aspetto la vergine potea
Crederlo un vil Galiongèo. [19]

X.

« Non sono
Qual ti parvi, tel dissi; e detto il vero
Ch'io l'abbia, or vedi. Raccontar m'udrai
Cose che non avria la tua gentile
Anima immaginate; ed altri il fio,
Se vere son, ne pagherà. Celarti
L'esser mio più non vo', nè le tue nozze
Con Osmano assentir. M'ascolta dunque.
Se le care tue labbra a me svelato
Non avessero mai qual parte e quanta
M'abbia, o Zuleica, del tuo core, aprirti
Non vorrei.... non dovrei gl'ingrati arcani
Del mio. Non parlo dell'amor che nudro
Per te. Se grande ei sia tel proveranno
La fedo, il tempo e la sventura. Or basti

Che la mano di sposa a quell'Osmano
Non dia. — Zuleica! Tuo fratel non sono!... »

XI.

« Mio fratel tu non sei? Selim! correggi
Questa parola! Solitaria dunque
Piangere qui dovrei? Non oso, ahi lassa!
L'ora ch'io nacqui maledir; non l'oso....
Ma non esser più tua.... Mancarmi il core,
Di sventura presago, io ben sentia....
Ah no! Qual già m'avesti amica e suora
M'abbi tu sempre e sempre tua! Ma forse
Trascinata m'hai qui per darmi a morte?
Se ragion di vendetta a ciò ti sprona,
Ferisci! Eccoti il petto! Oh mille volte
Meglio finir che viverti nemica!
Meglio si di tua mano, or che m'è noto
Perchè t'odia Giaffir, perchè ti oltraggia....
Ed io figlia gli sono! Io la radice
Dei mille insulti che n'avesti? Oh quando
Vivere tu mi lasci e per sorella
Mi rifiuti, o Selimo, almen ch'io sia
La schiava tua! »

XII.

« Zuleica! A me tu schiava?
Io sì, tale a te son. Ma poni in calma
Gli agitati tuoi spirti. Il tuo destino
Sarà — lo giuro pel divin Profeta! —
Indiviso dal mio. Dittamo, o cara,

Sia questo al tuo dolor. Così la santa
Parola del Corano, ond' è vergato
L' acciar del brando mio, ne regga i colpi,
Quando a nostra difesa io lo svagini,
Come tal giuro manterrò. Mutato
Solo il nome sarà che fu l' orgoglio
Finor dell' alma tua. Ma sappi ! I nodi
Che legàr, mia Zuleica, i nostri cuori,
Sebben d' odio mortal tuo padre ed io
N' abborriam, son lentati e non disciolti. —
— Giaffir veracemente era a mio padre,
Qual io finora ti sembrai, fratello ;
E il fin ne macchinò. L' infanzia mia
Non gli dava sospetto e non la spense,
Ma di menzogne l' assopì, che torte
Al suo capo saranno. Aspro ed ingiusto,
Quasi io fossi un germoglio di Caino,
Dalla culla ei mi fu. Come sul parto
D' una tigre, che roda i suoi cancelli,
E frangerli di colpo un dì li possa,
Tenne ei gli occhi su me. Nelle mie vene
Bolle, io lo sento, di mio padre il sangue,
Ma l' amor tuo la mia vendetta ammorza.
Rimaner tuttavia col parricida
Oltre io non posso. Il come a fin traesse
L' orribile misfatto or tu saprai.

XIII.

» Poco monta indagar la oscura fonte
  Di quell' astio fraterno. Invidia, amore
  Gl' inimicàr? Lo ignoro. Una parola
  Pungente, un lieve insulto è quanto basta

A turbar due superbi ombrosi spirti.
Fu la man d'Abdallà possente in guerra.
Nelle bosnie canzoni ancor famoso
Suona il suo nome, ed obliar non ponno
L'orde ribelli di Pasvan qual duro
Ospite visitolle. Io non ti voglio
La sua vita narrar, ma farti esperta
Della bieca sua morte — orribil opra
Del fratricida ; — e come, il vel rimosso
Al mio dubbio natal, la desiata
Libertà racquistassi, ancor che notte
Mi sia qual frutto maturar mi debba.

XIV.

» Quando prese Pasvan, [10] dopo lunghi anni
Di guerra, a schermo della vita e quindi
Del poter che tenea, nella turrita
Vidin soggiorno e scettro, i nostri alteri
Pascià si ragunaro intorno al soglio
Imperial. Non ultimi fra questi
Di possanza e di grido i due fratelli
Seguirono l'esempio. Ognuno a duce
Della propria colonna; e sciolte all'aura
Le code equine [11] s'avviaro al campo
Nei piani di Sofia, v'alzâr le tende,
E vi presero stanza, al padre mio
Stanza breve e fatal. Chè spreco accenti?
Per cenno di Giaffir d'un fiero tosco,
Fiero come il cor suo, fu colmo un nappo
Che all'alma di mio padre il cielo aperse.
Tornato egli da caccia in un lavacro
Ristorava le membra affievolite

Da stanchezza febbril, nè supponea
Che la man d'un fratello il dissetasse
Con tal bevanda. Un compro infame schiavo
Il veleno gli porse, e poche stille
Bastàr. Se fede al mio labbro non presti,
Ad Harùn ne domanda, e quanto io dissi,
Zuleica, affermerà. "

XV.

» Poi che la colpa
Fu consumata, e di Pasvan compressa,
Non però doma la rivolta, ottenne
L'inumano tuo padre il pascialicco
Del mio. No, tu non sai qual possa ha l'oro
Sull'ingordo Divano, e come in alto
Leva spesso i ribaldi.... Onori e gradi
D'Abdallà fur traslati al fratricida
Lordo ancora di sangue. È ver, l'acquisto
N'esaurì quasi tutti i mal accolti
Tesori suoi, ma le ricchezze a fiumi
Gli tornarono in breve. E chiedi il modo?
Gira lo sguardo a quei solchi sfruttati,
Interroga il colono attenuato
Dai lunghi stenti, e ti dirà se premia
La mèsse ch'ei raccoglie il doloroso
Sudor della sua fronte. Io mai non seppi
Perchè meco il tiranno abbia diviso,
Perdonando i miei giorni, e letto e mensa.
L'onta forse, il rimorso, il niun sospetto
D'un tenero fanciullo, o la vaghezza
D'un erede al poter — chè maschia prole
Negògli il Cielo — o qualche ascosa frode,

Se non forse capriccio, avran salvata
Da ferro o tosco la mia vita: ingrata,
Misera vita, perocchè Giaffiro
Non può quella superba indole sua
Meco piegar, nè posso io mai, nè voglio
Del mio buon padre perdonargli il sangue.

XVI.

» Nella propria sua casa il padre tuo
 Chiude ascosi nemici. A lui devoti
 Tutti quelli non son che seco a desco
 Spezzano il pane; e dove a lor mi aprissi,
 Chi mi sia palesando, oh brevi, il credi,
 Sarebbero i suoi giorni e forse l'ore!
 Un voler basta ad essi ed una mano
 Che li conduca e di ferire accenni.
 Ma nessun, fuor d'Harùno, ha qui scienza
 Di tanto arcano, che tra poco in luce
 Debbe il bujo mutar. Da fanciullctto
 Nella paterna mia soglia raccolto
 Crebbe, e sostenne Harùn l'officio stesso
 Che qui dentro or sostien. Tra le sue braccia
 Spirò mio padre; ma che far potea
 Solo, inerme uno schiavo? Il suo Signore
 Vendicar? Vana prova! O meglio, al duro
 Fato del genitor sottrarre il figlio?
 A questo avviso s'appigliò. Veduto
 Ch'ebbe il crudo Giaffir sulla ruina
 De'nemici non pur, ma degli amici
 Traditi alzar vittorioso il capo,
 L'orfanel fra le braccia, al suo cospetto
 Supplice ei mosse, e l'innocente vita

Chiese in dono e la ottenne. Ad ogni viva
Anima, non che a me, gelosamente
Di chi nato foss'io, tuo padre ascose.
Così l'accorto usurpator provvide
Alla sua sicurtà. — La Romelia,
Poco stante, lasciata, a queste rive
D'Asia ei pervenne, e vi fermò la sede
Scostandosi dall'Istro e dai domini
Di mio padre Abdallà. Se togli Ilarùno,
A nessun qui son noto. Ancor che schiavo
Questo Nibio senti como i segreti
D'un tiranno son ceppi, e come agogni
Frangerli il prigioniero; ond'ei le cose
Ch'io ti dissi e ti tacqui a me scoverse.
Questi gli uomini son che la giustizia
D'Allà manda ai malvagi: abbietti schiavi,
Complici e non amici.

XVII.

» È duro assai
Quanto udisti fin qui, ma ben più duro
Quanto udir ti riman. Benchè sia dardo
La mia favella a' tuoi pavidi orecchi,
Nulla io posso tacerti. — Io t'ho veduta
Per questo che mi copre abito strano
Raccapricciar; ma sappilo! sovente
Non pur or lo indossai, nè questa è certo
L'ultima volta che coprir mi debba.
Quest'uom — che più celarmi? — a cui legata
Ti sei dianzi per fede, è condottiero
Di quei corsari che la legge han posto
Sul taglio dell'acciar come la vita.

Se i casi e l'opre di costor narrassi,
Salir vedrei sul tuo pallido volto
Novo e mortal pallore. I miei seguaci
Usano l'arme che tu vedi, e lungi
Quelle mani non son che le impugnaro.
Per tai ruvidi labbri è questa coppa;
Tracannata che l'han, nessuna impresa
Arrischiata li arresta. Il gran Profeta
Questi miseri assolva, a lui soltanto
Infedeli nel vin.

XVIII.

» Che fur dovea
Di me? proscritto in casa e dagli oltraggi
Continui spinto a desiar la fuga,
Dato all'ozio in balia; poichè corsieri,
Poichè lance mi vieta il sospettoso
Tiranno. E nondimeno, oh quante volte
Mi die' nome di vile in pien Divano,
Come se il pugno mio si rifiutasse
Di stringere una briglia ed una spada! —
Alla guerra ei n'andò, me qui lasciando
Nell'ignavia e nel bujo, abbandonato
Alla guarda d'Harùn, colle sue donne
Confuso, ed alla fama, ed alla speme,
Fino alla speme d'illustrar la vita
Duramente precluso! E tu per giunta,
Tu, che sola potevi i miei dolori
Molcere, consolar, da me strappata,
Fosti in Drusa condotta ad aspettarvi
Gli eventi della pugna. — Harùn, che vide
Come il giogo dell'ozio erami grave,

Non senza trepidar, le mie catene
Sciolse per un'estate, e mi concesse
Esular, sotto fè di qui tornarne
Anzi che il padre tuo lasciasse il campo,
Tratta a fin quell'impresa. — Io mal saprei
Dipingerti a parole il rapimento
Che m'inondò quand'io, libero alfine,
L'oceàn contemplai, la terra, il sole,
Quasi l'anima mia d'un solo amplesso
Con lor si confondesse, e in luce nova
Si svelassero a lei le meraviglie
Di quel mar, di quel sol, di quella terra!
L'estasi che mi prese in quell'istante
Un solo unico accento a te palesi:
Libero mi sentia. L'amaro istesso
Della tua lontananza a poco a poco
Raddolcirsi parea.... Che dico! Il cielo,
O Zuleica, era mio!

XIX.

» Da questi lidi
Neghittosi mi trasse il piccol legno
D'un arabo fedel. M'ardea la brama
Di veder le isolette, onde s'imperla
Del purpureo oceàn l'antico serto.
Io le corsi e ricorsi ad una ad una
Tutte. Ma dove e quando a tali audaci
M'abbia stretto per sempre, e in vita e in morte
Di seguirli io giurassi, anzi che piena
Non sia l'impresa che maturo e ferma
La nostra sorte, tacerò.

XX.

» Nol celo;
Anima senza legge, aspetto bieco,
Ed indole crudele hanno costoro
Di cui duce son io; di varie terre,
Di credenze diverse un' accozzaglia,
Ma libera han la lingua e la man pronta
Sempre a ferir. Sommessi ai cenni tutti
Del loro capitan, non è periglio
Che sgomenti i lor cuori o tardi il piede.
Chiusi fra loro in amistà, fedeli
L' uno all' altro e giurati alla vendetta
Del compagno caduto; ecco le doti
Che potriano elevarli ad un proposto
Maggior del mio. N' ho cerco attentamente
— Chè non tutti son volgo — il senno e il core;
Nè gli avvisi neglessi e la prudenza
Del franco circospetto. Avvene alcuno
Che solleva la mente ad alte cose,
La povera reliquia ancor rimasta
Dei compagni di Lambro,[13] una sperata
Libertà qui pregusta. Accolti al foco
Di questa grotta, ragionar li sento
De' lor vani disegni, onde sottrarre
Dal giogo i Raja.[14] Oh lasciali in parole
Dell' alma oppressa alleviar le cure,
E cianciar d' uguaglianza e di franchigia,
Cose incognite all' uom da quando imprime
D' un vestigio la terra! Io pur sospiro
La libertà. Concedami il destino
Scorrere l' ocèan come l' antico

Patriarca del mare, e sulla terra
Condur nomade vita all'errabondo
Tartaro egual. La mia tenda sul lido,
Sui vortici il mio legno, e più ricordo
Non avrò di città nè di serragli.
Ir sui flutti spumanti o per deserte
Sabbie, dal vento o dal corsier portato,
Ecco il caldo mio volo!... Arabo! nave!
Va', mi trasporta a voglia tua! Ma l'astro
Che guidi il mio cammino, oh sola e sempre
Sii tu, Zuleica mia! Tu la mia prora
Benedici ed ascendi, e qual colomba
Di pace e di promessa il vol raccogli
Sull'arca vagabonda; e se di tanto
Pur la incerta speranza a me si niega,
Risplendi iride almeno alle procelle
Della mia vita combattuta! Stella
Vespertina le sperdi, e ne incolora
Di profetica luce il dì novello!
Mi sonerà la tua voce amorosa
Come la melodia che dai sublimi
Portici della Mecca il Muezzino
Manda ai devoti supplicanti; o come
Dolce canzon che a' primi anni ne torni,
E ne sprema una lagrima di muto
Stupor, nè mesta più, nè più soave
Del paterno idioma in terra estrana
All'orecchio dell'esule. Fra quelle
Isolette un felice Eden t'aspetta,
Bello come l'antico al primo giorno
Che fu creato; e ferri e braccia e cuori,
Come il cor, come il braccio e come il ferro
Del tuo Selim sospirano un sol cenno
Da te per immolarsi in tua difesa.

E protetta da me, da' valorosi
Seguaci miei, de' popoli le spoglie
Te, leggiadra mia sposa, abbelliranno.
Come gli ozi e il languor d'un vile Haremme
Cedono a queste cure, a queste gioje
Tumultuose!... È vero, al mio destino
Cieco io non corro; innumeri perigli
M'assaliranno per la via ch'io scelsi;
Nè blandir mi potrà che un solo amore.
Ma questo amore — il tuo, Zuleica! — un alto
Compenso mi darà nella sventura,
Nel tradimento di bugiardi amici.
M'accarezza il pensier che tu, tu sola,
Quando in miseri giorni ogni altro aspetto
Veggia intorno mutato, a me fedele,
Cara, saraj. Deh sia fermo, costante
Quel tuo cor come il mio! Dolori e gioje
Si confondano in noi, non ci governi
Che un sol volere, nè discordi, oh mai,
Mai ne trovi la luce! — Usciti a pena
Da queste mura converrà ch'io torni
A guidar la mia turba: audaci spirti;
Fra loro amici, ma col mondo in guerra.
Così noi secondiam quel bellicoso
Fatale istinto che natura ha posto
Nella umana progenie. Ovunque miri
Cessar la forza e la conquista, un muto
Deserto ti si affaccia, a cui s'impose
Nome di pace. Io pure usar la possa
Cerco e l'ingegno, ma non voglio un solco
Di terreno per me che la lunghezza
Del mio brando soverchi. È la discordia
Che dà scettro al poter; la forza e l'arte
Ne son gli appoggi. Il nostro or sia la prima;

Verrà l'arte in appresso allor che un cerchio
Cittadino ne chiuda. Immonda gora
Che fin la intemerata anima tua
Può guastar col suo lezzo, onde già fûro
Petti a cento perigli invitti e saldi,
Contaminati. E il tuo sesso gentile
Più sovente del mio nella sentina
Delle sue laide voluttà s'immerge,
Pur che morte, destino od altro evento
Strappi al sen della donna il primo amante.
Oh, lungi un tal sospetto! A te non vanno,
Zuleica, i detti miei. Ma tuttavolta
Mero gioco è la vita; e qui di certo
Nulla danne a sperar; cagione invece
Di temer qui ne dà. Sì, mia diletta,
L'incertezza, il terror che tu mi vegna,
Sia dal perfido Osman, sia dal crudele
Giaffir, rapita.... Ah no! vedremo in breve
Sparir dubbio e paura alle cortesi
Aure che amor promise alla mia vela.
Non v'ha rischio quaggiù che abbatta i cuori
Dal suo sorriso benedetti. Il piede
Può ramingar, ma l'alma ognor riposa.
Lieve teco sarammi ogni fatica,
Ridente ogni contrada: il mar, la terra
Cosa istessa per noi. Le nostre braccia
Cingeran l'universo; e, pur ch'io senta
Sul mio core il tuo cor, sospinga il vento
A suo capriccio il legno mio. L'estremo
Murmure del mio labbro una preghiera
Fia, Zuleica, per te, non un sospiro
Alla vita che fugge. Il vero amore
Non s'atterrisce d'elementi in lotta.
Avversario non è che lo spaventi

Fuorchè la guasta civiltà. Gli scogli
Perigliosi là son che duro inciampo
Fanno al nostro viaggio, e giorni ed anni
Di naufragio per noi. — Ma flue a questi
Terribili pensieri. È presso il punto
Che trarre in salvo o catenar ne debbe
Per sempre qui. — Sol pochi ultimi detti
E chiuso è il mio racconto. Un tuo comando,
E da' nostri nemici il mar ne scampa.
Sì da' nostri nemici! Hai tu fidanza
Che l'odio di Giaffir per me s'attuti?
E quell' Osmano che partir ne vuole
Non t'è forse nemico?

XXI.

» A tempo io giunsi
Per sottrarre alla morte ed al funesto
Timor dell' oppressore il mio custode.
Del mio correre il mare e le lontane
Isole pochi sospettaro, e labbro
Non ne parlò. Comunque io sia disgiunto
Dal mio stuolo fidato e rado avvenga
Che da terra io mi stacchi, alcuna impresa
Non ardiscono i miei, se pria non l'hanno
Maturata con me, nè la consenta.
Io ne formo il disegno, io ne diviso
Le prede; e soffre ciaschedun che parte,
E la maggior, de' rischi e de' travagli
Primamente io m'assuma. — Oh, ma già troppo
De' miei casi ti dissi! Il tempo stringe,
E ne invita il mio legno. All' odio il tergo,
Al contrasto daremo, alla paura.

CANTO SECONDO.

Osman giugne coll'alba, e lo accompagna
Molta mano d'armati. Or ben, da' ceppi
Sciolgati questa notte; e se la vita
Di quel tumido Osman francar ti cale,
O quella almen del padre tuo, fuggiamo!
Senza indugio fuggiam! Ma se sgomenta
Per le cose narrate, e della data
Fede pentita, rimaner tu scelga,
Teco io pur rimarrò. Patir non posso,
E ne cadesse il capo mio, che sposa
Dicati un altro. »

XXII.

    Senza voce, immota
La vergine restò, tal che parea
La statua del Dolore in cui, perduta
La speranza suprema, irrigidì,
Volta in sasso, una madre. E vera immago
D'una giovine Niobe era costei.
Ma pria che da quel labbro e da quegli occhi
Parola o cenno di risposta uscisse,
Il balen d'una fiaccola improvvisa
Ecco gli archi schiarar di quel recinto.
E succedere ad essa una seconda....
Una terza.... una quarta.... « Ah fuggi, o mio....
No, che tal non mi sei!.... T'invola, o caro
Più che fratel! » — Quella luce vermiglia
Di faci minacciose in ogni lato
Del giardin si propaga; e faci sole
Non sono.... un ferro in ogni man lampeggia.
— Di qua, di là, per macchie e per cespugli
Si sparpaglia la turba, ed ogni calle

Cerca, fruga, ricalca, il brando ignudo
E raggiante alla luce. Ultimo appare
Giaffir da tempestosa ira commosso,
E il ferro anch'esso nella man. La furia
S'avvicina allo speco.... E questo adunque
Sarà la tomba di Selim?

XXIII.

M'ha giunto
La grand'ora — imperterrito proruppe —
E veloce sarà. — Zuleica, un bacio,
L'ultimo!... I miei non denno esser lontani,
Udran forse il mio segno, il lampo almeno
Di quest'arme vedran.... Ma pochi arditi....
Follia! temerità!... Che monta? è d'uopo
D'uno sforzo supremo. » E ciò dicendo
S'accosta al varco della grotta, e l'eco
Ne ripete lo scoppio. — Movimento
Ella non fe', non mise grido; i sensi
Impetriti n'avea la disperanza.
» Non intesero il cenno. Or non potranno,
Accorrendo, veder che la mia morte.
I nostri inseculori alla spelonca
Drizzò lo scoppio.... Acciar del padre mio!
Esci dalla guaina! Ad un conflitto
Più di questo inegual mai non ti strinsi.
Zuleica, addio! Ritraggiti, o diletta,
Nel profondo dell'antro. In sicurezza
Vi rimarrai. La rabbia del tiranno
Teco in rampogne svamperà. T'affretta!
Piombo o ferro potria nello scompiglio
Coglierti.... Temi per Giaffir? Ch'io possa

Soccombere, morir, pria che nel sangue
Di quell'uom che t'è padre il brando immerga!
No! benchè della coppa avvelenata
Colpevole egli sia, benchè codardo
M'appellasse.... Ma che I dovrei vilmente
Presentarmi a'lor ferri? Ah no! del mio,
Tranne tuo padre, sentiran la punta. »

XXIV.

Giunge al lido d'un balzo. Il primo accorso
Che la via gli attraversa è già caduto.
Un capo boccheggiante ed un convulso
Tronco e non più. Consorte al fato istesso
Cade un altro a'suoi piè; ma lo circonda
Una siepe di spade. A dritta, a manca,
Egli s'apre il cammin.... già tocca il flutto,
Già s'accostano i suoi.... son lungi appena
Cinque tuffi di remo.... è disperata
L'ansia de'rematori.... Il lor soccorso
Potrà giungere a tempo? Ecco le piante
La prima onda ne bagna, ecco nel golfo
Lanciansi a nuoto gli animosi; i brandi
Splendono fra le spume, e fan le braccia
Infaticabilmente al mar contrasto;
Ecco! afferrano il lido.... Ahi sciagurati!
A dar più numerose ostie alla morte.
Il sangue di Selimo, il sangue effuso
Dal suo gran cor le brune acque invermiglia.

XXV.

Incolume sfuggendo al ferro e al foco,
O colto in parte non vital, la spiaggia

Che il mar parte dal lido egli raggiunge.
Crepita sotto i piè del fuggitivo
La trita arida sabbia; il colpo estremo
Manda agl'insecutori.... Ahi, perchè volge
La fronte a ricercar d'una sembianza
Che trovar non potrà?... Quel breve indugio,
Quello sguardo fatal n'ha decretata
La morte o le catene. Oh come tardi,
Pur di mezzo ai perigli ed alle angosce,
Lascia gli amanti la speranza! Il mare
E gli amici accorrenti avea da tergo,
Quando un sibilo udissi e questo grido:
« Ogni avversario di Giaffir finisca
Così. » — Di chi la voce? A chi rivolto
Il mortifero tubo e l'igneo piombo
Che per l'ombre tuonò, vicino, ahi troppo!
Al suo misero segno? Ah parricida!
Questa impresa fu tua. Dalle tue mani
Lenta morte ebbe il padre, il figlio ratta.
Il sangue, che sgorgò dalla ferita,
Tinse di viva porpora le bianche
Spume del mar. Se mosse alcun lamento
Dal labbro moribondo, andò confuso
Col mugghiar de' marosi.

XXVI.

È l'alba, e sperde
Lenta lenta la notte. I pochi infausti
Trofei della battaglia ella rischiara.
Alle grida, al fragor di quella notte,
Che fèr la riva risentir, succede
Un silenzio interrotto. Alcun vestigio

Della strage vi appar: tronchi di spade
Infitti nell'arena, orme di piedi
E di mani contratte, ed un naviglio
Privo di remi; e dove il mar flagella
E soverchia la spiaggia, all'alghe attorto
Pende un bianco mantello; è in due diviso,
Maculato di sangue, e invano i flutti
Di tergerlo fan prova. Ov'è la salma
Ch'egli coverse? Or voi che far lamento
Sull'estinto vorreste, interrogate
L'onda che lo rigira e lo sospinge
Ver lo scoglio Sigèo, poi sulle rive
Lo travolve di Lenno. I vagabondi
Alcīoni si calano stridendo
Su quella preda; ma di porvi il rostro
Non ardiscono ancor, perchè dall'onde
La sua testa agitata, ad or ad ora
Fuor del mobile letto si solleva,
E la man, che per viva intima forza
Più non è mossa, rialzarsi pare
Minacciosa col flutto e insiem con esso
Discendere e sparir. Che mai rileva
Se in un vivo sepolcro ella riposa?
Torrà l'augel che la divori il pasto
Dovuto ai vermi. Il solo, il solo core
Che trafitto ne fòra, il ciglio solo
Che bagnar ne potria la sepoltura,
E le bende funerèe, quel core
S'è spezzato! quel ciglio, oimè, s'è chiuso
Prima del suo!

XXVII.

   Dal mar si leva un canto
Di dolore. La donna umidi ha gli occhi;
Mesta, pallida l'uomo ha la sembianza.

Zuleica! ultima prole
 Del sangue di Giaffir! Chi farti sposa
 Dovea col novo sole,
 Tardi arrivò.
 La tua guancia amorosa
 Il fidanzato più mirar non può.
De' funebri lamenti
 Non gli giunse all'orecchio il suon lontano?
 Le ancelle tue piangenti
 Sul limitar,
 Le nenie del Corano,
 Del tuo misero fin non l'avvisàr?
Croce gli schiavi al seno
 Delle braccia non fèr? La nova amara
 L'Hárem non ha ripieno
 D'alto dolor?
 Non disse a Osman: « Prepara,
 Sposo infelice, alla sventura il cor? » —
Veder del tuo diletto
 Tu non potevi la mortal ferita,
 Zuleica! Un gelo al petto,
 Quand'ei fuggì,
 Ti corse, e della vita
 Ogni dolce conforto, ahi, ti sparì!

 « Come al mio caro
  Farmi potrei riparo? »

CANTO SECONDO.

Questo pensier la uccise.
Un grido mise
Quella morente,
Poi tacque eternamente.

Pace, o spezzato core!
  Nel tuo vergine avel quieto or posa.
Benchè profondo,
Fu questo il primo e il tuo solo cordoglio,
Zuleica! Avventurosa,
Chè dalla età peggiore
Fuggisti, e non ti oppresse il grave pondo
Dell' odio, dell' orgoglio,
Del rimorso, dell' onta e dell' assenza.
Nè quell' eterno affanno,
Ben piú che la demenza,
Dell' anima tiranno;
Quel verme roditor che sempre è desto,
E mai non muor; funesto
Spettro che imbruna il giorno,
E fa la notte paurosa e truce;
Che l' ombra fugge,
Fugge la luce,
Che sempre intorno
Volgesi al cor, nè mai, nè mai lo strugge.

O disumano
  Giaffir! Ti fascia invano
L' aspro cilicio i fianchi;
Gettano invan le tue pugna cruente
Sui crini bianchi
Cenere penitente!

Or ben può la tua destra,

Di crudeltà maestra,
Svellerti, disperata, il pel dal mento.
L'orgoglio, l'ornamento
Di te, del sangue tuo, la fidanzata
Al talamo d'Osmano,
Che il tuo Sultano
Avria, la conoscendo, inanellata,
La tua Zuleica.... è morta.

Morta di tua vecchiezza è la speranza!
Or che ti avanza?
Te non conforta
Più quella luce solitaria e bella,
Che mutava in aurora il tuo tramonto.
Cadde la stella
Dell'Ellesponto!
E chi spense il bel raggio? Il sangue, o cieco,
Sparso dal tuo furore.
Odi, Giaffir! Se mai
Ti strappi il duol dal core,
« La mia figlia dov'è? » — « Dov'è? » dall'eco
Sola, insensata replicarti udrai.

XXVIII.

Nel chiostro che di mille urne biancheggia,
Su cui la cima del bruno cipresso
Tristo rezzo diffonde, e, benchè pianta
Di cordoglio immortale, i rami e il tronco
Pieni ha d'intima vita e mai non langue,
Una florida zolla attrae gli sguardi
Pur di mezzo alla morte; ed un solingo
Roseto vi dispiega i suoi colori
Dolci e smorti così, che tu diresti:

« La disperanza lo pianto. » Lo spiro,
— Così frale è quel fior — della più leve
Brezza par che le foglie ne disperda;
Ma lo assalgono invan turbini, gelo,
E, più cruda di lor, la man dell' uomo.
Sterpato a sera rifiorisce a mane.
Un genio lo governa, ed alimenta
Di celesti rugiade; e vera forse
Delle greche fanciulle è la credenza,
Che nulla di terreno abbia quel fiore.
Fior che sfida il poter delle tempeste
Là dove ogni altro inaridisce e muore
Se difesa non ha; perchè nè pioggia
Di primavera, nè calor d' estate
Al suo cespo abbisogna. Ivi gorgheggia
Quanto lunga è la notte un augelletto;
Vederne non si pòn l' eteree piume,
Ma, pari all' arpa d' una Hurrì, si spande
Prolungata, mollissima, divina
Dell' incognito augel la melodia. "
Canto di rossignolo il crederesti;
Pur non ha l' usignol, benchè sì mesto,
Note flebili tanto; e chi le ascolta
Staccarsene non sa; rimanvi assorto
Siccome amante sventurato; il ciglio
Di lagrime riempie; e così dolci
Quelle lagrime son, così temprato
Alla quiete quel dolor, che teme
Non lo involi il mattino alla dolcezza
Malinconica e pia che lo rapisce,
Avido di produr la veglia e il pianto,
Pur che non cessi la nota dolente
Di sì cara virtù! Ma colla prima
Luce del dì la magica armonia

Scema e spira. Taluno — error di vaghi
Giovanili fantasmi, e nondimeno
Chi biasmarli potria? — talun credette
Distinto udir ne' modulati accenti
Il nome di Zuleica, e dal cipresso
Propagarsi per l'aere. Nella gleba,
Che la sua polve virginal ricopre,
Mette il roseto le radici. Un marmo
Vi fu posto un mattin, ma sparve a sera,
Nè smovere di certo il braccio umano
Quel macigno potea, profondamente
Fitto nel suol, nè trarlo in riva al mare.
Perocchè, se diam fede alle leggende
D'Ellenia, fu trovato il dì vegnente
Ove cadde Selim, da quelle stesse
Onde bagnato che più sacra tomba
Negaro alle sue membra: ed anzi è grido
Ch'una lurida testa, avvolta il crine
Di fasce musulmane, a tarda notte
Vi s'accosti e lo baci. Ora quel cippo
Flagellato dai vortici si chiama
« L'ORIGLIER DEL PIRATA, » e quella rosa,
Simbolo di mestizia e di dolore,
Pallida, casta, solitaria al loco,
Ove nacque da prima, ancor fiorisce;
Pari a bella, pietosa, umida guancia,
Quando della sventura i casi ascolta.

NOTE SCELTE.

[1] *Majnoun e Leila* sono nei romanzi orientali come Romeo e Giulietta. Sadi poeta persiano.

[2] Carasman Oglou il più dovizioso proprietario in Turchia.

[3] Quelli che per titolo feudale posseggono terre chiamansi Timariotti, e servono militarmente come Spahis.

[4] Quando un Pascià si crede forte abbastanza per opporsi al Gransignor, viene il messaggero strangolato in vece sua; al contrario egli bacia il decreto del Sultano e la corda che deve strozzarlo.

[5] I Musulmani sono parchi di parole, e chiamano i servi col batter della palme.

[6] Pipa guernita di pietre preziose.

[7] Soldati di gran valore che stanno a capo della cavalleria e dan principio alla battaglia.

[8] Pezzi di feltro addoppiato a prova delle loro lame.

[9] Grida de' Turchi nelle caccie e nelle battaglie.

[10] Essenza di rose.

[11] Gli amori della rosa e dell' usignuolo; credenza orientale.

[12] L' angelo della morte.

[13] Tesori dei Sultani precedenti.

[14] Specie di Governatore, dopo il Pascià.

[15] Negroponte.

[16] Ufficiale che precede le persone autorevoli.

[17] Il verso del Koral (trono) nel Corano è stimato dai fedeli come il più sublime d' ogni sentenza; e ne hanno impressi fermagli ed amuleti.

[18] Rosario turco.

[19] Marinajo turco.

[20] Pasvan Oglou, il ribelle di Vidino che negli anni ultimi della sua vita affrontò tutta la potenza della Porta.

[21] Gli stendardi dei Pascià.

[22] Storica.

[23] Il greco Lambro Canfano, celebre per gli sforzi da lui fatti onde ottenere l' indipendenza della sua patria dal 1788 al 1790.

[24] Coloro che pagano il testatico detto *Harakch*.

[25] È credenza in Oriente che le anime degli estinti errino sulla terra in forma d' angelli.

PARISINA.[1]

I.

È l'ora che le tenere querele
Tra foglia e foglia l'usignol gorgheggia,
Che degli amanti il favellio segreto
Mormora cari giuramenti, e l'aura
Col sussurro dell'acque il suo confonde,
Tal che n'esce un accordo, un'armonia
Grata agli orecchi solitari. Il fiore
Tremola di rugiade e d'astri il cielo,
Il zaffiro de'flutti è assai più cupo,
Più cupo il verde delle fronde, e regna
Quel morente baglior, quel lume incerto,
Quell'ombra così dolce e così pura
Che succede al tramonto, allor che al raggio
Della luna sorgente espero fugge.

[1] NOTA STORICA. — Sotto il regno di Niccola III (a cui dal Poeta è sostituito il nome di Azzo), Ferrara fu macchiata da una tragedia domestica. Sulla oculare testimonianza di un servo di corte, il marchese d'Este scoprì l'incestuoso amore di Parisina sua moglie e di Ugo suo figlio naturale, bello e valoroso giovane; e vennero entrambi decapitati nella rocca per sentenza del padre e del marito, il quale sopravvisse al loro supplizio ed alla propria vergogna. Sventurati se furono essi colpevoli, più sventurati se furono innocenti. Sì nell'uno come nell'altro caso io non posso approvare un tal atto di severa giustizia da parte di un padre.

GIBBON, *Miscellanee*, tomo III, pag. 470.

II.

Ma non già per udir delle cadenti
   Acque il susurro Parisina or lascia
   Le stanze sue, nè sorge a tarda notte
   Per veder la stellata azzurra vòlta;
   Chè se cerca d'un'ombra in fra' boschetti
   Dell'estense giardino, e là si posa,
   Non è per inspirar dei rifioriti
   Cespi il profumo. Parisina ascolta,
   Ma non le note dell'augel notturno,
   Benchè l'orecchio suo non men soave
   Musica aspetti.... Un romorìo di passi
   Pènetra il chiuso delle frasche.... pallide
   Le sue guance si fanno.... il cor le trema
   Con sussulto.... e traverso agli agitati
   Rami le giunge una voce d'amore
   Che di nuovo alle guance, onde fuggìa,
   Richiama il sangue e le solleva il seno.
   Un passo ancora e s'uniran due petti....
   E l'amante già cade a'piedi suoi.

III.

Or che val l'universo ai due felici,
   E ciò che vi succede e vi respira?
   A quegli occhi, a quei cori il ciel, la terra
   Sono un vuoto deserto. Indifferenti,
   Come scheletri umani, a quanto è sopra,
   A quanto è sotto lor, respiro e vita
   Non han che per l'amore; ogni altra cosa

Da quelle menti dileguò. L'ebbrezza
Svampa in caldi sospiri, e tanto acuta,
Che scoppiar, se durasse, il cor faria
Sotto il delirio del piacer. Lo spettro
Del fallo e del periglio a funestarli
Nei tumulti non vien di quella gioia.
Forse che la paura in tai momenti
Ha virtù di frenar chi dell'amore
La potenza sentì? chi mai, chi pensa
Che fugaci son l'ore?... Ed oh! fuggite
Già sono, e ridestarci, oimè! n'è forza
Pria di saver che vision sì cara
Più mai non tornerà.

IV.

     Ritrosi e tardi
Quel loco abbandonàr, segreto asilo
Di lor gioie colpevoli. Quantunque
La speme del ritorno e la promessa
Confortasse i lor cuori in quell'addio,
S'affliggeano così come se fosse
L'addio supremo. I frequenti sospiri,
Gli amplessi lunghi, il labbro al labbro unito,
Che staccarsi non può, mentre sul volto
Di Parisina si riflette il cielo,
Il ciel da cui perdono ella dispera,
Come se in ogni stella un taciturno
Testimon paventasse al suo delitto....
I sospiri, gli amplessi in quel riposto
Angolo li teneano avvinti e chiusi.
Ma giunta è l'ora che li parte. Oppressi
Da quel brivido arcano e pien d'angoscia

Che sempre alle malvage opre è seguace,
Si allontanaro.

V.

Ed Ugo alla solinga
Coltrice ritornò, l'altrui consorte
Invidiando. Ma posar la donna
Debbe il capo sleal sul confidente
Cor del marito. Un tremito convulso
Par che il sonno le turbi, e quai fantasmi
Ne ingombrino il pensier si manifesta
Dal suo volto infiammato. Ella bisbiglia
Sognando un nome che non osa al lampo
Della luce ridir.... lo sposo abbraccia....
Sul cor lo preme che per lui non batte....
A stretta così dolce Azzo si desta,
E gli ardenti sospiri e le carezze
Crede (illuso infelice!) a sè rivolte,
E beato si chiama, e quasi rompe
In un subito pianto di dolcezza
Su colei che lo adora ancor ne' sogni.

VI.

E la cara dormente abbraccia e stringe,
Porge attento l'orecchio a quella tronca
Parola, ed ode.... Che spavento il sire
D'improvviso assalì, come se udito
La cherubica avesse orrenda tuba?
Oh mai più formidabile sentenza
In lui non tuonerà, quando dal sonno

Ultimo sarà desto, e dalla tomba
Tratto al cospetto dell'Eterno!... Ed alta
Cagione ci n'ha. Distrugge un solo accento
La sua pace terrena, ed ahi per sempre!
Ella, dormendo, proferì tal nome,
Che svelò la sua colpa e la vergogna
Di colui che tradì.... Qual nome è questo
Che mugghiò spaventoso in quegli orecchi
Come l'onda irritata che sospinge
Una tavola infranta alla scogliera,
E sulle punte de' macigni avventa
Gl'infelici che il vortice divora,
Nè più solleva dall'abisso?... e tanto
Scosse l'anima sua?... Qual nome è questo?
D'Ugo egli è! di suo figliol... immaginato
Mai non lo avrebbe nel pensier paterno!
Ugo, germoglio d'un'amata donna
Per suo mal concepito, ascoso frutto
D'un error giovanile, allor che Bianca,
Mal accorta fanciulla, egli sedusse,
Bianca che si credette alla sua fede,
E poscia innanellarla Azzo non volle.

VII.

Corse al ferro la man, pur lo respinse
  Pria che la punta ne traesse. Il prence
Non può, sebben degnissima di morte,
Svenar tanta beltà che lì nel sonno
Amabilmente sorridea. Svegliarla
Non volle pur, ma la fissò d'un guardo,
Che se desta si fosse in quel momento
Gelato ogni vital senso le avrebbe,

E sepolto nel sonno un'altra volta.
Larga piova di gelido sudore
D'Azzo il fronte solcava, e raggi obliqui
Mandava al lume d'una lampa. Ed ella
In tacito riposo or si compone,
Mentre il bieco pensier della vendetta
Novera i giorni suoi.

VIII.

Nel dì vegnente
Azzo interroga i servi, e dal concorde
Asserir di più voci egli raccoglie
Ciò che più l'addolora: indubbie prove
Del lor misfatto e della sua vergogna.
Conscie di quel segreto e lungamente
Favoritrici, le atterrite ancelle
Provveggono allo scampo, e biasmo ed onta
E castigo riversano sul capo
Di Parisina, rivelando al prence
Quanto di più minuto il vero affermi.
Ed ei, l'orecchio e l'animo trafitto
Dalle cose narrate, oltre non chiede,
Nè di chiedere ha d'uopo.

IX.

Intollerante
D'indugi il capo della estense casa
Siede giudice in trono, e stan presenti
I suoi baroni e le sue guardie. A fronte
Gli sono i rei.... degli anni ambo nel fiore;

E l'una.... oh come bella! Inerme è l'altro
Ed in catene.... Oh Cristo! in tale aspetto
Apparir debbe un figlio al padre suo?
Ed Ugo ad apparirvi oggi è costretto,
Ad udir dall'irato una sentenza
Che lo uccide ed infama!... e nondimeno
Consternato non par, benchè dal labbro
Suono ancor non gli uscì.

.X.

       Pallida, immota,
Silenziosa Parisina attende
La sua condanna. Oh quanto, aimè, diversa
Da quella che solea letizia e riso
Diffondere, al girar della pupilla,
Nelle sale pompose, ove accorrea
Il fior de' cavalieri a farle omaggio,
E le dame più belle e più lodate
Cercavano imitarne il dolce suono
Della voce, e le grazie e il portamento!
Se caduta dagli occhi allor le fosse
Una lacrima sola, a vendicarla
Visti mille guerrieri avria lanciarsi,
Mille spade fuggir dalla guaina.
Ed or?... fiera vicenda! alzar costei
Ora un cenno potrebbe? ed a quel cenno
Chi levar si vorria? Ciascuno avvolto
In un cupo silenzio, il viso a terra,
Corrugata la fronte, al sen le braccia,
E l'aria fredda e contegnosa, a stento
Preme un sogghigno che gli sfiora il labbro.
Le dame, i cavalieri, i cortigiani

Così cerchio le fanno; e l'uom diletto
Che, libero del braccio, ad una svolta
Degli occhi suoi, puntato avria la lancia
Volando al suo riscatto od alla morte,
Quest'uomo, acceso di malnato amore
Per la sposa del padre, è stretto in ceppi.
E benchè le sia presso, egli non vede
Il pianto di quegli occhi, dolorosi
Men di sè che di lui; nè quelle care
Palpèbre, ove solcano, in un colore
Di languida viola, errar le vene
Sull' alabastro più gentil che mai
Facesse ai baci lusinghiero invito,
Ed ora accese d'un livido foco
Premere tu le vedi, anzi che un velo
Dolcemente calar, su quelle luci
Fisse, pesanti, che di lente stille
Irrigando si van.

XI.

Nè forse il pianto
Egli pur rattenea, ma fiso in lui
Vide ogni sguardo, e rincacciò nel petto
Le lacrime nascenti. Ergea la fronte
Scura e superba, e per dolor che dentro
L'alma gli torturasse, Ugo non scese
Fra quella turba alla viltà del pianto.
Contemplar tuttavia la dolorosa
Gli occhi suoi non ardir. La rimembranza
Dell'ore che fuggiro, il suo delitto,
L'amor suo, la miseria in cui discese,
L'ira del padre, il giusto odio de' buoni,

Il destin che lo preme in vita e in morte,
Il destin di colei.... Ciò tutto il core
D'Ugo fiaccò, nè volgere a quel volto
Impresso dalla morte osò lo sguardo,
Perchè, tradito dai commossi affetti,
Mal celato egli avria le interne angoscie
Pei tanti mali cagionati.

XII.

Ed Azzo
Così parlò: « D'un figlio e d'una sposa
Pur ieri io superbia: ma sparve il sogno
Col venir del mattino, ed orbo a sera
Sarò d'entrambi. Solitaria e mesta
Languirà la mia vita.... Or ben, languisca!
Dite voi se diverso io far potea
Da quanto feci! Infranti or son que' nodi,
Nè son io che gl'infransi.... È pronto il ceppo,
Ugo! ti aspetta il sacerdote, e poscia
Il guiderdon della tua colpa. Al cielo
Leva la tua preghiera, anzi che l'astro
Vespertino ti colga, e d'impetrarne
Cerca il perdono. Assolverti soltanto
Può la eterna Bontà, ma più non avvi
Angolo sulla terra ove noi due
Possiamo un'ora respirar di vita.
Addio! morir non ti vedrò.... Vedrai
Tu, crëatura fiacca, il capo suo....
Va'! non oso finir.... da me ti scosta,
Femmina abbietta, invereconda! Il sangue
Di costui non son io, no, che lo verso,
Lo versi tu, tu sola! E se tal vista

Non ti uccide, rallegrati, o malvagia,
Di quella vita che ti dono. »

XIII.

       Il volto
Azzo allor si coprì, perchè sentìa
Gonfiarsi tutte e ribollir le vene,
Come se rifluisse al suo cerèbro
Tutto il sangue del core. A fronte china
Lungamente restò, sulle palpèbre
Passò la man tremante, ed alla vista
Di ciascun si nascose. Ed Ugo intanto
Levò, gravi di ferro, al ciel le palme,
E chiese favellar. Tacendo, il padre
V' acconsentì. — « Non è, non è la morte
Ch' io tema. Aprirmi un sanguinoso calle
Tu mi vedesti al fianco tuo sui campi
Della battaglia; neghittoso il ferro,
Che i tuoi vili satelliti m' han tolto,
Non fu mai, lo rammenta! ed ha più sangue
Per te versato, che versar la scure
Non ne potrà dal capo mio. La vita
M' ebbi da te; la vita, ond' io non posso
Gratificarti, ed arbitro tu sei
Di ripigliarla. Ma nel cor mi stanno
Le angosce di mia madre, il vilipeso
Amor suo, la vergogna a cui fu posta,
E la nota d' infamia in me discesa
Per retaggio materno. Or nella tomba
L' infelice riposa, ove suo figlio,
Rivale tuo, discenderà tra poco.
Lo spezzato suo core e la mia tronca

Testa da quella tomba attesteranno
Le dolci tempre del tuo primo amore,
E la pietosa tua cura paterna. —
T'offesi. Oltraggio per oltraggio. Ignoto
Non t'era che costei (malaugurata
Vittima anch'essa dell'orgoglio tuo),
Pria che sposa ti fosse, a me promessa
Da gran tempo, mi amò. Tu la vedesti,
T'invaghir le sue forme, e i miei natali,
Misfatto tuo, gittandomi sul volto,
Come indegno di lei, della sua mano
Mi pingevi.... e perchè? perchè l'crede
Legittimo io non t'era, e non potea,
Colpa il mio nascimento, alla corona
D'Este aspirar. Ma quando un breve giro
Di primavere prolungar la vita
Dato ancor mi venisse, il nome mio
L'estense offuscherebbe, e questa luce
Gli verria da me solo. Un brando io cinsi,
E qui palpita un cor da pormi in fronte
Un illustre cimiero, e più raggiante
Di quanti ne brillàr sul regio capo
De' tuoi cento antenati. Oh, non è sempre
L'uom d'antico natal che meglio porti
Gli sproni d'oro; e questi miei, lanciando
Il mio buon corridor nelle tue pugne,
Precorrere lo fèr guerrieri e duci
Di sangue principesco, allor che al grido
D'*Este e Vittoria* m'avventai sull'oste. —
Io scolpar non mi voglio, e non ti chieggo
Che lasci al tempo spigolar l'avanzo
Di quell'ore veloci, e di quo' giorni
Che vivere io potrei pria di rifarmi
In argilla insensibile. Fu breve

Il mio delirio, e breve esser dovea.
Ma benchè l'ignominia che mi copre
Contamini il mio capo e il nome mio,
E la tua regia vanità disdegni
Un mortale onorar qual io mi sono,
Tuttavia sulla fronte e più nel core
M'hai sculti i tuoi sembianti. Io (mi contempla!)
Son l'immagine tua. Da te soltanto
Mi vien ciò che d'indomito ho nel petto.
Da te.... no, non tremar! da te l'intero
Vigor del braccio e l'anima di foco;
Chè la vita non pur, ma la tua mente,
Il tuo spirto m'hai dato. Or l'opra ammira
Dell'infame amor tuo, che t'ha punito
D'una pena crudel nel darti un figlio
Troppo simile a te. No! nel mio core
Nulla, nulla è di spurio; insofferente
È d'ogni giogo come il tuo.... La vita,
Questo don passeggiero, ond'io ti sono
Debitor, questa vita che sì presto
Ritogliermi tu pensi, a me non cale
Come a te non calea, quando dell'elmo
T'armavi il capo, e l'uno all'altro appresso
Spronavam sui cadaveri nemici
Gli anelanti corsieri. Ombra è il passato
Che rinnovarmi l'avvenir potria,
Rinnovarmi e non più; ma tuttavolta
Duolmi che combattendo io non cadessi:
Chè, sebben tu mi sia la trista fonte
Del dolor di mia madre, ed impalmata
Abbi tu la mia sposa, io non di meno
Sento che mi sei padre, e che la morte
A cui tu mi condanni è spaventosa,
Ma giusta. Nato nella colpa, io muoio

Nell'ignominia, e come gli occhi apersi,
Così li chiuderò. Misfece il figlio,
Come il padre misfece, e me punendo
Te punisci in un tempo. Il mio delitto
Sembra agli occhi dell'uomo assai più grave,
Ma fra noi due giudicherà l'Eterno. »

XIV.

Tacque, e fe' croce delle braccia. I ferri
Agitati suonaro, e quel lugubre
Suon di catene penetrò l'orecchio
Della intera adunanza e lo trafisse.
Poi si torse ogni volto alla funesta
Beltà di Parisina. — Avrà la forza
Di sostener l'orribile condanna?
Cagion di quella morte, immota, pallida,
Con occhi aperti, attoniti, smarriti,
Stava atteggiata come pria, nè volta
S'era a dritta od a manca; ancor velati
Gli occhi suoi non avea, non chiuse ancòra
Le sue belle palpèbre; e di quegli occhi
Dilatavasi il bianco intorno al raggio
Delle azzurre pupille, e le pupille
Sembravano cristallo, e quasi un ghiado
Fosse commisto al sangue suo. Tal era
L'aspetto della donna, e (fiera cosa
Che narrarsi non può) dai bruni lembi
Delle lunghe sue ciglia, accumulata
Lentamente, grondava ad ora ad ora
Una lacrima enorme, e chi la vide
Altamente stupìa che l'occhio umano
Tai lacrime versasse. Ella fe' prova

Di favellar, ma la voce intercisa
S'arrestò nella strozza; ed in un roco
Gemito s'ammutì, tal che parea
Tutta l'alma esalasse in quel lamento. —
Il silenzio tornò. Novella prova
Fece allor l'infelice, ed in un grido
Lungo ed acuto le morì la voce.
Poi cadde sul terren non altrimenti
D'una pietra insensata o d'una statua
Riversa dalla base; e più conforme
Ad un corpo senz'alma, al simulacro
Di Parisina, che alla viva e vera
Dai sensi concitata e dagli affetti,
Pungoli irresistibili alla colpa,
Ma non capace a tollerar lo scorno
D'una pubblica accusa. — Ancor vivea.
Con soverchia prestezza ella fu tolta
A quel letargo che parea l'aspetto
Della morte imitar. Ma non riebbe
La sua piena ragion. La mente offesa
Sotto l'eccesso del dolor si spense;
E simile ad un arco, a cui la pioggia
Lentò la corda, nè vibrar gli strali
Può nel segno prefisso, in quel cerèbro
Pensiero non nascea che vago o stolto.
Chiuso per la sua mente era il passato,
Tènebra l'avvenir, nè scorta avea
Fuor che una striscia di bugiarda luce.
Simile a peregrin che in un deserto,
Colto dalla procella, erra perduto
Al chiaror delle folgori. — Tremava....
Sentia la sventurata una confusa
Immagine di colpa affaticarla
Come un peso di ghiaccio. Avea barlume

D'un delitto, d'un'onta, e d'una testa
Condannata a cader.... Di chi? ricordo
Non ne serbava. Estinta ell'era o viva?
Premea col piè la terra? o veramente
Era il ciel che mirava? eran que' volti,
Quegli occhi minacciosi in lei confitti
D'uomini o di demòni?... Oh l'infelice
Che sol di cari sorridenti aspetti
Solea pur ora consolar lo sguardo!
Error, nebbia era tutto in quel discorde
Traviato pensier, caos informe
Pien di vani terrori e di speranze. —
Da questi esagitata infermi sogni,
Con rapida vicenda ella passava
Dalle lacrime al riso, ed al delirio
Spignea la gioia ed il dolor. — Tal era
La follìa che la prese, e nella tomba
Con lei discenderà.

XV.

            Le sacre squille
Del chiostro, al sommo della grigia torre,
Fanno udir lamentose il lor rintocco
Lento, uniforme, e dolorosamente
Ripercote sui cuori. — Udite! un canto
Mortuario si leva; il salmo è questo
Che s'intuona ai passati od ai viventi
Presso a passar. Per l'anima d'un uomo
Che si parte di qui la nenia or prega,
E suona il bronzo. La mortal sua mèta
Ugo già tocca; genuflesso ai piedi
Sta d'un pio sacerdote, e (duro a dirsi,

Ma più duro, a veder!) sul freddo sasso
Egli piega i ginocchi.... ha presso il ceppo,
I satelliti in giro. Il manigoldo,
Pronto al misero officio, onde sicuro
Sia del colpo mortale, ha nudo il braccio,
Mentre della mannaia il taglio esplora
Che pur dianzi affilò. La turba intanto
Si affolla taciturna al tristo loco,
Per vedervi dal padre il figlio ucciso.

XVI.

Quanto cara e soave è mai quest'ora
 Che precede all'occaso! Oh non diresti
De' suoi raggi più belli il Sol rischiari,
Con beffardo contrasto, il sanguinoso
Fin di tal giorno? Di purpurei lampi
Incorona quell'astro il condannato
Capo d'Ugón, che in alto umile e pio
Al ministro del ciel per la suprema
Volta confida le sue colpe, e pieno
D'un santo ripentir la voce accoglie
Che tutto le cancella. Irraggia il Sole
Quel capo attento e riclinato, irraggia
Quella chioma che scende al collo ignudo
Tra il nero e il biondo in fluttuanti ciocche;
Ma di un lume più vivo irraggia il ferro
Che scintilla da presso, e gli occhi abbaglia.
O gli estremi momenti della vita
Sono amari e solenni! Anche il più duro
Petto è d'angoscia e di terror compreso!
Odia ognuno la colpa, ognun confessa
Non ingiusto il gastigo, e nondimeno
Raccapriccia a tal vista.

XVII.

E le preghiere
De' moribondi sull'audace amante,
Sul figlio disleale omai son dette.
Ugo è confesso, e l'ora ultima è giunta.
Già spogliato è del manto, ed or la chioma
Gli troncheran.... ma vedi! è già caduta
Sotto le force. Il misero non debbe
Nel sepolcro calar con quelle vesti,
Nè colla fascia, prezioso dono
Di Parisina, e tratte a lui di dosso
Son da ruvida mano.... Un velo agli occhi
Gli vogliono allacciar.... ma no! non pate
Tanta viltà quell'anima sdegnosa
E da sè lo respinge. Ogni alto senso
Fin or compresso, ma non domo, in quella
Che la man del carnefice bendargli
Le pupille volea, scoppiò d'un tratto
In un amaro sprezzator sorriso.
Benda alcuna ei non soffre, ad occhi aperti
La morte affisserà! « Giammai! la vita,
Il mio sangue son tuoi, di ferri ho carca,
Prigioniera la man.... mi si conceda
Morir cogli occhi liberi. Ferisci! »
Fur l'ultime parole, indi la fronte
Posò sul fatal ceppo! e la lucente
Scure discese, e rotolò la testa,
E il busto sanguinoso e palpitante
Cadde al suol come piombo, e la cruenta
Pioggia che traboccava a larghi sprazzi
Dalle sue vene abbeverò la polve.

Gli occhi suoi, le sue labbra un passeggero
Tremito scosse, e poi per sempre immote. —
Senza orgoglio ei morì, senza una vana
Pompa d'audacia, come l'uom compunto
De' falli suoi. Curvate alla preghiera
Le ginocchia egli avea, non fe' ricusa
Dei conforti divini, e nel perdono
Dell'Eterno sperò. Quand'ei pregava
A piè del sacerdote, il cor sentìa
Purificarsi dai terreni affetti.
Che potean su quell'alma e Parisina
E il padre corrucciato in quel momento?
Non più moti di sdegno e di vendetta,
Non pensier che non fosse al ciel rivolto,
Non voce che sonasse altro che preghi.
I pochi accenti che gli uscîr dal labbro
Quando offrì la sua testa alla bipenne
E la benda sdegnò, fu il solo addio
Che lasciasse morendo ai testimoni
Del suo martirio.

XVIII.

Muti i circostanti
Come i labbri che morte allor chiudea,
Non ardiano alitar; ma quando il ferro
Calò su quella testa e colla vita
L'amor ne spense, un brivido trascorse
Quasi elettrica fiamma in ogni petto;
E vi chiuse un sospir che mal represso
Dal profondo venìa. Null'altro suono,
Mentre il taglio fatal della mannaia
Cozzò sul ceppo, vi si udi, null'altro,

Tranne un sol.... Chi mandò l'orribil grido
Che tremar fece l'aere? Un grido è questo
Di raccapriccio e di demenza, un grido
Pari a quel d'una madre, a cui rapito
Vien da subito colpo il figlio suo.
Quell' accento efferato al ciel si leva,
Qual d'un'alma dannata alle infernali
Torture. Uscì la spaventosa voce
Dalle finestre della reggia, e gli occhi
Si drizzarono tutti a quella parte.
Invan! nulla v'apparve, e novamente
Si fe' silenzio. Da femminea bocca
Era il gemito uscito, e più feroce
Giammai non ne ruggì la disperanza.
Gli orecchi che l' udiro, all' infelice
Augurár che sia l'ultimo.

XIX.

      Sotterra
Ugo sta. Nella reggia e nei giardini
Più mai non si mostrò, da quel funesto
Dì, Parisina; e quasi il fatal nome
Mai non fosse esistito, umana voce
Non l'ardia proferir, pari a quei motti
Che la paura o la decenza evita.
A favellar del figlio o della sposa
Azzo più non s'udì; nessuna pietra
Ne serbò la memoria, nè sepolti
Vennero in terra consacrata.... almeno
Quei che dianzi spirò. Come la polve
De' morti entro l'avello, ignoto, arcano
Si rimase il destin di Parisina.

Fu serrata in un chiostro? i mesi e gli anni
Vi consunse in preghiere, in penitenze,
In rimorsi, in digiuni, in vigilate
Notti per acquistar penosamente
Il perdono del Cielo? od in emenda
Dell'incesto amor suo peri di tosco
O di pugnale? o sfinita allo strazio
Di men lunghi martiri, il colpo istesso
Che la vita troncò del suo diletto,
Troncò pur la sua vita? e Dio permise,
Dio pietoso, che il subito spezzarsi
Del suo cor desse fine a'suoi tormenti?
Nessuno il seppe, o nol saprà nessuno.
Ma comunque pur fosse, i giorni suoi
Cominciàr nel dolore, e nel dolore
Finìr.

XX.

D'un'altra donna Azzo fu sposo;
Altri figli cresceano a lui d'intorno.
Ma bello dell'aspetto e valoroso
Nessun come colui che nella tomba
Si consumava.... Od eran tali? il padre
Non curavane il merto, un freddo sguardo,
Un sospir soffocato a lor volgea,
Nulla più. Mai nol vide occhio mortale
Irrorar d'una lacrima le guance,
Nè spianar la sua fronte in un sorriso.
E quella fronte maestosa i solchi
Del pensiero recava, i solchi impressi
Dal marchio ardente del dolor: profonde
Cicatrici d'un'alma lacerata,

Segni della battaglia ond'essa è campo.
Così morto al piacer come all'affanno
Più trovar non sapea che notti insonni,
Che dì pieni di tedio: un cor sepolto
Al biasmo ed alla lode, e che rifugge
Da se medesmo impaurito, o tenta
Resistere al dolor, mentre la forza
D'obbliar più non ha, mentre è commosso
Dalle interne tempeste in quella appunto
Che tranquillo più sembra. Il verno indura
Sol la faccia al torrente, e vivo, eterno
Scorre sotto la crosta e freme il flutto.
Così sotto la ghiaccia era il suo core
In perpetua balla di quei pensieri
Che troppo addentro la natura impronta,
Perchè noi li cacciamo insiem col pianto.
Se l'umor che per gli occhi esce dal petto
Nel suo corso arrestiam, la occulta vena
Non si dissecca. Quell'umor respinto
Torna all'ima sua fonte, e là ristagna
In più terso cristallo e dentro un vaso
Più profondo, invisibile, copioso
Quanto men si rivela. Affaticato
Da rinascente involontario amore
Per color ch'egli uccise, ed incapace
D'empir quel vuoto che lo strazia, privo
Fin della speme di trovarli in cielo,
Ove i giusti si trovano, quantunque
L'immagine talor lo racconsoli
Che la pena fu giusta e che fur essi
La cagion de' lor mali, una vecchiezza
Misera e desolata Azzo produsse.
Quando l'albero è guasto, ed una esperta
Man lo rimonda, con novel vigore

Sorge rigoglioso e si rinverde;
Ma se l'ira del fulmine disfronda
Ed incende i suoi rami, il tronco offeso
Più non mette una foglia, e inaridisce.

IL PRIGIONIERO DI CHILLON.

I.

Bigia, ma non per gli anni, è la mia chioma;
Non imbiancò per subito terrore,
Come in altri seguì, nel breve giro
D'una notte. Non son per la fatica
Le mie spalle curvate : il vil riposo
D'una segreta le fiaccò. Mi colse
Il destin di coloro a cui si niega,
Come un frutto vietato, il don comune
Della terra e dell'aria. Io per la Fede
De' miei maggiori la prigion soffersi,
E la morte sprezzai. Fra le torture,
Martire il padre mio di quella Fede,
Lasciò la vita. I figli suoi fur chiusi,
Per la causa medesima, in buia ròcca.
Di sette che noi fummo, un sol ne resta;
E come incominciàr così finiro
Sei giovani ed un vecchio, la costanza
Dall'animo opponendo a quella rabbia
Persecutrice. Suggellàr col sangue,
Due morendo in battaglia ed un sul rogo,
La santa causa, o, come il padre, anch'essi
Caddero per quel Dio da' nostri fieri
Carnefici negato. In cieco fondo
Tre ne gittaro, e di quei tre son io
La reliquia suprema.

II.

Hanno le antiche
Carceri di Chillòn sette pilastri
Di gotica struttura, immani, foschi,
Che un lume tristo e prigionier rischiara
Debilemente, una pallida striscia
Di Sol perduta quasi a mezzo i fessi
Della vasta muraglia e serpeggiante
Per quell'umido suol qual vaporosa
Meteora di maremma. Ogni pilastro
Porta infisso un anello, ed ogni anello
Tien saldo una catena; e quel metallo
Rode le carni, e nelle mie lasciaro
Tai solchi i denti suoi, che dileguarsi
Non ponno e non potran fin che per sempre
Non m'involi alla luce; a questa luce
Nova per gli occhi miei, che tollerarne
Senza pena non san gli acuti strali;
Gli occhi miei che non hanno un Sol nascente
Da lunghi anni veduto, ond'io non serbo
Rimembranza veruna: il doloroso
Còmputo ne troncai fin da quel giorno
Che l'ultimo spirò de' miei fratelli;
Ed io, solo vivente, al fianco suo
Brancolando mi giacqui. —

III.

Ognun di noi
Venne ad un de' pilastri incatenato:
Eravam tre fratelli, e pur ciascuno
Solitario era là, chè muover passo

Non potevamo, nè vederci in viso
Tranne al poco chiaror che confondea
La conoscenza di noi stessi. — Uniti
Così, così divisi, i ferri ai polsi,
La tristezza nel core, un refrigerio
Erane ancor la libera parola.
Consolarne a vicenda, ogni speranza
Parteciparne, rammentar le cose
D'un'altra età, guerreschi ed animosi
Canti intuonar, ciò dava a noi, deserti
D'ogni puro elemento, alcun sollievo.
Ma questi canti s'ammutir. La voce,
Pria sì piena e sonora, in un discorde
Gemito ne morì, tal che parea
L'eco della prigione. Era un inganno?
O la nostra favella avea perduto
Il consueto armonioso accento?

IV.

Io d'anni era il maggior, sì che dovea
Scuotere il lor coraggio e confortarli.
Feci quanto potei, quanto potero
Fêr essi pur. Del padre era l'amore
L'ultimo di noi tre; perchè negli occhi,
Azzurri come il cielo, il giovinetto
Ritraea della madre il dolce sguardo.
E di lui primamente io mi sentia
L'anima intenerita. E chi commosso
Non avrebbe a pietà quell'augelletto
Così rinchiuso? E bello egli era! bello
Come il giorno nascente, allor che il giorno
Era bello per me come pei nati

Dell'aquila montana; o somigliante
A quel figlio del Sole in niveo manto
Che splende al polo, ed una lunga estate
Dimentico è del sonno. Indole lieta
Che pianto non avea se no 'l versava
L'altrui sventura. Gli scendeano allora,
Come rivo cadente dalla rupe,
Le lagrime dal ciglio, ove blandito
Non ne avesse il dolor, di cui la vista
Mal tollerava. —

V.

All'altro un cor battea
Puro non meno, ma di opposta tempra.
A combattere in campo i suoi nemici
Gliel formava Natura. Audace e forte,
Sfidato avrebbe l'universo in arme
Contra lui. Per soccombere pugnando
Nelle prime falangi era sortito,
Non per languir fra le catene: il suono
Ne atterrava il coraggio. Io lo vedea
Intristir nel silenzio, ed accaduto
Tal saria di me pure, ove la brama
Di conservar quei cari ultimi avanzi
Del mio sangue infelice, ingagliardito
L'animo non mi avesse. — Un cacciatore
Dell'alpe egli era; perseguia le tracce
Della damma e del lupo... era un abisso
Per lui quella prigion, nè conoscea
Cosa al mondo peggior d'un piede in ceppi. —

VI.

Il lago ampio di Lèmano circonda
    La ròcca di Chillone ; e son quell'acque
(Se lo scandaglio non errò, lanciato
Dalla torre merlata a cui fan cerchio)
Mille piedi profonde. Il muro e il lago,
Serrandovi d'intorno un doppio spaldo,
Fan del loco un sepolcro, e l'infelice
Cava che ne chiudea, sotto la faccia
Sta di quel lago, e noi l'onda commossa
Fremere ascoltavam sui nostri capi :
E talvolta accadea che la bufera,
Trascorrendo i felici aerei campi,
Ne soffiava le spume entro i pertugi
Delle sbarre ferrate : allor la ròcca
Tremava tutta, ma non io, chè lieto
Frangersi nella morte alfin vedea
Le mie catene.

VII.

    Quel fratel che m'era
Più vicino di età, venia mancando :
Ricusava ogni cibo, e non per vile
Che gli paresse, perocchè noi fummo
All' aspra vita della caccia avvezzi
Fin da fanciulli. In sozza acqua di fogna
Trasmutato ci venne il puro latte
Della capra alpigiana ; il nostro pane
Era quel che da secoli temprato

Colle lagrime vien de' prigionieri,
Fin da quel dì che l'uomo ha l'uom costretto
A stentar come belva in una serra.
E che potea quel sordido alimento
Su me? sul fratel mio? nè svigorirlo,
Nè scemargli il coraggio. Era quell'alma
Di tempra tal che posta in una reggia
Pur languita sarebbe, ove conteso
Le avessero salir pei dirupati
Fianchi della montagna e respirarvi
L'aria libera e viva. A che vi debbo
Celare il ver? Morì. Cadere il vidi,
Nè reggergli la fronte, nè la mano
Moribonda serrargli, oimè, potei!
. No! nè poi che la morte avea freddata
Quella misera spoglia, ancor che tutte
Raccogliessi le forze onde strapparmi
Da' lacci miei. Morì! Dalla catena
Gli sciolsero le membra, e gli scavaro
In quel suol maceroso un' ùmil tomba.
Supplicai che sepolto in loco aperto,
Soleggiato ei venisse. Il mio pensiero
Certo era folle, ma stimai che fosse
A quel libero core, ancor che freddo,
Increscioso un sepolcro in chiuse mura.
Respinsero color la mia preghiera   .
Con un riso beffardo, e l'interraro.
Poca polve appianata e d'erba ignuda
Coprì quel caro capo, e la catena
Vuota sopra vi stette a monumento
Dell'infame assassinio. —

VIII.

Ed egli!... il fiore
Della nostra famiglia, il prediletto
Fin dalle fasce, la spirante, e bella
Immagine materna, il nostro amore,
La speranza, il pensiero ultimo e caro
D'un padre santo del martirio, e mia
Cura affannosa; il solo, il sol per cui
Erami dolce sostener la vita,
Talchè meco partendo le catene
Fosse meno infelice e sciolto un giorno....
Egli che sino allor, non so per quale
Intima forza od ispirata, il viso
Volgea sempre sereno alla sventura;
Egli pur s'attristò! Vedea chinarsi
Di mattino in mattin quel giovinetto
Fior sullo stelo.... Oh Dio! di qual terrore
Non è l'aspetto della morte, il volo
Che fa l'alma dal corpo in ogni forma
Ch'essa a noi si presenti! Io l'ho veduta
Fra torrenti di sangue e in mezzo ai gorghi
Dell'irato oceàn, dopo una lotta
Lunga, ostinata, abbandonar le membra.
Nel suo vile giaciglio ho contemplato,
Da tremiti convulsi e da paure
Fieramente commosso, il sepolcrale
Scarno delitto.... Tormentose tutte,
Tutte orribili morti! Oh, ma qui nulla
Di ciò! qui solo un fin lento e sicuro.
Languendo egli venia con una calma
Rassegnata; vedeasi ad ora ad ora

Struggere, affievolir, ma queto, mite
Senza una stilla di dolor. Quell'alma
Tenera non soffria che nel pensiero
Di staccarsi da me. Pur la sua guancia
Mantenea la freschezza ed il vermiglio
Quasi la morte dimentir volesse.
Ma quei vivi colori a poco a poco
Moriro in un pallor come le tinte
D'un'iride che sviene; e gli occhi suoi
Si facean più lucenti, e tai che l'ombra
Pareano illuminar della prigione.
Non un solo lamento, una parola,
Un sospir per la sua morte vicina.
Qualche rimpianto di tempi migliori,
Ed a me, ch'ei vedea muto e pensoso,
Qualche conforto di sperar che forza
Dar potesse al mio spirto oppresso e vinto
Da perdita sì grande.... Oimè fra tutte
La più crudel!... Che dico? Anche i sospiri
Che la natura gli traea dal petto
Occultar mi cercava.... e fiochi e rari
Più sempre mi giungeano, infin che nulla
Mi giunse più.... Chiamai, perchè furente
Mi rendea lo spavento, e ancor che vano
Io conoscessi lo sperar, consiglio
Non cercava il terror dalla ragione.
Chiamai.... Come un lamento udir mi parve....
Spezzai d'un crollo la catena, e corsi
Precipite al fratello.... ahi più non era!
Ahi che solo io vivea fra quelle mura!
Solo, solo inspirava il maledetto
Aër fetente della muda! Il nodo
Ultimo che teneami avvinto ancora
Alla mia stirpe sciagurata e il piede

Sul varco eterno tuttavia sospeso,
In quel fondo si ruppe. Un mio fratello
Giacea sotto la terra, e sulla terra
Giaceane un altro.... e spenti entrambi! Alzai
La man fredda ed immota.... Oimè che fredda
Non men della sua mano era la mia!
Reggermi non potea, ma pur la vita
Mi sentia circolar, quel sentimento
Che fa l'alma delira allor che noi
Sappiam che nol potranno i cari estinti
In eterno provar. — Perchè d'un tratto
Non mi uccise il dolor, così com'era
Privo d'ogni speranza, io dir non posso.
Mi soccorse la Fede, e non permise
Che la man violenta in me volgessi.

IX.

Che mi avvenne in quel dì nè so, nè seppi,
Nè mai saprò. Dell'aria e della luce
Pria la perdita venne, indi del buio.
Non avea nè pensier, nè sentimento,
Nulla! una pietra fra le pietre; inerte,
Senza intelletto di me stesso e pari
A nuda roccia dalle nebbie involta.
Non era dì, non era notte, il lume
Del carcere non era (faticoso
Lume agli egri occhi miei), ma solo un vuoto
Che lo spazio inghiottia, solo una vaga
Stabilità che non potea fissarsi.
Non v'erano per me nè ciel, nè terra,
Nè tempo, nè quiete, nè vicenda,
Nè virtù, nè delitto: era silenzio,

Era un muto alitar che non parea
Morte nè vita, un niar d'acque stagnanti
Cieco, profondo, immobile, infinito.

X.

Ebbi un raggio di luce in un garrito
D'augel. Cessò, riprese; e mai più dolce
Melodia non blandì l'orecchio umano.
Il mio grato a lui fu. Levai gli sguardi
Stupiti e consolati, e in quel momento
L'abisso non mirai di mie sventure.
Ripigliàr lentamente i sensi miei
Gli uffìcj della vita. Il suol, la vòlta,
Le pareti del carcere di nuovo
Mi serravano intorno: io vidi il mesto
Raggio del Sole luccicar di nuovo
Per la scura prigione, e sul forame
Che gli era varco quell'augel posarsi;
Nè più vispo, fidente, accostereccio
Starsi potea sull'albero nativo.
Un amabile augel dall'ali azzurre
Che mille cose mi dicea nel canto.
Augellin pari a quello io mai non vidi
Nè pria nè poscia. Desioso anch'esso
D'un compagno parea, benchè non fosse
Dal disperato mio dolor trafitto.
Ad amarmi ei venia quando nessuno
Me, diviso dal mondo, amar potea.
Sul confin di quell'antro ei s'era posto
Per lenir le mie pene e ridonarmi
Alla vita, al pensiero. Io non sapea
Se libero egli fosse, oppur fuggito

Da' suoi cancelli per entrar ne' miei.
Ma troppo io conoscea, caro augelletto,
L'orror della prigione ond'io potessi
Desïarti cattivo!... Immaginai
Ch'ei fosse un cittadin del Paradiso,
Ed a me ne venisse in quella forma,
Poichè.... (Dio mi perdoni un tal pensiero
Che piangere e gioir mi fece insieme!)
Immaginai che l'anima beata
Del mio fratel più caro a consolarmi
Scesa fosse dal ciel; ma l'ali aperse
E mi sparve dagli occhi; ond'io conobbi
Ch'era cosa mortal, giacchè lasciato
Non m'avria così solo un'altra volta:
Solo come un cadavere coperto
Dal suo lenzuolo mortuario, solo
Come nugola fosca in ciel perduta,
Che dell'acre al sorriso e della terra
Solitaria contrasta allor che tutto
Splende lieto e sereno il firmamento. —

XI.

Seguì nella mia sorte una vicenda.
I miei custodi (la cagion ne ignoro)
Divennero pietosi. Al tristo aspetto
Della nostra miseria erano avvezzi,
Ma pur s'inteneriro. Alla spezzata
Mia catena l'anel non rappiccaro,
Passeggiar mi fu dato il lungo, il largo
Ed ogni parte della cava. Il giro
Facea d'ogni pilastro, e ricalcava
L'orma de' passi miei, con diligente

Cura evitando di toccar le tombe
De' miei fratelli che nessun rialzo
Di terren distinguea: ma se per caso
Profanava il mio piè la sacra polve,
Affannoso il respiro, oppresso il core
Tosto a me si facea. —

XII.

     Nella muraglia
Un sentier mi scavai, non per disegno
D'aprirmi un varco e di fuggir. Quel loco
Racchiudea tutto ciò che in volto umano
Rïamato m'avea. Prigion più vasta
M'era il mondo e non più. Padre, congiunti,
Compagni di sventura in abbandono
M'avean lasciato, e ne gioia, chè tôrta
Quel crudele pensier m'avria la mente.
Desio di riveder le mie montagne,
E di tal vista consolar lo sguardo,
Ecco ciò che mi trasse agli spiragli
Del mio sepolcro. —

XIII.

     Le rividi. Belle
Erano come un tempo, e rimutato
Non aveano con me. Sugli alti gioghi
I lor mille distinsi anni di neve,
Ed a' piè l'ampio lago e del veloce
Ròdano l'onda. Strepitar sentia
Entro letti di roccia e fra boscaglie

Spezzate, irte ed inflesse i ruinosi
Torrenti. La città dalle sue bianche
Mura precinta vi scernea da lungi,
E più candide vele errar pel lago.
Un'isoletta solitaria a fronte
Sorridermi parea, parea che tutta
Fosse d'erba coperta e picciolctta
Sì che lo spazio della mia prigione
Bcn di poco ecccdca. Tre piante altere
N'ombreggiavano il mezzo, e la montana
Brezza vi diffondea molle frescura.
Limpid'acque scorreano a lei d'intorno,
Ajuole screziate a più colori
Ne fioriano le rive, e di profumi
Impregnavano l'acre. Argentei pesci
Esultando guizzavano nell'onda
Che dell'ultima cerchia il piè flagella.
Dal forte soffio boreal rapita
L'aquila con tal volo il ciel fendea,
Che più rapide penne io mai non vidi.
Allor di fresche lagrime bagnata
Mi trovai la pupilla, e nel commosso
Animo rimpiangea la mia catena.
Quando io scesi di là piombò la notte
Come un carco mortal sulla mia fronte,
O come il sasso di recente avello
Sul capo di colui che dalla morte
Speravamo salvar: ma gli occhi stanchi
Bisognosi io sentla di quel riposo.

XIV.

Il tempo mi fuggia; pur se la fuga
Fosse d'anni, di mesi oppur di giorni,

Ricordo non ne avea, nò conoscenza.
D'aprir gli occhi alla luce o dissiparne
L'ombra che li premea fiducia alcuna
Non m'allettava. Alfin nel mio soggiorno
Calar visi a me nuovi, e mi tornaro
Alla obbliata libertà. Non chiesi
Nè il perchè mi sciogliessero, nò il dove
Tratto io venissi. Da gran tempo avea
Imparato ad amar la disperanza:
Libero o prigionier non mi sonava
Cosa diversa. E quando entràr coloro
Ad aprir le mie sbarre, il tristo loco
S'era fatto per me come un asilo,
Come cosa mia propria, e mi credea
Venir novellamente alla paterna
Casa strappato. In amistà congiunto
Io m'avea cogl'insetti, e delle industri
Tele il lavoro ne seguia con gioia.
Il tripudio de' topi, al queto lume
Della luna, spettacolo gradito
M'era pur anco.... nò sentir dovea
Qualche pena a lasciarli? Un loco istesso
Tutti noi racchiudea, monarca io n'era,
Io di vita e di morte esercitava
Sommo dritto su lor; ma (rara cosa!)
In pace vi stavamo, in pieno accordo.
Tanto l'abito può sulla natura,
Che finì per legarmi in una cara
Simpatia co' miei ceppi, e non riebbi
L'antica libertà senza un sospiro.

LE TENEBRE.

FAVOLA.

Sognai; nè sola vision la mia
  Forse fu. Della sua fulgida lampa
Era vedovo il Sol; le stelle anch' esse
Rotavano sconvolte e tenebrose
Per l'etereo convesso; e fredda, oscura
Nell' aere sepolcral non rischiarato
Più dalla luna, s'avvolgea la terra.
Venia la mane e si partia, ma scorta
Mai del giorno non era ; e nel terrore
Universal dimentico i mortali
L' odio aveano e l'amor, nè più curante
Che di se stesso ciaschedun pregava
Invocando la luce, ed alle ardenti
Pire traea. Già tutto e troni e sedi
Di gran monarchi o povere capanne
Ed ogni specie d'abituro i roghi,
Per cacciar le tenèbre, avean consunto,
Le città trasmutate in mar di foco,
E i loro abitatori alle fumanti
Case affollati per mirarsi in fronte
La novissima volta. Ed oh felice
Colui che non discosto all'ignea bocca
D' un vulcano vivea! Più non restava
Che quella speme paurosa al mondo.

Le selve erano in fiamme, e d'ora in ora
Cadeano incenerite, e gli arsi ceppi
Crepitando mandavano l'estremo
Guizzo di luce, e poi notte profonda.
E quella luce riflettea sui volti
Tremula fuggitiva, e li vestìa
D'un aspetto feral che più vestigio
D'uom non serbava; e gli uni al suol distesi
E lagrimosi si copriano il viso,
E gli altri, appoggio delle strette pugna
Facendo al mento, contraean le labbra
Ad un riso feroce; e molta turba
Di su, di giù, di qua, di là correa
Gl'incendi alimentando, e gli occhi al cielo
Con angoscia levava; al ciel diffuso
Come un fùnebre vel sull'universo.
Poscia ravvoltolati entro la polve
Bestemmiavano Dio con grida ed urli
E crocchiar di mascelle. Esterrefatti
Stridean gli augelli dibattendo a terra
L'inutile lor vol; tremanti e miti
S'eran fatte le belve; e fra la calca
Sibilando strisciavano i serpenti
Immemori del morso; e l'uom per cibo
Gli uccidea. — Ma la guerra omai spiegava
Fra l'umana progenie il suo vessillo
Rabbassato un istante. Un sozzo pasto
Venìa compro col sangue, e in parte ascosa
La vorace sua voglia ognun pascea.
Muti i teneri affetti e l'ampia terra
Sol posseduta da un pensier: la morte!
Morte repente, ingloriosa. — In preda
Alle torture di rabbiosa fame
Languìan tutte le viscere. Le polpe,

L'ossa dell'uomo che peria, sepolte
Non eran più; scarnati e macilenti
Divoravansi i vivi, e inferociti
Sino i veltri assaliano il lor signore.
Un sol presso la spoglia d'un estinto
Stava immobile a guarda, e l'uom, gli augelli,
E le belve da quella allontanava;
Fin che domati dal lungo digiuno
Soccombessero, anch'essi e ne allettasse
I famelici ventri un altro pasto.
Nè la fera pietosa ésca o bevanda
Pur col labbro sfiorava, e tratto alfine
Un ululo angoscioso ed un guaito
Subito, acuto, si morì, lambendo
Quella gelida man che non potea
Rispondere in eterno a tanto amore.
E la pallida fame a poco a poco
 Sterminava i mortali. In una vasta
Popolosa città n'avea la morte
Perdonati due soli, e questi, antichi
Avversari fra lor, s'avvicinaro
Al cenere d'un'ara, ove raccolta
Per sacrileghi riti era gran copia
Di sante cose; ed ivi i due nemici,
Lividi e sfatti dall'orrendo gelo,
Con mani scarne, assiderate, il caldo
Cenere rimestando, un qualche avanzo
Cercavano di vita; in fin che sorse
Dal lor debole soffio una fiammella.
A quel fioco splendor, che ravvivarsi
D'improvviso parea, gli sguardi alzaro,
Li ficcàr l'un nell'altro, e, messo un grido,
Morìr. Moriro dalla vista uccisi
Dello squallor che li copria, quantunque

Fosse in quelle sembianze (ove la fame
Scritto avea: *maledetto!*) offesa e guasta
L'immagine primiera. — E già la terra
Di vive crëature era deserta.
Popoli, regni, nazïoni inerti
Macerie e nulla più, càos d'argilla
Congelata, ove tempo, ove stagione,
Ove mèsse, ove pianta ed uomo e vita
Non sorvivea. L'ocèano, i fiumi, i laghi
Senza suon, senza moto, e nel silenzio
De' loro abissi non moveasi alcuna
Forma vital. Le navi in grembo ai flutti
Prive di ciurma infracidlano, e sarte
Ed arbori cadeano a brani a brani:
E cadendo sul bàratro dell'acque,
Che più nulla agitava, immobilmente
Stavano. Nella tomba, ove la Luna,
Che ne modera il freno, era già scesa,
Le maree riposavano, nè vento
Più rinfrescava, nè vapor piovea
Per quell'aria stagnante; omai bisogno
Non ne avean le tenèbre; ed una cosa
Erano le tenèbre e l'universo.

L'ADDIO.

Addio!... se forza è pur che sia per sempre,
Per sempre addio! Rivolgersi il mio core
Non sapria contro te per quanto acerba
Gli fossi tu.... Potesse agli occhi tuoi
Tutto aprirsi il mio cor, su cui la fronte
Tante volte posavi, ed un soave
Placido sonno l'assopia! quel sonno
Che non più chiuderà le tue palpèbre!...
Oh svelar ti potesse i più segreti
Pensieri suoi questo misero core!
E sapessi così che non mertava
Quella tanta ira tua, quantunque il mondo
Palma a palma ti batta, e della piaga,
Che la tua mano gli recò, sorrida.
Ma questo plauso popolar, che mette
Nel male altrui la perfida radice,
Un oltraggio è per te. — Sedotta all'esca
Di molti errori, traviò la troppo
Bollente indole mia; ma per ferirmi
Di ferita mortal non v'era dunque
Altra man che la tua? la cara mano
Che stringeami al tuo sen?... Non farti inganno!
Ben si spegne l'amor, ma per un lento
Languir soltanto; lacerarsi i cuori,

L'ADDIO.

Svellersi l'un dall'altro in violenta
Guisa non ponno. È calda ancor la vita
Nel tuo; palpita il mio benchè trafitto,
E che mai riveder non ci potremo
È il pensiero immortal che lo tormenta.
Sillabe queste son più dolorose
Del pianto sparso sugli avelli. Entrambi
Vivremo noi, ma sempre il dì nascente
Ci desterà sopra vedovo letto.
E quando a te d'intorno andrai cercando
Qualche conforto, e fuggiran dal labbro
Della nostra bambina i primi accenti,
Dimmi se d'insegnarle animo avrai
A balbettar « mio padre » or che n'è priva?
— S'intreccieran le sue tenere mani
Dolcemente alle tue; colla sua bocca
La tua si bacerà... dell'uomo allora,
Che benedirti nelle sue preghiere
Vorrà, che benedetto ha l'amor tuo,
Non dovrai rammentarti? E dove un'orma
Di chi più non vedrai nella sembianza
Infantil t'apparisca, il core, il tuo
Core non batterà più fortemente,
Memore del marito?... — Un solo forse
Non è de' miei trascorsi a te segreto,
Ma non v'ha chi conosca i miei deliri,
Le angoscie mie. Ben so che inoridisce
Nel seguir l'ombra tua la mia speranza,
Pur la segue indefessa... Ah, si fiaccaro
Tutti i miei sentimenti! Anche l'orgoglio,
Che mai non seppe creatura umana
Piegar, si piega innanzi a te. Deserta
L'anima dalla tua più non sopporta
Meco abitar. Lo veggo, un vacuo rombo

L'ADDIO.

Son le parole, e più le mie; ma come
Dar catene al pensier che s'apre un varco
Pur non volendo?... Addio! Da te diviso,
Rotti i nodi soavi, onde l'amore
N'avea congiunti, solitario, infermo...
Morte peggior di questa aver non posso.

RICORDI GIOVANILI.

I.

Oh fossi ancor fanciullo, e d'ogni cura
Tormentosa disciolto! errassi ancora
O per gli antri, o pei greppi irti del monte,
O giù nelle azzurrine acque del lago
Mi tuffassi d'un balzo! Avverso è il fasto
Sassone all'alma mia, che solo amica
È di roccie e d'alture, ove il torrente
Nasce ed avvalla.
   I tuoi culti terreni
Riprenditi, o fortuna; il nome insigne
Di Signor ti riprendi! Abborro il tocco
Delle mani servili, odio gli schiavi
Che mi strisciano intorno. A rupi, a scogli
Che con murmure eterno il mar flagella
Pommi in mezzo, o fortuna: a te sol chieggo
Di poter ricalcar le antiche vie
Che calcai da fanciullo.
   Ancor non sono
Gli anni miei numerosi, e pur m'avveggo
Che pel mondo io non nacqui. Ah perchè l'ora
Del nostro fin di tènebre si vela?...—
Ebbi, non è gran tempo, un'apparenza
Portentosa. Nel sonno il simulacro
D'un ben mi si mostrò. Perchè m'hai tratto,

O dura verità, coll'odïoso
Lume tuo da quel sogno, e risospinto
In un mar di fastidi?
                    Amai, ma quelli
Che mi furono cari, or più non sono.
Spartr gli amici dell'infanzia mia!
Quando al cor derelitto ogni speranza
De' primi anni s'invola, a noi compagna
Vien la tristezza. Invan l'allegro nappo
Addormenta brev'ora il sentimento
De' nostri mali; invano alla scomposta
Frenesia de' piaceri in abbandono
Noi ci lasciamo; il core, oh sempre il core
Desolato si trova!
            Udir coloro,
Di cui l'astio o l'amore indifferente
Riesce a noi; color che grado, o caso,
O ricchezza, o poter ne fa compagni,
È pur misera cosa! Un solo amico
Della prima età mia, che non mutato
Abbia d'affetti, mi riviva, e lieto
Fuggirò dai ritrovi e dalle veglie
Notturne, ove la ciancia usurpa il seggio
Della letizia.
            E tu, gentil mia donna,
Tu speme un dì, tu gioia e tu conforto
Del mio stame vitale, oh ben di ghiaccio
Credermi dei, se fin de' tuoi sorrisi
Più non sento il poter!...
                    Volgere il dorso
Vorrei senza rimpianto al romoroso
Teatro delle tante illustri noie
Per quella calma solitaria e cara,
Che la virtù conosce, e par che n'abbia

Conoscenza ella sola.
                    Io mi dilungo
Dai vestigi dell' uom, però l'umana
Specie non odio. Ha d'erme oscure valli
D'uopo la tenebrosa anima mia ;
Perocchè la sua notte a quel romito
Buio risponde. Oh l'ala al tergo avessi
Che porta la colomba al dolce nido
Per volar verso il cielo! Il mio riposo
Lassù, non sulla terra, andrei cercando.

II.

Quando per solitarie alpestri vie,
Giovinetto alpigian, m'inerpicava,
E, salito, o Morveno,[1] il tuo nevoso
Giogo, vedea trascorrere il torrente
Col muggito del tuono, e dalla valle
Sollevarsi le nebbie annunciatrici
Della tempesta, io novo alla scïenza,
Novo al timore, e più rozzo e selvaggio
Delle rupi ove crebbi, avea d'un solo
Pensier piena la mente. E dirti ho d'uopo,
Mia soave Maria, che tutto e sempre
Volgeasi a te?
        D'amor quel mio pensiero
Nascere non potea, perchè d'amore
Fino il nome ignorava; e la sua fiamma
Può mai nelle infantili alme destarsi?
Pure a quella io non penso abbandonata
Solitudine mia senza ch'io provi
Qui nel cor l'indistinto e vivo affetto
Che provai da fanciullo. Impressa avea
Una immagine sola; innamorato
Della mia fredda region, vaghezza
Non sentia d'altra terra. I miei bisogni
Eran pochi; eran paghi i voti miei,
Eran teco innocenti i miei pensieri.
Coll'aurora io sorgea. Di monte in monte
Tenea dietro al mio veltro, o la corrente

[1] *Morven*, montagna dell'Aberdeenshire.

Rapida della Dea[1] con animoso
Petto affrontava, o d'ascoltar godea
La lontana canzon de' mandriani.
Nel mio letto di foglie, a tarda sera,
M'accovacciava; e tu, tu sola, o dolce
Maria, venivi a consolarmi i sogni;
E salivano al ciel le mie preghiere,
Perchè sempre confuso e benedetto
V'era il tuo nome.
    Il caro aere lasciai
Che mi fu culla, e mi sparìr dagli occhi
Le belle visioni e le native
Montagne.
  È secco il fior degli anni miei.
Ultimo germe d'un' antica stirpe
Languir debbo solingo, ed altra gioia
Non gustar che di tempi omai trascorsi.
Ah la grandezza m'elevò per farmi
Sventurato! Ed oh quanto a me più cari
Di questa falsa immagine di bene,
M'erano i giochi dell'infanzia! Il velo
Dell' obblio non coprì quelle infantili
Memorie, quelle vergini speranze
Benchè svanite, nè da lor si svelse,
Benchè freddo il mio cor.
    Se miro un colle
Bruno bruno levarsi, io mi figuro
Contemplar di Coblemo[2] i gioghi ombrosi.
Se il balen di due cerule pupille,
Che parlano d'amore, a me si volge,
Parmi quelle veder che in una Tempe

---

[1] La *Dée*, una bella riviera che scaturisce presso al Mar-Lodge, e si getta nel mare New-Alerdeen.

[2] Monte della Scozia.

Mi cangiàr queste roccie; e se gli sguardi
Una chioma diffusa a sè mi tira,
E ricorda al colore il biondo capo
Di Maria, la mia mente all'oro, all'onde
Pensa di quel suo crin, di quel tesoro
Di stupenda bellezza a tutti impari. —
Pure il giorno verrà che le mie rupi
Nel lor manto di neve alfin rivegga.
Ma quando leveran sulla mia fronte,
Non mutate, la cima, alle sue braccia
Maria m'accoglierà? No! Dunque addio,
Mie paterne montagne! Addio correnti
Della rapida Dea! Più non dà tetto
La foresta al mio capo; ed in qual altro
Durar senza Maria potrei la vita?

CANTI E MELODIE

DI

TOMMASO MOORE.

GLI AMORI DEGLI ANGELI

POEMA IN TRE CANTI.

> Or avvenne che gli uomini cominciarono a moltiplicare sopra la terra, e che furono loro nate delle figliuole. I figliuoli di Dio, veggendo che le figliuole degli uomini erano belle, si presero per mogli quelle che si scelsero d'infra tutte.
>
> *Genesi,* cap. IV, v. 1, 2.

# LETTERA DI GIUSEPPE GIUSTI

COLLA QUALE NE ACCETTAVA LA DEDICA.

—

Mio caro Maffei,

Ricevo oggi, qui a Pescia, la lettera che m'hai mandata per Cencio Ricasoli, e domani o doman l'altro avrò anco i libri. Accetto la dedica e te ne ringrazio di cuore. Tu non sei un adulatore, io non sono un Mecenate nè d'ambizione nè di borsa, dunque possiamo andar franchi tutti e due al cospetto del pubblico, che a volte, in queste cose, è un po' difficiletto. Bada; accettando la dedica degli Amori degli Angeli, io so d'andare incontro a un epigramma che subito correrà sulle labbra di certuni o di certune che non mi credono capace altro che d'amori terreni. Certo, se i figli degli uomini potessero volare a scegliersi una compagna su nel cielo, come i figli di Dio calarono in illo tempore a cercarne una su questa terra, io spiccherei il volo ipso facto, sebbene confessi che anco le figlie d'Eva hanno di che tenerci quaggiù; ma dacchè siamo uomini, e la meglio è fare da uomini, mi terrò anch'io alle più vicine, tanto più che dopo avere traversata tant'aria per giungere tant'alto, arriverei stanco, da non poterne più.

Dappoi che non ci siamo visti, ho scritto altre tre o quattro cosarelle che ho voglia di mandare in giro. Forse arriveranno anco a Milano, e se non ci arrivassero colle proprie gambe, vedrò di farcele portare a seggiolin d'oro come si fa a' bimbi.

Salutami il Grossi, e digli che io, su per giù, porto la vita con molti fastidiòli, ma senza grandissima fatica: o forse mi sono assuefatto a sopportare, che in fondo è lo stesso. Salutami anco il Verdi, se è costà, e pregalo di non darmi di pedante per la lettera che gli scrissi. Addio.

Pescia, 29 giugno 1847.

Tuo affezionatissimo
GIUSEPPE GIUSTI.

AL NOME DI GIUSEPPE GIUSTI CONSACRO LA NUOVA EDIZIONE DEL POEMA *GLI AMORI DEGLI ANGELI*, NON PER VANO DESIDERIO DI VESTIRNE LA UMILTÀ DE' MIEI VERSI, MA PERCHÈ VIVENTE IL SOMMO POETA NON NE SGRADIVA L'OFFERTA, PARTITA DA UN ANIMO CHE NON SAPEVA IN MODO MIGLIORE SIGNIFICARGLI IL GRANDE AFFETTO E L'AMMIRAZIONE PROFONDA.

GLI AMORI DEGLI ANGELI.

CANTO PRIMO.

Nel mattin della vita era il creato.
Belli di nova luce apriano gli astri
La danza gloriosa, ed alla culla
Del tempo sorrideano i primi Soli.
Gli Angeli ed i mortali in quel mattino
Della terra esultavano; e nel grembo
De' campi o sull'aprica erta de' clivi
Conveniano sovente, anzi che nato
Fosse il dolore, e che fra l'uomo e Dio
Tratto avesse la colpa una cortina.
Allor, più che non suole in questi giorni
Di lagrime e d'errori, il ciel vicino
Stava alla terra, e l'uom senza stupore
Vedea per l'aere sfavillar pupille
Di vaganti Immortali. — Ed oh! dovea
L'impeto degli affetti indegnamente
Profanar così bella alba del mondo?
Dovea ne' cuori di celeste essenza
Gittar la macchia della colpa? e farne
Sola cagion per ultima sventura,
La beltà della donna? — In quel fiorire
D'ogni cosa creata erano assisi
Sul vertice d'un colle, illuminato

Dal purpureo tramonto ed odoroso
Nei profumi d'april, tre giovinetti
A segrete parole ivi raccolti.
Verso la pura region lontana
Ove il giorno morente raccoglica
Le già stanche sue penne, ad ora ad ora
Levavano gli sguardi, e la sublime
Maestà delle fronti, assai divisa
Dal costume mortal, li palesava
Di quel cielo remoto abitatori:
Angeli di splendor dalle infinite
Schiere discesi, che perpetuo giro
Fanno al soglio di Dio, non altrimenti
D'atomi vorticosi intorno al Sole;
E da cui senza tempo e senza posa
Vola reiterata all' universo
L'eco della parola onnipossente.[1]
I ricordi del Cielo e le amorose
Veglie, che per ignota opra d'incanto
Li tracano dal Cielo, eran subbietto
Degli angelici detti; e la soave
Mestizia della sera, il molle incenso
Propagato dai fiori, il rubicondo
Espero che splendea dall' occidente
Come nel giorno che li vinse amore,
Richiamavano al cor degl'immortali
Gl'infelici lor casi: e quella prima
Ora non benedetta in cui sedotti
Dal femmineo sorriso il Ciel lasciaro,
Come lascia l'augello il dolce nido
Affascinato dal vipereo sguardo.
Chi prese al dir le mosse, avea l'aspetto

[1] Vedi le Note a pag. 350.

CANTO PRIMO.

Men celeste degli altri. Un cherubino
Di leggera sostanza, ed alle impronte
Della terra cedevole e soggetta.
Anche nel Paradiso egli non era
Fra le corone più vicine a Dio;
Ma lungi s'aggirava in fra gli Spirti
Che varcano aggruppati i più lontani
Spazj dell'infinito, a cui sull'ale
Cade men vivo l'increato lume
Che dal centro si parte, ove l'Eterno
Siede a fren delle cose. A'due compagni,
Bello quantunque ed immortal, cedea
Di splendore e di gloria. I raggi ancora
Balenavano in lui del Paradiso,
Ma languidi, scemati; e nella fronte
Non pure i segni dell'amor recava,
Ma l'orma che profonda e tenebrosa
V'aveano i gaudi della terra impresso.
Ravvolgea nel pensier le rimembranze
De'lieti anni che fûr, come colui
Che rialza il coperchio ad una tomba.
Rimosso alfine quel pietoso velo,
Che la mano del tempo avea gittato
Sulle morte speranze, al suo dolore,
Sospirando e dicendo, il varco aperse.
Nell'interno oriente avvi una terra
Ove sconosce la Natura il mesto
Indugiar delle notti, ed alle soglie
Balza dell'orizzonte incontro al giorno
Suo bellissimo sposo. Era il mattino,
E me traea dall'intimo de'cieli
Un divino messaggio, or mentre io cerco
Ove posar l'affaticato volo,
Veggo dai campi di zaffiro (oh vista

Cara insieme e funesta!) una fanciulla
Della di tutta la mortal bellezza.
Era in parte svelata, in parte ascosa
Dalle terse, azzurrine onde d'un rio,
Ma non così che le amorose membra
Al mio sguardo involasse; anzi nel velo
Del ruscel limpidissimo ravvolta,
Tenea sembianza d'un aereo spirto
Che traspar dalla lieve ombra de'sogni.[1]
Pieno di meraviglia il vol ritenni.
Splendide come tremoli piròpi
Erano l'onde che la bella apria
Con trastullo innocente, e rivestirsi
Godea d'un lume irrequieto, ond'era
Artefice ella stessa. — A vagheggiarla
Pria sul capo io le stetti, indi, bramoso
Di gioir più vicino in quelle forme,
Lento discesi. Il tremito improvviso
Che mi scorrea per ogni penna, accorta
Fece del mio venir la natatrice,
Mentre il margo attignea delle bell'acque
Suo volubile speglio; e là ristette
Immobile e sembiante ad un acervo
Di neve, in cui percota il roseo lume
Dell'opposto tramonto. Ancor presenti
Quel rossor, quegli sguardi, e quella cara
Meraviglia mi sono! Ella mi vide,
Ed ogni atto del volto e del pensiero
In un punto raccolse; e come il fiore
Che volge innamorato al Sol la faccia,
Parea che sull'estremo orlo del fonte
Poste avesse radici. — Una cortese
Pietà di quell'attonita mi strinse,
E ripreso il mio volo, indi mi tolsi

Repugnante, e celai fra le conserte
Ali il baleno delle mie pupille,
Che troppo acuto nelle sue feria.
Ma poi che svolsi le intrecciate penne
Ed obliquo e furtivo io riguardai,
Più la bella non vidi. A me nascosa
Un gran bosco l'avea, come nasconde
Un nugolo importuno, in tutto il riso
Della sua luce virginal, la luna.
Per virtù di parole io mal saprei
Esprimere l'amor che da quel punto
Si fe' donno di me. Corsi, ricorsi
Le vicine contrade, e sulla traccia
Della cara smarrita, il mio messaggio,
Il Cielo, e tutto dal pensier mi cadde:
Tutto, se ne toglicte il dolce segno
Di colei che m'apparve in mezzo all'onde.
Nè grand'ora passò che mi fu dato
Di bearmi al suo fianco interi Soli,
E d'udir l'armonia di quella voce
Che vincea le più dolci arpe del Cielo,
Quando all'inno d'amore Iddio le inspira.
Nel breve cerchio della sua pupilla,
Che cerula splendea come il notturno
Sereno dalle immote acque riflesso
Di dormente ruscello, un Ciel trovai
Del mio più caro ed adorato. E forse
La beltà di quegli occhi e l'armonia
Di quelle labbra non valeano il Cielo?
Benchè grave ai Celesti e faticoso
Spiri l'aere terreno, a me vitale,
A me dolce spirava! esso nudria
Il sospir della vergine diletta.
Benchè pallido il Sol, benchè mortali

Siano le rose dell' umano aprile,
Amor da quei beati occhi raggiando,
Tutto in riso vestia. Negl' infiniti
Spazj dell' universo io non vedea
Che due mondi, il felice augusto giro
Che di Lia s'allegrava, e quell'immenso
Doloroso deserto ove non era.
... fallir le preghiere e le speranze.
Ed io dalle mie terga, ad un sorriso
Della bocca amorosa, avrei con gioia
Svelte l'ali e gittate a quella fiamma
Che nome in Ciel non ha. Muta e severa
Stavasi al mio pregar la giovinetta,
Come un ligustro che nel vivo raggio
Del sole addoppia la natia bianchezza.
E nondimen la vergine m'amava;
Ma nulla era d'umano in quell'affetto:
Ella amava uno spirto abitatore
Di quel lieto soggiorno, ove al mattino
Le preghiere innalzava, e fisa in quello
Al morir della luce, ardea lanciarsi,
Rotto il velo de'sensi, a più sincero
Elemento. — Una sera al fianco mio
Mollemente composta, ella si volse
Alla nascente vespertina stella,
Che dall'azzurro padiglion de' cieli
Sporgea, come dal talamo, la fronte;
Ed in quell'ora vereconda e mesta
Uscir la intesi in queste note: « Oh fossi
Lo spirto io di quell'astro! oh vi potessi
Solitaria abitar come una figlia
Della luce, e pregarvi e farmi bella
Di siderei splendori, ed all'eterna
Face del Sole accendere l'incenso,

E mandarne i profumi al grande altare
Del Trino ed Uno! »³ — Così bella e pia
D'animo e di sembianza era la donna
Che l'amar fu mia colpa e mio destino,
Ed ardere per essa in tanto foco,
Che la più viva scolorato avrebbe
Fiamma terrena. — O spiriti gentili,
Voi non vedeste le infiammate rose
Che colaro il pallor delle sue guance
Quand'io, tratto di sonno, il labbro apersi
Alla prima parola ebbra d'amore!
Sdegno no, ma tristezza era in quel volto,
Disperata tristezza, a cui non dànno
Refrigerio le lagrime, veggendo
Me creatura d'immortal sostanza,
Da cui tenacemente ella pendea
Come dalla catena onde levarsi
Sperava al Ciel, discendere dal Cielo
Alla colpa dell'uomo, a quella colpa
Che cancella nel core ogni vestigio
Dell'impronta divina; e mentre ardia
Ella nata mortale aprir le penne,
Come augello marino, a più sublime,
A più libero volo, io la dovessi,
Io fortunato abitator degli astri,
Traviar dalle sfere, inabissarla
Miseramente nella mia caduta,
E costringerla meco a ber l'impura
Onda del male ed affogarvi. — In quella
Notte infelice, il mio spirto divenne
Della stolta sua fiamma intollerante.
Il termine era giunto al mio divino
Messaggio, ed i veglianti occhi del Cielo,
Se talor dalla terra un'improvvisa

Meteora a quel sublime aere salia,
Annunziavano il vol dell'Immortale
Reduce di quaggiù.' — Quella parola
Data ai messi celesti allor che denno
Rivolar dalla terra al Paradiso,
Oh quante volte mi spirò sul labbro.
In quel giorno d'errore! e nella luce
E nell'aura del cielo oh quante volte
I miei vanni tremâr! Ma vinto io caddi,
E morì la parola in un sospiro.
Sciolto allor fu l'incanto, e queste penne,
Già tese al volo, si piegâr sul dorso
Eternamente immote. — E come, oh lasso!
Come un asilo abbandonar che Lia
Vinta o perduta mi rendea più caro
Dell' eterna mia patria e d'ogni cosa?
E se pur mio destino, o mia sciagura
Era cader per quegli occhi fatali,
Come involarmi all'ultima speranza
Che nel cor mi mentia? Pur ch'io spirassi
L'aere ch'ella spirava, e vagheggiarne
Gli atti, il volto io potessi, un paradiso
M'era ogni loco. Affanno, esiglio e morte
Tollerati con Lia meno incresciosi
Mi pareano del Cielo, e senza Lia
Tutti i gaudi del Cielo e della terra
Un compianto, un dolor dell'universo.
Era in quel giorno una carola inditta.
Le vaghe, allegre, giovinette figlie
Della terra v'accorsero festose,
Simili ai fiori che scherzando vanno
Colla brezza d'april. La mia diletta,
Bellissima fra tutte, alla gioconda
Comitiva s'aggiunse, e quella nube

Di mestizia recava, ond'io l'avea
Nel mattino segnata; il primo solco
Che sul candor della sua fronte aprisse
La vergogna o il dolore. — In quel tripudio
Io perdei l'intelletto, e sciolsi il freno
Ad un'empia esultanza, al forsennato
Impeto d'un diletto, a cui talora
Chi non sa che l'eccesso della pena
Può della gioia simular le forme,
Di letizia dà nome. Ingannatrice
Larva d'un' allegrezza e d'una vita,
Che sol nell'urto di bollenti affetti
Suona e sfavilla come spada al cozzo.
Quel terreno licor, quel dolce tosco
 Dell' umana virtù, quell'incantato
 Filtro, che ne presenta in bei fantasmi
 Le lusinghiere proibite cose,
Che brilla come l'iri, e dalla mente
Sgombra i foschi pensieri, imporporando
De' suoi lieti colori e terra e cielo,
Quella tazza funesta alle mie labbra
Accostai sconsigliato, e nel suo bruno
Sorso la poca mia ragion si chiuse.
Spento il raggio divino, impure larve,
Colpevoli speranze, invereconde
Brame il cor m'assaliro e l'occuparo,
Simili a' menzogneri astri cadenti,
 Quando il lume diurno in mar si tuffa."
Consumato il banchetto, il vol raccolsi
 Nella tenda segreta, ove solea,
 Al venir del silenzio e della notte,
 La vergine ritrarsi; ed in quell'ora
Di pace, di riposo, e consolata
Dal raggio della luna, io la rividi.

Oh quanto era leggiadra ! Oh perchè mai
Diede il Re delle stelle occhi ai celesti ? «
O perchè non produce il paradiso
Un fior che il volto della donna imiti ?
Le pensose pupille al suo diletto
Astro, come per uso, ella volgea,
E splendere più vivo in quella notte
Il bell'astro mi parve, e nel suo lume
Farsi la verginella eterea tutta,
Quasi dalle remote urne di quello
Devesse un' onda di liquida luce.
Uscia di quella vista una divina
Rapitrice potenza, e dritto al core
Mi scendea ; chè se cieco e d'amoroso
Veneno ebbro io non era, a santi affetti
Sollevato m' avrebbe, ed ivi accolto
Come nel tempio dell' Eterno. Oppresso
Di vergogna e di tema io contemplava
Quelle labbra ispirate, e quella cara
Anima accesa della sua preghiera,
E pia quanto il mio spirto anzi la colpa.
Piena allor nella mente mi discese
La memoria del Cielo; ed oh! quantunque
Rivelasse il mio sguardo alla severa
Come folle, profano, e da sì puro
Santuario diviso era l'amore
Che di lei m' infiammava, ella pur vide,
E n' ebbi e n' ho conforto, a quale altezza
Giungea l' affetto d' un celeste amante
Per lei da non celeste alvo concetta,
E tutta vide l' ostinata guerra
Che nel cor traviato io sostenea
Per vincere l' error che mi sedusse.
E deggio — alfin proruppi, e la mia voce

Tra pietosa e dolente avea quel suono
Che diffonde ne' cuori una soave
Tristezza, — e deggio risalir le sfere
Da te non riamato e non compianto?
Senza un dono, un ricordo che mi segua
Nella mia solitudine celeste?
Senza uno sguardo affettuoso e caro
Qual gli amanti terreni han per costume
Volgersi nell'addio?... Nè tanto il Cielo
Offerir di dolcezza a me potria
Che valesse un tuo don benchè nudrito
Dalle sole memorie! Oh ch'io ti vegga
Inchinar dolcemente il molle capo
Sulle mie braccia, e gli occhi, i tuoi begli occhi
Levar senza terrore agli occhi miei!
Oh ch'io possa una sola unica volta
Sfiorar d'un bacio la virginea bocca,
O se troppo io domando, al suo respiro
Appressar le mie labbra!... A che ti scosti?
Uno sguardo mi dona, una parola,
Ed io per sempre fuggirò. Non vedi
Tremolar le mie penne, e sollevarsi
Al Ciel che le richiama? Un solo addio
Guancia a guancia consentimi! Obliato
Fia l'error d'un istante, e tu m'udrai
L'arcano accento proferir che spinge
Il mio volo alle sfere. — In gran sospetto
Di sè stessa e di me la verginella
Stavasi a' miei lamenti immota e china,
Quasi tenero fiore agl'ignei strali
Della vampa solar. Ma quando alfine,
Sconsigliato, accennai la portentosa
Parola.... (Oh come nel pensier mi torna
Quel momento d'insania e d'abbandono!)

Con tal atto d'amore e di desio
L'azzurro sguardo mi girò, che parve
Le ridesse nel volto il Paradiso.
— Pronuncia — allor mi disse — il tuo pronuncia
Segreto accento, e quanto brami avrai. —
Ed io che sulle ciglia e più sul core
Tenea la benda, e tolto era di senno,
E perduto per sempre, un infocato
Bacio sul volto della donna impressi,
E la parola susurrai, che dianzi
Non avea risonato a senso umano.
Ratti più del pensiero alle sue labbra
Trasvolàr come un'eco i sacri carmi;
E tre volte la vergine animosa
Li ridisse in trionfo, e nella santa
Estasi di quegli occhi ardea la fede:
La certissima fede a cui non vela
Nè dubbio, nè timor, dalla terrena
Valle sorgente, del suo Dio l'aspetto.
Ed ecco alla sua fronte un glorioso
Lume aggirarsi, e crescere improvvise
Due grand'ali al suo tergo, e dilatarsi
Simili a quelle che perpetuo velo
Fanno al trono di Dio; poi dalla terra
Levarsi in una luce all'uomo ignota,
E ch'io conobbi derivar dal Cielo.
O pura, o santa vision! Da quando
Caddero di lassù le creature
Più luminose, e rovesciàr cadendo
Molta parte de' Soli e delle stelle, [7]
Nulla di più raggiante in Cielo ascese
A ristorar la perdita infinita
Di splendore e di gloria. [8] — Alme pietose
Che vi dolete al mio dolor, non fate

Pensier che freddo testimon foss' io
Di quel rapido volo al Paradiso ;
O ch' io non proferissi il sacro accento
Che dovea ricondurmi, ove conteso
Non lo avesse il destino, in fra le braccia
Della nova Immortale, e d'un amplesso
Congiungere per sempre i nostri cuori.
Io lo profersi, io l'iterai più volte,
E piansi invano e invan pregai! ma sciolto
Era il mistico nodo. Un ferreo ceppo
M' avvolgea la persona, e dove alzarmi
Anelando io tentava, ogni mia prova
Venia delusa. Inerti e senza vita
Si curvàr le mie penne, e come, oh lasso!
Giacquero in quella notte, eternamente
Giaceranno; chè talo è la sentenza
Dell' offeso Signore. — Io seguitava
Con attonite ciglia il suo veloce
Svanir per l'infinito, ed a quell'astro
Accostarsi la vidi a cui sovente
Sull' ali dell' affetto e della calda
Fantasia s'accostava, e che per sempre
Il suo trono di luce esser dovea.
— Fu questa, o Purità, la tua mercede!
Ella, nè certo illusion mi vinse,
Ella nell' appressarsi alla diletta
Sfera, dal cerchio della nova luce
Onde tutta splendea, pietosamente
Volse un guardo d'amore all' infelice
Che giù rimase in tenebre ed in pianto.
E se nel gaudio de' Celesti un senso
Penetra di dolor, quella beata,
Chinando gli occhi a questo esiglio, ancora
Del suo fedele con pietà rammenta.

Ma sparì come lampo il breve sogno:
Ed ella remotissima salla
Non maggior di quei punti, onde s'ingemma
Il convesso de' cieli, o d'una stilla
Che dall' urna del giorno ultima cada.
Poscia che tutta nell'amata spera
La vergine si chiuse, e le mie ciglia
Colsero a gran fatica il raggio estremo
De' fuggenti suoi vanni, amore e Cielo
Dalla mente m' usciro, ed obliando
La mia patria celeste, il ben creato
Spirto inquinai, conversi al suol la fronte,
E nei bassi diletti, e nelle umane
Voluttà mi sommersi, e tal divenni
Qual mi vedete. — Il Cherubin si tacque,
E le ciglia inchinò per la vergogna
Dell' antico suo fallo: una vergogna
Che se pur nelle angeliche sembianze
Orma non fosse dell' etereo lume,
Tacitamente palesar potria
Di che loco sublime egli cadesse.
L'ultimo amaro sentimento è questo
D'una gloria sprecata, e che, fuggita
La virtù, nella vuota alma rimane
A provar che l'accese il sacro fuoco. —
Mentre lo spirto favellava, un solo
Breve sguardo rivolse a quel felice
Tabernacolo d'oro, ove per sempre
La vergine s'ascose; onde raccolto
Tutto in sè stesso, non levò palpèbra,
Come se da quell'astro un'infocata
Punta volasse a saettargli il core.

CANTO SECONDO.

Qual è lo spirto che secondo muove
　L' etereo labbro alle parole? È quegli.
　Nobilmente elevata è la sua fronte.
　E tanto acuta del veder la possa,
　Che sembra all' inspirata aria del volto
　Penetrar d'uno sguardo oltre l'azzurro
　Vel che gli arcani dell' Eterno asconde.
　Cade l'ombra notturna, e pur lucenti
　Son d'un' iride bella i vanni suoi;
　E per propria virtù, come l'innato
　Lume comporta che da Dio vi piovve,
　Scintillano a talento. Una sorgente
　Di vitale splendor che molto in terra
　Molto ha perduto dell'antico acume,
　Ma nondimeno trionfar potrebbe
　D'ogni umana palpèbra. È Rubbi il nome;
　Rubbi, il fior degli spirti in Ciel chiamati
　Lucide intelligenze,[9] che sul tempo,
　Sul pensier, sullo spazio hanno l'impero,
　A Dio solo secondi, a Dio che tutti
　Di bellezza soverchia, a quella imago
　Che sugli astri minori il Sol risplende.
　E l'intervallo che da Dio li parte
　È quale il più remoto astro divide
　Dall'empireo beato. — Il doloroso

Occhio dell'Immortale ancor serbava
Una debole traccia, un fioco lume
De' bei giorni che furo; e la sua voce,
Soave ancora, dilettava i sensi,
Come quando un' ignota eco si desta
Nel segreto de' boschi, e di molt'anni
Interrompe il silenzio: e se fioria
Su quel labbro un sorriso, era simile
Alla pallida zona che circonda
Il disco della luna. Ultimo avanzo
D' una vita felice, e d' una gloria
Senza speranza dileguata. Impressi
Recava i segni dell' orgoglio antico,
Ma temperati dagli affanni, e quando
Avvampava il suo spirto in foco d'ira,
Fuggitivo, ma fiero era quel foco,
Come le poche morenti scintille
Traverso il fumo di combusta mole.
 Tal era il Cherubin che la parola
Fe' sonar dalle labbra, allor che pose
Termine il primo alle pietose note
Del suo mesto racconto. Un sacro lume,
Che non avea le sue pallide guance
Da gran tempo irraggiate, a poco a poco
Le accendea, le animava, e non soltanto
Quel dolce labbro all' armonia creato,
Ma quel ciglio, quel volto e quella chioma,
Tremola come l' onda illuminata
Dal Sol cadente, favellar parea.
Così la diva creatura imprese
La bella istoria de' suoi molti errori.
 Vi rammenti del giorno in cui l'Eterno
Sotto al novello padiglion del Sole
Convocò gl'Immortali, e testimoni

D'un portento li volle assai più grande
Dell'uom, del cherubino e delle stelle,
Che dal pensiero crëator dovea-
Ultimo scaturir, come il suggello
Del compiuto universo, e come il serto
Della Natura. ¹⁰ Allor fra lo stupore
Delle angeliche turbe adoratrici,
Al ciel la prima volta ed alla terra
S'apriro gli occhi della donna, e tale
Un sentimento di piacer n'uscio,
Che scosse e penetrò le più riposte
Fibre degl'Immortali, e parve il raggio
Che da principio balenar fu visto
Sugli abissi del vôto. Allor discese
L'alito animator su quelle forme
Di virginea freschezza, e d'ora in ora
Che l'alba vi nascea dell'intelletto,
Si faceano più belle, e grazia nova
Ogni nuovo pensier vi germogliava.
Così la tranquillissima marina
Lenta lenta s'increspa all'aura estiva,
E frangendo la luce e dei colori
Le varie temperanze, ad ogni istante
Muta d'aspetto e più vaghezza acquista.
Così percosso dall'obliquo lume
Di sereno tramonto, un maëstoso
Delubro, tra le folte ombre de'boschi
Lungo il giorno racchiuso, a grado a grado
Scopre il tesoro delle sue bellezze,
Fin che tutto svelato in una luce
Amabile risplende. — Oh, che soave
Stupor la giovinetta Eva dipinse
Quando in giro si mosse e lungamente
Mirò del solitario Eden i campi,

E l'acque e il firmamento! e quando intese
Il mormorar di tante ali fuggenti
Per comando divino, e vide il lampo
De' pochi ultimi sguardi in lei rapiti,
E dolorosi di lasciar la vista
Della nova bellezza, e me fra questi!
Da quell'ora fatal, da quell'arcana
Ora il destin della creata donna
Mi fe' serva la mente e la contenne
Come in magico cerchio. Io non avea,
Non sentia, non sognava a mane, a sera,
Altra cura di questa, e lei non solo,
Non solo il fato che pendea sul capo
Di questo fiore del divin pensiero,
Ma dell'intera femminil progenie
Chiusa nell'ombra del futuro, e quanto
Di nobile, di caro e di leggiadro
Discendere dovea da quella prima
Genitrice dell'uomo, in cima io posi
Dell'acceso intelletto, e la sua molle
Bellezza, e la pietosa indole sua
M'era il solo mistero ove l'ingegno
Senza posa io mettea. — Fu mio destino,
Fin da quel dì che piacque al Creatore
Appellarmi con voi perchè gioire
Dei natali del mondo, ed adorarlo
Nelle sfere io potessi e nei lucenti
Fiori del Paradiso, allor creati
Dal suo labbro divino, immobil fato
Fu sempre il mio di correre sull'orme
D'ogni novo prodigio e d'ogni nova
Meraviglia, e tenervi incatenate
Le virtù della mente, e non lasciarvi
Libero un sol pensiero, un sol desio

CANTO SECONDO.

Per altri obbietti. — Quella eterna sete,
Quella vaghezza di saver che t'arde
Come più la satolli, e che diventa
O colpevole o pia dalla sorgente
Ove l'estingui, mi struggea segreta,
E traeami anelante a quelle occulte
Fonti del mio stupor, quasi legata
La mia vita vi fosse. Oh qual diletto
Dalle stelle mi scese, allor che gli occhi
Da prima io vi conversi! Ardeano in giro,
Simili a plaustri di vivente fiamma,
Destinati a tradur l'Onnipossente.
Il primo affetto del mio cor fu quello.
A lungo sulle immote ali sospeso
Lo sguardo io vi tenea, fin che ripieno
Dello splendido influsso era ogni senso.
Innocenti dolcezze! A quanti affanni
Involato io m'avrei se delle sfere
Fossi ancor cittadino, e mai consunto,
Mai non m'avesse l'inquieta febbre
Del saper, che radice ognor perenne
Fu di danno e di colpa! Oh quante volte,
In questa brama d'esplorar le ascose
Origini degli astri, io trasvolai
Sulle lucide fila, onde s'intesse
L'immenso vano fra le stelle e il Sole,
Ed i nodi ne svolsi, e delle curve
Iridi gl'intricati avvolgimenti!
Di là rapidamente il vol battea
Alle remote solitarie spere,
Che stanno a guisa di veglianti scolte
Sui confini del vòto, onde il confuso
Caos ha principio, e con tacile penne
La traccia io ne segula per l'infinita

Solitudine, ognuna interrogando
Qual alma in sè chiudesse, e mi dolea
Che il suo muto splendor voce non era
Perchè l'indole e i sensi a me n'aprisse.
E tanto amore mi pungea di quelle
Tremole eredi dello spazio, e tanto
Timor che l'ombra della tarda notte
Involarne un sol raggio a me potesse,
Che talor seguitava il corso obliquo
Della cometa vagabonda, e nuovi
Templi di luce a visitar correa.
Di che liete canzoni io salutava
Quelle incognite stelle, e quei pianeti
Folgoranti al mio sguardo e rugiadosi
Di fresca gioventù, come se tratti
Fossero dalla notte in quel momento!
La mia bennata ambizïon tal era:
Tal la sola, la prima assidua cura
Del mio spirto innocente, anzi che Dio
Questa terra ponesse, e che la donna,
Creatura degli astri assai più bella,
Fosse nata a' miei danni in fra le rose
Del Paradiso. — Da quel dì sostenni
Una dura vicenda. Il cor, la mente,
Le speranze, i desiri, in picciol' ora
Volsero in basso, e l'angelo superbo,
Che pur dianzi scorrea l'interminato
Firmamento, e che misero ed angusto
Al suo grande pensier l'interminato
Firmamento trovava, or la più vile
Zolla, d'un'orma della donna impressa,
Tutte acquetava del suo cor le brame.
Invan gli abbandonati idoli miei
Da' lor troni splendeano; invano ai sensi

La cara un tempo melodia degli astri
Mi scendea lusingando; ogni pensiero
Dalla mia traviata alma nascente
Era tratto quaggiù, non altrimenti
D'un alto colle la cui fronte è in cielo,
Mentre la sua grand' ombra è fitta al suolo.
Quel forte laccio che m'avea precinto
Non era opra d'amor, nè dell'abbietta
Voluttà che lo infiamma e lo consuma.
Era sol meraviglia, era quell' alto
Stupor che m'agitava ad ogni novo
Miracolo di Dio; ma dell'usato
Più tenace soltanto e più profondo.
Un vago affetto, che sebben non fosse
Amore o desiderio, e come il lampo
Rapido, indefinito, il vol prendesse
Sull' universa femminil bellezza,
Pure un breve sorriso, un volger d'occhi
Potea fisarlo ad una sola. — Acceso
Da questa nova insaziata voglia,
Io spingea la pupilla entro il segreto
Delle varie virtù che spirto e moto
Dispensano alle membra; e sotto al velo
Della bellezza esterior, tentava
Esplorar la scintilla animatrice
Delle labbra e degli occhi, e se raggiando
Nelle latèbre dell' interna vita
Bellissima com'essi e luminosa
Facessero la mente; in quella guisa
Che la luce del Sole un varco s'apre
Nella gemma sepolta. I miei bollenti
Desiderii eran questi, e più la mite
Tenera, affettuosa ed, ahi! caduca
Indole della donna io meditava,

Più forte mi stringea la meraviglia.
Sorgere io vidi le improvvise forme
 Della madre comune, allor che nacque
 In quell'Eden felice e sol creato
 Ad accoglierne primo i primi sguardi.
Io vidi i più sublimi angeli farle
 Riverente corona, e l'uom vid'io,
 L'uom fortunato, e d'alta invidia n'arsi,
 Possederne l'affetto; e poi l'intera
Ma fugace sua gioia e l'infelice
Caduta, e quella facile credenza
Che persuade ciò che brama il core;
Quella incauta fiducia alle parole
D'un amabile labbro, a cui la donna
Lievemente s'affida; e quell'istinto
Di penetrar nelle segrete cose,
Ch'io biasmar non ardisco, io della stessa
Colpa macchiato, ma che rea sorgente
Fu di sventure, e benché nato in cielo,
Pur converso in mal uso, e cielo e terra
Ricopri di peccato e di vergogna.
A questo io fui presente; all'uomo io fui,
 All'uom di forza e d'intelletto armato,
 Quando opporsi tentava al periglioso
 Invito della donna, e gli sparia
 La vantata ragione ad un sorriso,
 Come un'arme di ghiaccio allor che il Sole
 Arde in Sirio la terra; e ciò che pose
 Alla mia grande meraviglia il colmo,
 Fu quando egli condotto a tanto errore
 Dai femminei conforti, egli sbandito
 Per lei sola e con lei dalla promessa
 D'una vita immortale (e ciò fu latte
 Che lo strazio leni della ferita),

Egli, io stesso lo vidi, ai limitari
Del beato soggiorno onde fuggia,
La tremante colpevole si chiuse
Fra quelle braccia che pur dianzi avea
All'affanno, al disagio, alla fatica
Per lei sola dannate, e *la sua vita*,
La sua vita '' nomolla; e questo nome
Diede il primo infelice alla compagna
Per consiglio d'amore in quella mesta
Ora, che vinto dalle sue lusinghe,
Fu per lei maladetto e tratto a morte,
Dono antico d'amore! E chi gittava
Il mal seme nel mondo, innanzi all'uomo
Stavasi innamorata e non curante,
Mentre sulla diffusa onda de' crini,
Lunghissimi dal capo al piè cadenti,
Le moria del perduto Eden la luce.
Così bella di forma e così dolce
D'animo e di favella era costei,
Che potea ristorar d'ogni più cara
Cosa la morte, se la sua ne togli,
E far che il lampo dell'umana vita
Sembri un astro immortale e senza occaso.
Come l'inebbriato occhio ritorre
Da questa graziosa opra di Dio,
E circonfusa di sì forte incanto?
Cui nel falso e nel ver, cui nella gioia
E nel dolore il Creator concesse
Un poter di parole e di pensieri
Che salva e perde, che ravviva e spegne?
Eva in breve cessò, ma la profonda
Mia meraviglia non cessò con lei.
Dal materno suo grembo altre n'usciro
Fragili, erranti, lusinghiere figlie,

Dell'uomo arbitre anch'esse, e per sentiero
Or di biasmo or di lode, a lui ministre
O di gloria o d'infamia. Incantatrici
Dell'animo e del senso, a cui fidata
Sembra per legge d'immutabil fato
La salvezza del mondo e la ruina.
Non dirò qual desio mi conducesse
Un'eletta a cercar che ne' sembianti
Fosse tipo di tutte, e vagheggiarle
Tutte in una io potessi; e se conteso
Nol mi fosse dal Cielo, al petto mio
Stringerla umanamente, e come l'ape
Che s'infonde nel giglio e s'insapora,
Infondermi nell'alma e nella spoglia
Di questo fior d'amore, e delibarne,
Nella sua prima virginal purezza,
Tutta la preziosa, intima essenza.
Il mio folle desio, la mia preghiera
(Che non osa la lingua ove perduta
Sia la ragion?), la mia stolta preghiera
Esaudita mi fu; ma se dal Cielo
O dall'Inferno, giudicar vi lasso.
Fra le molte fantastiche donzelle,
Di che lieta è la terra, una mi parve
Bellissima su tutte, e più di tutte
Creata al bacio d'un celeste amante.
Non era l'andar suo cosa mortale:
E mentre d'una lieve orma sfiorava
Questa valle d'esiglio a lei straniera,
Un alto dritto palesar parea
A più puro elemento, ove il suo piede
Premere un luminoso astro dovesse
Al mutar d'ogni passo. In lei non era
Solo il poter, che inebbriando i sensi,

Prigionieri li tiene alla lusinga
O d'una bocca che respira amore,
O d'un caro pudor che s'invermiglia
D'improvvisi colori, e vivi lampi
Sembrano del pensiero; o d'uno sguardo
Che s'accende da breve ira commosso,
Poi tutto riso e voluttà ritorna,
Al suon d'una parola innamorata,
Quasi potesse dalla propria fiamma .
Uscir, nova fenice, ad altra vita;
O d'un fianco flessibile e leggero
Pari a tenero arbusto in primavera,
Che londeggia rimondo e colorato,
Non men de' frutti che la brezza estiva
Fa cader da' suoi rami. In lei non era
Questa sola virtù che il Ciel dispensa
Alle amabili donne, ancor che tanto
Fosse profusa sul virgineo capo.
Che senza impoverir la portentosa
Sua beltà d'una grazia, altre n'avrebbe
Di se stessa abbellite. Era lo spirto
Che dal bel velo trasparìa, che tutta
N'illuminava la gentil persona,
E che stato sarebbe, ancor diviso
Dal caro volto che abitar godea,
Bello come il diurno astro che splende
Sovra i fiori d'aprile, e che non perde
Di sua luce infinita una scintilla,
Se, cadute le rose, non ritrova
Che la povera foglia inaridita.
Quel tesoro di vezzi, onde Natura
Dall'arte ingentilita e dall'amore
Mille n'esalta, accolto era in quest'una,
E v'era in tutta la natia freschezza,

Prima che l' odiosa orma del tempo
Solo un fior ne rapisse; e per suggello
Della donna perfetta, acciò non fosse
Troppo al facile senso allettatrice,
Un cor d'eterea qualità v'unio.
La vergine era tale. Una felice
Opra della Natura, una mischianza
D'umano e di celeste unica in lei,
Mentre all'angelo questo e quello all'uomo
Solo e disgiunto il Creator concede.
Così fui preso di costei, che scesa
Dal mio cielo io credetti, anzi la stessa
Mia celeste sorella; e dentro al core
Io sentii che trasfuso e circoscritto
Era nell'amor suo quanto ha di caro
La terra e il Paradiso, e quanto il senso
Quaggiù deliba, e l'intelletto in Cielo.
Ma porgetemi orecchio ed ascoltate
Tutto il mesto racconto. Ah sì, quantunque
Lo stral delle memorie a me riapra
La ferita già chiusa, il tortuoso
Sentier v'addiierò che tra le rose
Ne condusse all'abisso, ove trovammo
Io l'esiglio dai Cieli, ella il sepolcro.
La vidi, e da quel giorno io più non torsi
Dal suo volto il mio volto. Io la segua
Invisibile, assiduo: e fatto in breve
Del suo romito meditar compagno,
Penetrai di quell'alma ogni segreto,
Che limpida raggiava e trasparente
Come candida arena in terso rio.
Penetrai le cagioni, i vari affetti
Che del cor giovanile audacemente
Si contendono il regno e fan tumulto,

Vaghi desiri, imagini ridenti,
Cari sogni d'amore, a cui si mostra
Un fantastico volto e poi si cela,
Lievi alate speranze obbedienti
Al labbro che le chiama, e brevi gioie,
Che pari all'infedele arco celeste
Tornano in pianto, e voluttà riposte,
Come serpi addormite in grembo ai gigli,
Sotto casti pensieri; e dalla piena
Di questi affetti, che nel cor latenti
Delle vergini stanno, alzarsi io vidi
Alti sensi di gloria, ambiziose
Voglie oltre quanto l'intelletto abbraccia
D'una terrena donzelletta, e serti
D'eterna fama, e splendidi presagi
D'un beato avvenire, e fantasie
Libere, irrequiete e come i voli
Dell'aquila animosa al Sol vicine.
— E cader questo core, e questa mente
Sotto le insidiose arti dovea
D'un colpevole spirto? — E con ciò tutto
Un amor la struggea di sapienza,
Quale in petto di donna ancor non arse
Dappoi che la sedotta Eva sostenne
Di perdere ogni frutto a lei concesso
Per gustarne un vietato. — Io pria discesi
Tacita vision ne' sogni suoi.
In quel mite crepuscolo dell'alma,
Che s'innalza furtivo allor che il lume
Della ragion s'intorbida e si copre
Dietro l'ombra de' sensi, in quella mesta
Luce che indora le confuse larve
Dell'errante pensiero, io le recai
Tremoli apparimenti, incerti raggi,

Che spariano veduti, e laberinti,
Ove travolta si perdea la mente,
E vani simulacri, e dilettosi
Campi e soggiorni d'ineffabil riso,
Che s'apriano improvvisi, ed improvvisi
Si chiudeano nel buio, dileguando
Senza traccia lasciar che li ricordi;
E quanto il vol della speranza adesca
Senza darle un asilo ove riposi.
Io stesso alfin le apparvi, io bello ancora
Come l'aurea corona onde si fascia
Una Luna sorgente. E da quel punto
Sempre allo sguardo del pensier le stelle
Quel menzognero artefice d'incanti
Che parea le dicesse: È tuo quel mondo
Inondato di luce! e poi fra quello
E le ciglia deluse un vel mettea.
Così fur della vergine i pensieri
Nella veglia e nel sonno a me conversi;
A me di tanta illusïon ministro,
Che parte rivelato e parte ascoso,
Quasi vano fantasma, iva e reddia,
Le sue vene infiammando e il suo pensiero.
Al venir d'una notte io la trovai
Raccolta in sacro loco e genuflessa
In sembianza d'orante. Era l'asilo
Una grotta di candido alabastro
Tra il verde eretta di ben culta aiola.
Una lampa invisibile vestia
Tutto il delubro di pallida luce,
Simile a quel pallor che non veduta
Sparge l'innamorata alma sul volto.
Genuflessa all'altare ed in balìa
Di quei desiri che contrasto e guerra

Fan nel cor della donna, allor che parte
Fra l'uomo e Dio le lagrime e i sospiri,
Esprimea nella voce e nello sguardo
E in tutta la persona il mal represso
Vacillar della mente. In questa forma
Pende sospesa fra la terra e il cielo
La rubiconda nuvoletta estiva,
Per cader troppo lieve, e grave troppo
Per salir più sublime; e tra l'incerto
Lume diffuso dall'occulta face,
Che dal suo volto rifluir parea,
Ella in questo lamento il labbro aperse:

« Spirto consolator de' sogni miei,
 Sia celeste o mortal la tua natura,
 Troppo, ah, troppo divin per me tu sei!
Così dolci mi rendi, o creatura
 Bella, i riposi, che la veglia è morte,
 E vita il sonno dilettosa e pura.
Ma perchè mi t'involi? e quando assorte
 Fiso in te le pupille ebbra d'amore,
 Ratto mi chiudi del tuo ciel.le porte?
Pria che tanto di gloria e di splendore
 Meraviglie svelassi alla mia mente,
 La luce era il desio di questo core;
Or tu m'hai resa più che fiamma ardente!
 Tutto or m'empie d'amor quanto nel cielo,
 Nella terra, nel mare è di lucente.
Ma te sovra ogni luce amo ed anelo!
 Ah vieni e svolgi la raggiante faccia
 Da questo che t'adombra arcano velo!
O che, invocato come un Dio, ti piaccia
 Rivelarti a' miei sensi, o che tu voglia
 Venir come mortale alle mie braccia;

Ch'io ti vegga! ch'io teco il vol discioglia!
  Sia celeste o infernal la tua dimora,
  Verrò, pur che indivisi ambo n'accoglia.
Demone o Dio, che la pupilla ognora
  Tieni sul libro del saver, concedi
  Ch'io pur l'occhio v'affisi e poi ch'io muora.
Per quei vanni di fuoco onde procedi
  Dalle incognite vie del firmamento
  Precluse all'orma de'terreni piedi;
Ove un puro t'inonda ampio elemento
  D'intelligenti angeliche sostanze,
  Di cui tutto è pensiero il movimento;
Per quella chioma che le die sembianze
  D'un aureo nimbo ti ravvolge, e d'onde
  Spira l'aura di Dio le sue fragranze;
Per quell'occhio d'amor che mi diffonde
  La sua luce nell'alma, all'astro eguale
  Che specchiarsi dal cielo ama nell'onde;
Vieni! io t'imploro, o lucido Immortale!
  In questa notte, in questa notte sola
  Svèlati al mio vegliante occhio mortale,
Indi la vita e il tuo splendor m'invola. »

Mentre dalle sue labbra ancor fuggia
  L'infiammata preghiera, il caro capo
  Languida e senza moto abbandonava
  Sui freddi marmi che reggean l'altare.
Dal suo breve letargo alfin la trasse
  Un lene lene sospirar di labbra
  Rispondenti alle sue, come ne fosse
  L'eco fedele, e nel levar degli occhi
  Videmi sulla bianca ala librato,
  Non però glorioso e circonfuso
  Dell'usato splendor, come ne'sogni

CANTO SECONDO.

Contemplar mi solea, ma raddolcito
D'una grazia terrena. Avea sospeso
L'abbagliante mio serto ad una stella,
E chiuso era il mio vol come pomposo
Vessillo in pace ripiegato, o come
Una nube autunnal che prigionieri
Chiude i fulmini in grembo, e par che tema
Rattristar d'un novello astro l'aurora.
Dell'angelico aspetto io non recava
Che la forma sensibile ai mortali,
E che farmi potea d'una terrena
Donzelletta lo sposo. Affettuosa,
Mesta come la sua la mia pupilla,
L'animo ardente d'una fiamma istessa,
D'uno stesso delirio.... e d'una colpa....
Ah, d'una colpa, che per lei mi tolse
Tanta gloria di ciel che ristorarla
Non può la luce d'infiniti Soli!
Da quel punto.... — Qui l'angelo ammutta,
Come se la parola il vol perdesse
De'veloci pensieri, a quella immago
Che si frange la corda a mezzo il canto,
Se malaccorto il sonator la preme.
La sua man, che puntello era alla fronte,
Esprimea l'amarezza e lo sconforto
D'un affannoso sovvenir; ma breve
Fu quel silenzio, e l'ultime faville
D'un inccudio morente, i pochi avanzi
D'una fiamma che troppo arse quel petto
Per rivivere ancor, si dileguaro.
E rivolto il celeste ai due pietosi
Suoi compagni d'esiglio, il dir riprese.
— Si mutavano intanto i giorni e gli anni.
Un amato tesoro io possedea

In che tutto profuso e circoscritto
Stava il ben della terra; e nondimeno
Era io forse felice? Iddio lo dica,
Iddio profondo veditor de' cuori,
Se per finto sorriso, onde procaccia
Simular la miseria che lo preme,
Un colpevole spirto è mai felice!
Come il lampo infernal che si confonde
Alla luce del cielo e mestamente
Cade sui regni del dolor che spera,
Tale ai gaudi commista una crudele
Intima pena mi scendea nel core.
Il mio solo conforto in tante angosce
M'era il riso, il tripudio e l'esultanza
Della mia cara ambiziosa Lille;
E benchè fosse la prima radice
Della perdita mia, benchè facesse
Immortal la mia pena, io nel vederla
Pienamente felice, e fatta speglio
Ai pochi raggi d'una gloria antica,
D'un orgoglio passato, e come l'astro
Che s'abbella del Sol, della mia luce
Abbellirsi ed amarmi ancor nell'ombra,
Delibar mi sembrava una reliquia
Del celeste convito. Era quell'alma
Nobilmente sublime ed elevata
Oltre quanto d'altero e di regale
Cape in cor femminile, e mai curvata
Mai non avrebbe la superba fronte
A chi fosse nel cielo a Dio secondo.
Poi la vaghezza del saper venia
Più sempre in lei crescendo o fin l'amore
Di potenza vincea. Coll'intelletto
Tutte abbracciava le create cose,

E ciò non solo che la man divina
Scopre agli occhi dell'uom, ma quanto ancora
Sotto il sigillo del mistero occulta.
Ed io stesso, io demente, alimentava
Questo malnato femminil talento,
Io schiudea tutte l'ore al suo pensiero
Novi regni di luce, ignoti ancora
All'umana veduta; e nell'interne
Cavità della terra, e negli abissi
Dell'acque, e ne'segreti antri del foco,
E nei deserti dell'aere e dovunque
Cala il mistero la fatal cortina,
Amore ognor lo stesso, e in ogni novo
Elemento adorato, era con noi.
Allor Natura primamente aperse
  Il fecondo suo grembo, e la ricchezza
De' suoi regni depose ai cari piedi
Della donna dicendo: Il mio tesoro,
O graziosa creatura, è tuo.
Si raccolsero allor dalla materna
Pietra le gemme, e simili a pupille
Risplendenti nel buio, illuminaro
Il periglioso trionfal cammino
Della bellezza. Allor dalla conchiglia,
Ove per forza di maligno spirto
Stavasi prigioniera e tolta al Sole,
Fu divelta la perla, e si confuse
All'alabastro del femmineo collo. [11]
E quantunque salita a tale altezza,
  Non ponea la gentile in abbandono
Quanto alletta la donna, e gli ornamenti
Che ben scelti talora, e ben disposti,
Accrescono potenza al prepotente
Fàscino femminile. Il mare, il cielo

Nulla di peregrino e di leggiadro
Racchiudea, che la pronta opra dell'ali
Me non traesse a ricercar più ratto
Del suo ratto e mutabile desio.
E tanto studio e tanto affetto in questa
Dolce cura io mettea, che se talvolta
La giovinetta con amor fisava
Una stella lontana, — oh, le dicea,
Non alzarvi lo sguardo! oimè, non posso
Darti quell'astro! — Ma non pur costei,
Non pur l'acume del veder gittava
Sui miracoli eterni, ond'è Natura
Inesausta fattrice, e sui patenti
Sensibili trionfi a lei d'intorno
Splendidamente, come faci, appesi;
Ma su quanto d'arcano e di celeste
La possa eccede dell'umano ingegno.
Le latèbre segrete onde lo spirto
Nelle cose s'informa, e quella vita
Che dall'Angelo all'Uomo, e dalla stella
Al fior del prato digradando piove;
L'archetipo pensier che nella mente
Lampeggiava di Dio quando descrisse
Sulla faccia del caos le maèstose
Tracce dell'universo, e da quel buio,
Come fuor dalle nubi una dipinta
Iride, gli sorrise un vario, immenso
Spettacolo di luce e di colori;
E quell'accordo che fermò per sempre
Coll'umana natura, e le catene
D'un severo destino, onde sè stesso
E tutti i figli della terra avvinse,
Tanto che la sublime opra consumi,
Ed espiati coll'emenda i falli,

Sia dall'odio l'amor, dal bene il male
In eterno disgiunto; e sciolti i nodi
Del fato, il mondo come pria ritorni
Alla sua lieta virginal bellezza.
Eran questi gli arcani ed altri ancora
Più di questi profondi, a cui l'ingegno
Quell'ardita donzella avea converso.
E ch'io medesmo le venìa mostrando,
Per quanto una mortale ed un caduto
Spirto erudirsi ed insegnar potea.
Piena la mente femminil di questa
  Non terrena scïenza, a cui le larve
Dalla sua calda fantasia create
Falsavano la luce, ella parlava
Ispirate parole. A' suoi vestigi
Traea la turba de' mortali, e l'are
Deserte e gli olocausti abbandonati,
S'atterrava adorando a' piedi suoi.
E quantunque il suo labbro all'uom parlasse
Strane cose ed oscure in peregrine
Imagini ravvolte, uscì talora
Dal buio e dall'errore il vivo lampo
D'una sublime verità, che scosse,
Ma dal letargo non destò le menti,
Poichè Dio la celava, infin che giunto
Fosse il tempo segnato entro la fitta
Tenebra del futuro. In ombra allora
Trasparì questo vero, e d'infiniti
Anni il divino Redentor precorse,
Come un pallido albore, un fioco raggio
Dal Zodiaco sfuggito, anzi che splenda
Il verace mattin nell'Oriente. "
Più volte il disco della Luna avea
  Sul nostri errori tramutato il raggio,

E Lille sola ne godea, l'altera
Giovane a cui l'immenso altro non era
Che scienza ed amore; e me la luce
Dell'immenso credea, me della terra,
Del ciel, dell'oceàno il moto e l'alma;
La cui diva influenza, agli astri eguale,
Penetrasse il creato, e dal suo core,
Che n'era il centro, ai termini giugnesse
Del ciel, dell'oceàno e della terra. —
Così, rotto ogni fren, quella bollente
Fantasia trasvolava, e già varcato
Lo spazio, assunta si vedea nel cielo.
Estasi avventurosa! Io ben potea
Obbliar le mie pene, e quel bifronte
Dolor che tutto d'uno sguardo accoglie
Il passato, il futuro, e nel passato,
Nel futuro non vede altro che pianto.
E se troppo superba era la speme,
Per quell'estasi almeno avrei gran parte
De' miei mali addolciti, o tollerati
Senza lamento. Ma nel cor mi scese
Improvviso e terribile il pensiero
Dell'oltraggiata Deità, del mio
Grave peccato (che sull'orlo ancora
Dell'abisso io mi vidi, io mi conobbi
Disperato di grazia e di perdono),
E m'assalse un tormento, a cui non giunge
La miseria dell'uomo, una profonda
Disperanza serbata all'infelice
Che previde la colpa e nella colpa
Cadde miseramente, innamorato
Della virtù. Me lasso! e tuttavia
Era nel suo bel volto una potenza
Consolatrice, che non sol temprava

D'alcun dolce la pena, ma beato
Fin mi rendea, se questo eletto fiore
Pur sullo stelo del dolor s'innesta.
Una luce tranquilla, una pietosa
Dimenticanza de' passati affanni,
Se non balsamo e pace, a me venìa
Da quel sorriso innamorato, a guisa
Di pacifica Luna in mar fremente,
Che se l'onde non queta, almen le schiara.
Io provava talor quello spavento
Che tutti i nati dalla terra agghiaccia;
Il pensier della morte, a cui devote
Son le più belle e più dilette cose.
Quel pensier che rattrista ogni serena
Ora dell'uom, che penetra l'asilo
Della sua pace, che l'ombra vi sparge
D'un funereo presagio; e mentre i fiori
Dell'infanzia minaccia, apre la tomba
Di sotto al piè de' giovinetti amanti,
Questo terrore universal me pure
Altamente comprese. Io le dovea
Sorvivere immortale, ed ella intanto
Cader come la neve in grembo al mare,
Senza traccia lasciar della caduta.
Io sapea che negato il Ciel m'avrebbe
Quel supremo suggello alle sventure,
E ch'io per sempre tollerar dovea
L'agonia della morte e non morire.
Ma la forza gentil di quelle care
Grazie, care fra quante i giovanili
Cuori allacciaro d'amoroso incanto,
Anche a questo terrore, a questo affanno
Una pietosa illusion facea.
La virtù di quegli occhi o diradava

Le nebbie del dolore, o le vestìa
Di lieta luce. — Il fresco äer commosso
Dal suo respiro non parea sottrarsi
Al poter della morte? E la sua voce
Chi potea sospettarla un suon mortale?
E sotto al tocco delle labbra il soffio
Non trepidava d'un'eterea vita?
Non era una fragrante aura del Cielo
Che sui frutti immortali ambrosia piove?
Ove tante bellezze io non avessi
Sensibilmente delibate e colte,
Per fermo ancor terrei, che dal divino
Pensiero alla mia stessa indole eterna
Fossero conformate. Oh! ma la colpa
Non è felice, e Lille, e Lille anch'essa
N'era, ahi misera! infetta, e tutte in core
Le furie ne sentia desolatrici.
Chè troppo il germe venenoso avea
Penetrato nell'imo, a trar del fiero
Calle che già premea quella infelice.
Uditemi, o pietosi, e se rimane
Una lacrima ancora agli occhi vostri,
Versatela per me. — Cadea la sera
D'un giorno, che passammo in amorosi,
Deliri sulle molli ombre seduti
Di quel verde recesso, ove deposta
La mia corona di siderea luce,
E raccolto il fulgor delle mie penne,
Mi svelai primamente alla fanciulla,
E venni.... (oh rimembranza! oh d'un'eterna
Miseria unica gioja!) ed adorato
Venni a guisa d'un nume, e più dell'uomo
Senza misura immensamente amato.
Pensosi e colle braccia insiem conserte

Quel pio recesso n'accogliea. Rivolta
La sua bruna pupilla era al tramonto,
In lunghe e meste fantasie rapita.
Bellissimo fra quanti imporporaro
Le foreste alla terra e l'onde al mare,
Espero sorridea dall'occidente,
Come se nulla di funesto in quella
Ora di pace sorvenir potesse.
Tuttavia divenimmo, io lo rammento,
Taciturni ed afflitti; e la mia cara,
Benchè lieta per uso, in cor sentia
La solenne mestizia di quell'ora;
E credea contemplar, nella morente
Luce d'un giorno, il termine prescritto
All'eccidio del mondo, il fin di tutte
Le cose belle, il grande ultimo occaso
Della Natura. Ma come venisse
Un novello pensier nella sua mente,
A quel presagio di dolor si tolse,
Simile all'augelletto addormentato
Che, rinata l'aurora, esce dal nido.
Nel mio volto i suoi begli occhi ritenne
Che parean dilatarsi, e quasi un varco
Schiudere alla grand'alma, ed ai tumulti
D'una speme infinita. Indi la mano
Fra le anella intrecciò della mia chioma,
Ed i preghi mescendo alle rampogne,
Uscì la giovinetta in questi accenti:

« Nel mio sogno notturno a me scendesti
  Bello di grazia e di splendor, qual eri
  In quei sogni celesti
  Che fur del tuo venirne i messaggieri;
  E dal Ciel li mandavi a consolarmi,

Come preludio di soavi carmi.
Ti coronava di sidereo lume
    La medesma ghirlanda al Sol rapita,
E queste immote piume
Or cadenti sul tergo e senza vita,
Diffondeano spiegate un mar di lampi,
Quasi meteora che improvvisa avvampi.
Luminoso così, così divino
    Mi ti mostrò la subita apparenza,
Che m'eri, o Cherubino,
Degno più che d'amor, di reverenza;
Uscia dalle tue membra uno splendore,
Come il dolce profumo esce dal fiore.
Quando da forza non mortal sospinta
    Nel tuo lucido amplesso io mi gittai,
E tutta allor precinta
Teco io mi vidi d'infiniti rai,
Poi levar mi sentii soavemente
In un aere più puro e più ridente.
E mentre io mi stringea calda d'amore
    All'amplesso immortal delle tue braccia,
La fiamma del tuo core
Trovò repente del cor mio la traccia,
E tosto.... oh gioja ch'ogni gioja avanza!
La tua m'infuse angelica sostanza.
Perchè solo i miei sonni, clerco sposo,
    Di tua beata vision consoli,
E rotto il mio riposo,
Come fantasma menzogner t'involi?
Perchè sempre i tuoi raggi ombri di un velo,
Nè mai ti veggo qual ti vede il Cielo?
Quando, o spirto amoroso, alla tua Lille
    Consentirai l'altissima dolcezza
D'alzar le sue pupille

Al paradiso d'ogni tua bellezza?
Di baciar la tua fronte luminosa
Fuor della benda che la tiene ascosa?
Quando al cielo, alla terra arditamente
Leverò la mia voce? È quegli! è desso!
Com'è puro e lucente!
Come di gloria maestosa impresso!
È mia la bella creatura! è mio
Quel fior delle gentili opre di Dio!
Credi tu, credi tu che se la figlia
Del cielo io fossi e tu mortale argilla,
Potessi alle tue ciglia
Occultar di mia luce una scintilla?
Credi tu che velarmi a te vorrei
Così come ti veli agli occhi miei?
Ma l'arcano mio sogno è forse il vero,
Forse è un lieto presagio ancor racchiuso
Nell'ombra del mistero!
Forse il mio spirto al tuo spirto confuso
Può mutar di sostanza, ed una pura
Vestir non corruttibile natura!
Cedi, ah! cedi al mio prego, e fa' ch'io senta
Spirar l'olezzo dell'eterea piuma,
E l'alma mia redenta
Dall'incarco de' sensi, un leve assuma
Elemento spirtale al tuo conforme,
Tal che bella si faccia e deïforme. »

Così l'irresistibile pregava,
Come fosse di Dio, non pur dell'uomo
Disavvezza ai rifiuti, e che di forza
Volesse il cielo a sè tirar, se tolto
Le venia dal destino alzarsi al cielo.

Nè quell'ardita prevedea.... Me lasso!

Io pur nel bujo della colpa avvolto,
E già parte adombrato e pari a questo
Nemboso orbe terreno, a cui la notte
Mezzo il disco circonda e mezzo il Sole,
Io pur non prevedea la dolorosa
Vicenda.... Oh chi m'ispira animo e voce
Per seguirvi il racconto, e trar di sonno
Una furia sopita? — Al cor mi scese,
Come strale di foco, un efferato
Presagio, un vago, incognito terrore,
Che dall'audace ambiziosa inchiesta
Procedere dovesse una sventura.
Ma le presaghe fantasie m'usciro
Rapide dalla mente, e non mi colse,
Appagando il suo volo, altro sospetto
Che di troppo abbagliar le sue pupille.
Anzi sperai, che simile all'augello
Che nel raggio del Sole il guardo affina,
Per l'assidue mie cure ella giungesse
A patirne la forza. Io ben sapea
Che l'intenso fulgor delle mie penne,
Spiegato in tutta la maggior ricchezza
De' suoi colori, innocuo era e lambente
Come il lume gentil che la notturna
Lucciola sparge a lusingar l'amica
Nella verde sua tenda. Oh quante volte
Squarciai la nube che chiudea nel fianco
Le folgori addormite e pronte al volo!
Nè però le destai, benchè dall'ali
Piovessi un mar di tremole scintille.
Quante volte dal freddo aër rappresa
Cadde come lanugine di cigno
Sul mio serto la neve, e dal mio serto
Fresca, come vi cadde, io la riscossi!

CANTO SECONDO.

Forse (in cor meditava) alla dormente
  Non istetti sul capo? non la cinsi
  Del mio splendor? non m'aggirai per tutte
  Le sue tenere membra, e non v'impressi
  Il raggiante mio bacio? E la donzella,
  Sciolta dal sonno, non sorgea coll'alba
  Splendida, immaculata, e come il giglio
  Che non perde freschezza ancor che sia
  Baciato a sera dal lucente insetto?
  E mentre io m'infondea con più raccolti
  Raggi nella vegliante anima sua,
  Forse un moto, un sussulto in lei turbava
  La quiete de' sensi? Era il mio foco
  Penetrante, sottile, e come il lampo
  Che l'acciaro distempra e ne rispetta
  La vagina, dissolvere polea,
  Traverso il velo delle intatte membra,
  L'alma che v'abitava. — Il mio peccato
  Così la benda dell'error m'avea
  Stretta sugli occhi, che cagion di tema,
  Ahi misero! non vidi. E le sue ciglia
  Avidamente nelle mie rapite,
  Non pareano aspettar che il Paradiso
  Si schiudesse al mio cenno? Io non osava
  Pormi al rifiuto, e muovere un sospetto
  Che tutti i raggi della mia corona
  Non fossero di Lille. — Al suo bel fianco
  Lento io mi tolsi e mi levai. Tremante
  Di tema no, ma di speranza, auch'essa
  Levossi, e n'attendea la supplicata
  Grazia, come la vergine spirtale
  Che veglia con immoti occhi di fiamma
  L'apparir della Luna, e non ignora
  Che nel suo raggio diverrà tra poco

Agitata e furente. — Il diadema
Che scendendo dal cielo agli astri appesi....
Quella nube vedete in sull'estremo
Confin dell'occidente? Ivi riluce
Più conforme ad un Sol, che d'un caduto
Angelo alla corona; e questa sola
Di tutte le mie glorie a me fallia.
Ma la fronte serena, ma le chiome
Che pareano in quel punto al Sol divelte,
Ma l'acceso pupille, a cui la nova
Luce d'amore ricrescea l'antica,
Ed apriano un sorriso ignoto al cielo:
Ma l'ali aperte al volo, onde cadea
Una pioggia di lampi; e quanto assume
Di paradiso un angiolo beato
Nel solenne mattin de'suoi natali,
Tutto assunsi in quell'ora, e glorioso
Che splendere io potessi alla mortale,
Glorioso così (benchè ferita
Da troppo lume il bel volto chinasse)
Fra le tese sue braccia io m'avventai,
Che bramose volavano all'amplesso
Dell'eterea apparenza, a cui levarsi
L'occhio suo non osava. — Onnipotente!
Perchè fiera così la tua vendetta
Sulla più bella creatura è scesa?
Perchè mai quella destra operatrice
Di tante meraviglie armò gli strali
Dell'ira e del castigo, e nelle braccia
D'amor disfece la fattura sua? —
Al primo tocco delle ignude membra
Io sentii che la fiamma, innocua un tempo
Mentre in cielo abitava, era mutata
Per cagion del mio fallo in un terreno

Incendio struggitor, che più repente
Dello sguardo seguace e del pensiero
Tutte avvampava le contatte cose. —
Rispondimi, severo ! oh perchè mai
Così dura sentenza hai fulminata
Sul carissimo capo ? — Incenerita
Ella innanzi mi cadde, e quella fronte
Irraggiata di gloria, e quelle labbra,
Il cui tocco divino era la coppa
Che la beata eternità presenta
Ad un novo Immortale ; e l'amoroso
Cerchio di quelle braccia, ove il mio core
Lungamente racchiuso, e circoscritta
Nel suo breve orizzonte ogni mia speme,
Io trovai sulla terra un altro cielo ;
Il cerchio delle sue candide braccia
Che nell'ora suprema, anzi che sciorre,
Ravvolgea più tenace i nodi suoi,
Come quando mi cinse e mi ricinse
Del suo primiero virginale amplesso ;
E quella treccia in brune onde divisa,
Da cui, come una vela al fioco lume
Della Luna, il leggiadro òmero uscia,
Mentre se-tolto dal destin non m'era,
Dato avrei la mia vita anzi che un solo
Di quei nitidi crini ; e quanto in lei
Esultava d'amore e di bellezza,
Annerito di subito e combusto
Vidi innanzi cadermi ! Ed io ne fui
La teda struggitrice, io l'infernale
Soffio che tutti disseccò quei gigli,
Quelle rose d'amor. Nè questo è tutto.
Udite il peggio. — Se la morte sola
Stata fosse castigo all'infelice,

E squarciato il bel velo, ereditato
Non avesse quell'alma alcuna parte
Dell'eterna condanna, eterno forse
Non sarebbe il mio duol. — Ma vi serrate
Più vicini al mio fianco, acciò la terra
Non oda la mia voce, e per terrore
Le sue mille voragini spalanchi.
In quella che prendea la dolorosa
Cogli sguardi morenti il disperato,
Eterno, ultimo vale, e li fissava
Nel mio volto atterrito.... Iddio severo!
Oh! qualunque pur sia l'inesorato
Bàratro che destini alla perduta,
Tu non mi puoi di quegli occhi amorosi
La memoria involar, — tutte in un punto
Le sue forze ella strinse, e con tremanti
Labbra un bacio m'impresse. Ancor lo sento:
Era fiamma quel bacio, della mia
Più maledetta, e pari a quella orrenda
Del cui nome il celeste abbrividisce.
Era il foco infernal che ricercava
Rapido le mie fibre, e come addentro
Più s'internava nelle occulte sedi
Dell'intelletto, mi rendea più folle.
Qui, qui, mirate l'affocato solco
Di quel bacio d'amore e di peccato.
Impuro solco che da sè rispinge
Le mie lucide chiome, invan bramose
Di celarne la vista. — O formidata
Giustizia! e tu potesti a tale emenda
Una misera por, che se caduta
Nel mio non fosse ambizioso errore,
Potea di nova luce ornar le stelle?
Io non l'oso pensar, nè il tuo divino

Labbro, o ch'io spero, proferi nell'ira
La mortale sentenza; e pur quegli occhi,
Più che dolenti, disperati e fieri,
E pur quel foco, a cui nulla s'appressa
Nella terra e nel cielo, e che mi fece
Tutte in un punto ribollir le vene.... —
O divina virtù, per quella prima
Volta che le ginocchia io ti piegai
Dopo il grave misfatto, odi il mio prego.
Se per forza di pianto i tuoi decreti
Rivocabili sono, a quella cara
Alma perdona, e tutti sul perverso,
Che di malnata ambizion corruppe
L'innocente suo core e lo sedusse,
Vibra gli strali della tua vendetta.
Per questi Cherubini a me compagni
Di peccato, d'esiglio e di sventura,
Che quantunque perduti ed infelici
Osano supplicarti, il cor trafitti
Di pietà non terrena, a quella cara
Alma perdona! — Il pianto ed il rimorso
E tutti i mali che l'amor germoglia,
Sia bastevole pena. E chi farai
Degno, o Signore, della tua mercede,
Se non fai quell'eletta? Errò, nol niego;
Pur nell'errore che la vinse, al cielo
Rivolava incessante il suo pensiero.
Signor, di nuovo a te mi volgo e grido;
Tutto aggrava lo strazio di quell'alma
Sulla iniqua mia fronte. È mia la colpa,
Ed è ragion ch'io n'abbia anche il castigo.
Una sola, una breve ora di pace
A' suoi mali concedi, e me condanna
Ad una fiera eternità di pene.

CANTO TERZO.

Qui l'Angelo si tacque, e la confusa
Fronte in silenzio reclinò. Pietosi
Di tanto affanno i due spirti compagni
Si strinsero all'afflitto, e taciturni
Le ginocchia piegàr. Queta e serena
Era la notte, e la vagante brezza
Agitava mestissima quell'ali,
Che più mai non doveano al ciel natio
Riprendere il lor volo; ed essi intanto
Volgeano nel pensiero una segreta
Preghiera o solo dall'Eterno intesa.
Chè se giunta non fosse a quella fonte
Di clemenza e d'amore, Iddio non fôra
Qual le stelle, i pianeti e l'universo
Esultante di gloria e di bellezza
Lo gridano concordi. I tre Celesti
Stavano nell'ardor della preghiera;
Ed ecco dalle folte ombre del bosco
Susurrar d'improvviso un indistinto
Mesto suon come d'arpa o di liūto,
Quando una cara melodia ritrova
E n'esprime sommesso i novi accordi,
O di molle colomba allor che geme
Tra' suoi piccoli nati, e par non osi
Credersi madre di sì dolce cosa.

CANTO TERZO.

Come l'aura s'accoppia alla conchiglia,
Si confuse alle corde un mesto canto,
Che secondando l'ispirato suono
Interprete fedel della sua gioia,
Della sua pena, al crëator pensiero
Le lievi ale vestia della parola.
Poichè muto il pensiero e senza volo
Fra le corde morrebbe, ove non fosse
Dall'alata parola inanimato.
Si commossero tutti a quel lamento,
E più di tutti il serafin che labbro
Schiuso ancor non avea. Nella sua fronte
Era sfiorita la beltà del cielo,
Ma più sacro degli altri e più gentile
V'imprimea la sciagura il suo vestigio,
Come se dalle tenebre del pianto
Gli balenasse una speranza, o sciolta
Non fosse ancor la preziosa perla
Nel calice de' mali, e gli dovesse
Dopo l'ultima stilla uscir più bella.
Nell'alzar dello sguardo e della fronte
Esprimea l'immortale assai più gioia
Che meraviglia; e mentre a' due celesti
Sorridendo accennava, e si volgea
Alla fonte del suono, in queste note
L'arcana voce lamentar s'intese:

« Vieni e prega con me, fido amor mio,
  Signore, angelo, sposo! In questa sera
  Invan mi provo d'innalzare a Dio
  Dai segreti dell'alma una preghiera.
  Ben chinarsi il ginocchio e il labbro pio
  Moversi può, ma il core, il cor dispera.
  Vieni e prega con me, spirto immortale,

Chè la sola mia voce a Dio non sale.
Io l'ara alimentai de' preziosi
　Profumi che l'olibano distilla,
　Dalla pioggia e dal nembo io la nascosi
　Nella vedova mia tenda tranquilla;
　Ma la fiamma spirtal che vi composi
　Mentre lungi tu sei non isfavilla,
　E par, come il mio core, abbia smarrita
　La virtù della luce e della vita.
La nave abbandonata alla procella
　Sotto ciel tenebroso in mar che frema,
　L'arpa che manchi d'una corda, in quella
　Che più felice il sonator la prema,
　L'atterrita gemente tortorella
　Cui mortifero stral d'un'ala ha scema,
　Di me son tutte immagini fedeli
　Quando il tuo raggio animator mi veli.
Se quanto io t'amo riamata sono,
　Non velarmi il tuo raggio in vita o in morte;
　E quando assunto dal divin perdono
　Varcherai del conteso Eden le porte,
　Non lasciarmi qui sola in abbandono,
　Ma la tua ricongiugni alla mia sorte.
　E come la tua fida ombra indivisa,
　Nel tripudio immortal m'imparadisa. »

Tacque il canto, e dal bosco onde venia
　Lambendo i fianchi alla collina, il lume
　Scintillò d'una lampa, e gl'Immortali
　Videro a quella luce una figura
　Femminil, che la face alto agitava,
　Quasi bramosa di gittarne i raggi
　Sull'etereo drappello; e due lucenti
　Occhi per la notturna ombra volgea,

Come la calda fantasia li vede
Negli aerei sembianti che talora
Seguono le romite orme d'un vate
Al morir della luce, e dal segreto
Delle frondi sorridono ai beati
Sogni della sua mente. Ella in vedersi
Da mal note pupille in quella tarda
Ora sorgiunta, colorò d'un vivo
Ostro le guance e rapida disparve,
Come stella cadente allor che solca
Il notturno sereno, e pria che il labbro
« Vedi, vedi ! » prorompa, è dileguata.
Pur così ratta non fuggì che l'eco
Non le giugnesse d'un'amata voce:
« Io ti seguo, o mia Nama ! » E tutti espressi
Erano in questa voce i cari affetti:
Quella forza gentil che due bennati
Cuori appressa ed infiamma, e quella fede
Che li stringe d'un nodo unico, eterno,
E quella ingenua leggiadria, perenne
Alimento d'amore, e quel sospiro
Alle gioie che furo e che verranno,
Ove la speme e la memoria a gara
Producono quaggiù fino al supremo
De' giorni l'armonia dell'esistenza.
Breve indugio frappose il grazioso
Spirto a seguir l'innamorata voce:
E strinse in pochi ed affrettati accenti
Le pie vicende de' suoi noti amori;
Noti agli altri Immortali, oimè, nel fondo
D'ogni miseria più di lui caduti!
E così l'antichissima leggenda
Dicea.... non come la narrò quel labbro,
Ma come impressa da segreta mano

Sulle tavole fu, che primamente
Cam dal flagello universal redense;[1*]
Tavole che pietosi avvenimenti
Conteneano di spirti ad una colpa
Condotti; e di quest'angelo amoroso
Erano in esse istoriati i casi.

Tra gli spirti di fiamma onde s'avvolge
Il trono onnipossente, in fra gli eterni
Splendori, che diffusi e rigirati
Da quel centro divino, un mar di luce
Piovono sul creato — alla sembianza
D'eterei cerchi che movendo in rota
Spargono modulate onde di suono —
Fin che lento si perde il circolato
Splendor nell'universo, i serafini
Fan la prima corona al soglio intorno,
Come le cose al Crëator più care.
L'infiammata parola *Amor divino*
Recano nelle insegne, e più sublimi
Son di gloria e di sede a quegli alteri
Cherubici intelletti, in cui s'accoglie
Infinito saver. Tanto l'amore
Nel cielo ancora alla scienza è sopra!
Zaraph era fra questi, e mai non arse
Petto celeste di più santo foco,
Nè con tumulto di più caldi affetti,
Nè con ansia maggiore, o con più vivo
Ardor di desiderio a Dio si volse.
In quel fervido spirto amor non era
Come nell'altre crëature elette
Una parte del core; era la vita,
Era il soffio immortal che lo reggea.
Se dal volto talor dell'Uno e Trino

Raggiava un lampo che vincea la forza
De' cherubici sguardi, e non possenti
A soffrirne l'acume, i Serafini
Faceano alle pupille un vel dell'ali,
Egli sol con immoto occhio fisava
L'abbagliante splendore, e tanto ambia
Contemplando adorar, che tutta avrebbe,
Tutta consunta la virtù visiva,
Anzi che non gioir di quell'aspetto.
E quando il coro degli Eletti ergea
A quella Fonte di clemenza un inno,
E temprando le dolci arpe celesti
L'esule salutava alma pentita
Al suo primo apparir sulle raggianti
Soglie del Paradiso, oh come allora
S'udia fra mille risonar distinto
Di quell'angelo il canto! Era ogni suono
Suono d'amore, di quel santo amore
Che solo il petto de' beati accende,
Che solo al labbro de' beati inspira
Armonie, cui non giunge uman concetto.
Perchè tanto diversa è l'infelice
Nostra patria dal ciel? Qui non appare
Cosa nobile e cara, ove d'appresso
Non le sorga un periglio, una sventura.
Del vero ha faccia il falso, e ciò che splende
Come un esempio di virtù, talora
Non è che il primo vacillar del core
Nella lance del male; e così puro,
Così pio santuario amor non trova,
Che fin nell'ore più vegliate e chiuse
Non succeda alla colpa, iniqua serpe,
D'avvinghiarne l'altare. — Il Serafino
Dura prova ne fe'; dal bene al male

Per tale incanto traviò, discese
Dal troppo amar, con facile tragitto,
Ai colpevoli affetti. Innamorata
Della beltà quell'anima di foco
Correa dovunque ne spiava un raggio,
Dalle lucide cose, oltre gli azzurri
Termini della terra, alle pupille
Della figlia dell'uom. Fin che l'amore
Al suo divino Creator converso
Torse miseramente alla fattura.
In sul morir della diurna luce,
  Lungo la riva d'un immoto mare,
Egli udi primamente il suono, il canto
Della bella mortale. Il molle accordo
Correa sull'onda, che giacea sospesa
Quasi temendo di turbar le note
Della mesta canzon, che dilungata
In un' eco lontana, iva morendo
Nel purpureo tramonto, ove lo stanco
Raggio del Sol dall'ultimo orizzonte
A torrenti nel sacro Eden cadea.
L'Eterno ella cantava, e la Clemenza
  Che sorride al suo trono, e colla bianca
Mano fa prova d'allentar gli strali
Che provocata la Vendetta avventa,
E d'estinguerne l'ire a mezzo il volo.
La Pace ella cantava, e quell'Amore
Espiator, che brilla astro benigno
Sul nostro di paure e di speranze
Nebuloso pianeta, in cui la Fede
Così teneri affissa e rugiadosi
Gli occhi, che si confonde ad ogni stilla
Del suo dolore la virginea luce
Di quell'astro amoroso. — Erano questi

Del suo canto i subbietti, e tal n'uscia
Mestissima pietà, che l'Immortale
Sul margo assiso a vagheggiar la sera,
Una voce il credea dalle profonde
Acque nascente, un caro eco del cielo,
Che ripetuto dalle arcane labbra
D'uno spirto invisibile, sorgesse
Lento lento dal mar. — Ma seguitando
La crescente armonia fino alla ignota
Sua fonte, ecco apparirgli una donzella
Sull'aurea spiaggia mollemente accolta,
Mentre l'onda affannata al nudo piede
Spirando, il suo tributo ultimo offria.
Così lo schiavo oriental depone,
Affralito dal corso, il don recato
Da peregrine regioni, e muore.
Tacea sospeso al bel fianco il liuto,
 Quasi impotente di seguir la voce
Che più tersa dell'acque ancor volava
Dal fantastico labbro: ed ella al cielo
Volgea, come uno spirto in Dio rapito,
Due begli occhi pietosi, assai più degni
Di delubro e d'incenso, anzi che nati
Per adorar; due begli occhi pietosi
Che doveano dal cielo a noi chinarsi,
E non già dalla terra alzarsi al cielo.
O Fede, Amore, Melodia! l'estreme
 Reliquie del perduto Eden voi siete;
Siete i soli conforti, onde rimase
Una traccia fra noi che ne ricorda,
Dopo l'alta caduta, il glorioso
Nostro natale. Oh come i dolci sogni
Che ne recate un nodo intimo lega.
 Quando il tempo o le angosce hanno tarpati

I vanni dell'Amore, egli sovente,
Benchè prono alla terra, ama cangiarli
Coll'ali della Fede, ed essa, oh quante
Volte all'insidia del terreno amore
In tutta la sua bella estasi è colta!
E l'anello gentil che li congiunge
Alla patria immortale, l'idioma
Del Cielo ove son nati, e che del Cielo
Le memorie conserva, è l'Armonia.
Come potea quell'anima inflammata
Reggere alla virtù di tale incanto?
Una voce mortal che di dolcezza
Rapito avrebbe il Paradiso, un volto,
Uno sguardo atteggiato a tal preghiera
Da svegliar ne' più fervidi Immortali
Il desio d'imitarla!... oh quella vista
Penetrò nel suo cor! profondamente
Vi penetrò! Ma quanto, oimè, profferse
All'obblio di un momento! Egli non seppe
Ben ridire al pensier, dopo la sua
Dolorosa caduta, a qual prestigio
O d'amore, o di canto, o di lusinga
Religiosa il vinto animo aprisse.
Colta a prezzo del Cielo, e nondimeno
Lieta di care voluttà fu l'ora;
E per quanto lo possa umana cosa,
Ella fu pura. Il glorioso Sole
Vide allor primamente il nuziale
Serto intrecciato sul virgineo crine
Della figlia dell'uomo; arcano serto
Cui, sfiorito una volta, alcun secondo
Volo più non ravvisa." O benedetto
Connubio! o nodo veramente degno
Dell'angelica man che li compòse!

Tu sei l'unico asilo ove l'amore,
Profugo di lassù, dai tempestosi
Flutti del mondo in sicurtà ripara.
Benchè lo spirto tralignasse, e vinto
Da lusinghiero femminil sorriso
Volgesse per la terra al ciel le terga,
E concedesse ai traviati affetti
Appannar della pura alma il cristallo,
E farne oscura la divina impronta
Che sì lucida dianzi vi splendea,
Non mai l'Eterno sull'error converse
Più benigno lo sguardo, e la Giustizia
Mai non piegò la sua fronte severa
Tanto inchina al sorriso. — Ambo compresi
D'una sacra paura, il fior gentile
Custodiano d'amor, non altrimenti
Di chi serba un tesoro altrui rapito,
Che minacciato dalla legge e punto
Dallo stral della tema e del rimorso,
Palpitando l'ammira, ed agli umani
Occhi n'occulta la fatal bellezza.
Umiltà, dolce e timida radice
D'ogni nobile affetto, era in quell'alme;
Ma più nell'innocente alma di Nama.
Essa o nulla apprezzava, o sconoscea
Quel superbo desir che dalle sfere
Le più lucenti crèature escluse;
E quando innamorò del Serafino
Gli eterei sguardi, e in caro atto d'amore
Fra le angeliche braccia i suoi nascose,
Umile, in tanto gaudio, ella dicea:
« Che ti diede, o mio core, esser felice
Sovra il riso mortale? » Era lontana
Dalla vergine pia quella malnata

Vaghezza di saver che dalla prima
Madre dell'uomo sul femmineo capo
Provocò la tremenda ira divina,
Fino a colei che penetrar fu vista
Nel segreto degli angeli.[18] Non era
Questo il pensiero che nudria quell'alma:
Amar colla virtù d'un Immortale,
Amar con quella fede eterna, immota
Nella letizia e nel dolor, che posta
Dal suo lume vitale in abbandono,
Aspettarne potrebbe il sospirato
Ritorno, a guisa della ferrea punta
Che l'ore indica al Sole, e spento il caro
Lume, tranquilla l'apparir n'attende.
Il suo timido affetto a quella mite
Tolleranza s'unia, che tratta al suolo
Dalla furia del nembo, si rialza
Lieta della speranza a cui sorride
Pur dall'ombra de'mali il primo raggio
Di vicenda men ria. Questo tenace,
Questo amor confidente, a cui la palma
Cede il saver de'Cherubini, questa
Fede più certa d'ogni certa cosa,
Era il solo pensiero, il solo orgoglio
Di quell'anima bella, era la somma
D'ogni suo desiderio in cielo e in terra.
Così profondamente ella sentia,
Che la fredda dottrina assai men giova
Del credere e sperar. — Così confusi,
Ma puri e verecondi alle pupille
Appariano del Ciel; nè mai la terra
Di più caro spettacolo fu lieta.
Se talor genuflessi, e colle destre
Dolcemente impalmate, i sacri amanti

Pregavano all'altare, e dell'altare
La dubbia luce ne pignea le fronti,
Pareano in quel pietoso atto composti,
O due nodi d'amor dalla catena
Angelica divisi e stretti insieme
Di vincolo immortale, o due splendori
Dalla pianta caduti che germoglia
Nei giardini del Cielo," e che l'antica
Deltà, dedotta dall'etereo tronco,
Serbano ancora nella gran caduta.
Ma siccome è ragion che segua al fallo,
Denchè lieve, l'ammenda, il lor castigo
È d'errar solitari e non mutati
Di sembianza e d'affetti, in fin che serbi
Un arbusto la terra, un'onda il mare;
È d'errar per la fitta ombra degli anni
Sempre cogli occhi del pensier rivolti
A quell'ultima mèta il cui lontano
Ma certo lume i passi esuli guida.
Peregrini d'amore, il lor sentiero
È la traccia del tempo; il lor soggiorno
L'eternità. — Bersaglio ai molti affanni
Che sulla terra il vero amor comporta,
Soffrono i due bennati ora le angosce
Della speme delusa, ora il sospetto
Che scioglie in freddo pianto ogni sospiro
Mosso appena dal core; e le gelose
Irrequiete cure, e quel tormento
Che si sposa alla gioia e l'avvelena;
E, più grave a patir, la menzognera
Illusīon che il profugo sospigne
Dietro un lume mal fido e lo consiglia
Nel suo tristo cammin per lo deserto
Della vita, a curvarsi e ber d'un flutto

Che gli sfugge dal labbro; ond' ei riprende,
Sitibondo e tradito, il suo viaggio,
Fin che giugne anelando a quel remoto
Ricovero di pace, ove soltanto
La sete estinguerà. — Questo gli amanti
Durano; e nondimeno han giorni ed ore
Consolate di gioia. Inopinati
Rincontri dopo lunghe, amare assenze,
Quando novellamente è lor concesso
Rivedersi, abbracciarsi, e volto a volto
Congiungere cosi, che non vi trovi
Una stilla di pianto angusto varco;
E la piena fiducia ove quell'alme
Si specchiano a vicenda, a cui non ponno
I sospetti far ombra e le paure,
Come basso vapor non copre il lume,
Onde il sole e le stelle alternamente
S' irraggiano nel cielo; e quel soave
Confondersi de'cuori in cui ciascuno
La sua forma tramuta, alla sembianza
De'chimici composti, e ne riveste
Una novella e più felice. — In tale
Vicenda di fortune, or mesti or lieti
Vanno in terra esulando, e nella speme
Vivono di quell'ora in cui potranno,
Ricompensati della mutua fede,
E senza tema di novello errore,
Finalmente salir con rinnovata
Forza al bacio divino, e dalle sciolte
Ali scotendo la terrena polve,
Spaziar senza tempo in un sorriso
Di luce ove l'amore eterno vive.
    Ma dove errano intanto ? In qual segreta
Region della terra i due gentili

Peregrini han soggiorno? Iddio lo dica,
Lo dicano i Celesti a cui la cura
Di vegliar quelle sante alme è commessa.
Ma se per caso nel breve cammino
Della vita mortale avrem l'incontro
Di due spirti amorosi, a cui non manchi
Della diva bellezza altro che l'ali;
Che stampino di chiare orme la terra,
Umili procedendo in tanta gloria,
(Come occulta fiorisce e pudibonda
La viola d'april, che fuggirebbe
Allo sguardo dell'uomo, ove non fosse
Dal suo tradita virginal profumo)
Di due cuori infiammati in un pensiero,
Di due bocche esprimenti un sol desio,
Come quando il montano eco ripete
Una ignota canzon, che in dolce errore
Qual sia l'eco tu chiedi e quale il suono;
Una pietà che tutta arda d'amore,
Un amor tutto puro, etereo tutto,
Benchè nato quaggiù, come l'amplesso
Degli spirti immortali; e siano imago
Di due lucidi spegli ad arte opposti,
Di cui l'alterno ripercosso lume
Un riflesso è del cielo; ove di cosa
Della tanto e perfetta avrem l'incontro,
Certo ne sia, che nulla offre la terra
Di più simile al cielo, e salutando
Il suo repente e splendido tragitto
Per l'esilio del mondo, ecco, diremo,
Ecco l'angelo amante e la sua Nama!

NOTE.

[1] Isaia ci rappresenta i Serafini in atto di gridarsi l'uno all'altro; e come San Dionigi l'areopagita, volle il poeta descriverci con tal modo il parteciparsi che fanno gli angeli la volontà del Signore.

[2] Immaginarono alcuni Padri che le figliuole dell'uomo fossero per la prima volta vedute dagli angeli in atto di bagnarsi.

[3] È opinione d'Origene che ogni stella sia posta in movimento e governata da uno spirito angelico che la presieda.

[4] Così nel libro di Daniele gli angeli vengono chiamati *esploratori celesti*.

[5] Alcune circostanze di questa storia furono suggerite all'autore dalla leggenda orientale degli angeli Herot e Marot.

[6] Tertulliano pretende che le parole di San Paolo « la femmina deve recar un velo sulla testa a cagione degli angeli » (*Lettera ai Corinti*, cap. XI, v. 10) alludano evidentemente ai funesti effetti prodotti dalla beltà della donna su quelle creature spirituali al principio della creazione.

[7] *E la sua coda involuppò la terza parte della stella del cielo, e la rovesciò sulla terra* (*Apoc.*, cap XII, c. 4).

[8] Credono alcuni padri che il vuoto lasciato nel cielo per la caduta degli angeli debba essere riempito dai figliuoli dell'uomo.

[9] La voce *cherubino* significa conoscenza. Ezechiele volendo esprimere il vasto intelletto dei Cherubini, li rappresenta pieni d'occhi.

[10] Gli angeli, secondo Sant'Agostino, ebbero nella creazione di Adamo e di Eva *aliquod ministerium*.

[11] *Eva* nell'antica lingua dei Fenici significa *vita*.

[12] Tertulliano suppone che i principali ornamenti femminili sieno stati rapiti ai segreti della natura per virtù degli angeli innamorati delle donne.

[13] È opinione di alcuni Padri della Chiesa che le nozioni dei Pagani sulla Provvidenza divina, sulla vita futura, e sulle altre sublimi dottrine del

Cristianesimo siano loro state insegnate da questi angeli colpevoli e perduti nell'amor delle femmine.

[14] Alcuni avvisarono che Sem salvasse dal diluvio universale alcune tavole astronomiche, e Cam alcune leggende dei primi tempi del mondo.

[15] I primi cristiani non concedevano alla vedova che si rimaritava alcuna ghirlanda di fiori.

[16] Sara.

[17] Si allude agli splendori angelici che la Cabala giudaica ci rappresenta come un albero, di cui Dio è la cima.

IL PARADISO E LA PERI.[1]

Stava del Paradiso una dolente
   Peri alle soglie. Armoniosi intanto
   Scorrere i fonti della vita udìa,
   Mentre il divo splendor, dalle socchiuse
   Porte raggiando, ne feria le penne.
   La sconsolata rammentava in pianto
   Che gli spirti infedeli a lei compagni
   Perduto aviéno il glorioso loco.
— « Alme felici, che vagando andate
   Per quella eterna primavera! — esclama
   Questa figlia dell'aria. — È ver che miei
   Son del mare i giardini e della terra,
   E mi nudrono fiori anche le stelle,
   Ma tutti un fior di Paradiso oscura.
   Della fredda Casmèra aprica è l'onda,
   Limpido specchio all'isoletta sua
   Che di platani esulta;[2] i suoi ruscelli
   Cadono dolcemente nella valle;
   Son dell'aureo suo fiume auree le sponde
   Dell'arenosa Sinsugai;[3] ma quanto
   L'onda celeste le terrene avanzi
   Dir voi sole il potete, alme felici! »
Va di stella in istella e d'astro in astro,
   Tutti varca sull'ali i fiammeggianti
   Confini del creato, e delle sfere

[1] Vedi la nota a pag. 370.

Tutti i gaudi deliba, e li raddoppia
Senza fin, senza tempo: un breve sorso
Di celeste dolcezza a tutto è sopra.
La vide in questo pianto il luminoso
Angelo eletto a custodir la soglia:
La vide, e mosso da pietoso affetto,
Le si trasse vicino. Una furtiva
Lacrima ne' beati occhi splendea,
Come una stilla dell' etereo fonte
Sovra il cerulo fior, che non olezza,
Dice il Savio di Brama, altro che in Cielo.
— « Ninfa di bella e traviata stirpe, —
Cortesemente l'Immortal le disse, —
Una speranza ti rimane. È scritto
Ne' libri del destin, che perdonata
Verrà l'esule Peri, ove in emenda
Rechi il dono più caro al Paradiso.
— Vanne, il cerca e ti salva. Alla redenta
Lieto il Ciel s'aprirà. » — Come si volge
Agli amplessi del Sole una cometa,
E più veloce de' fiammanti strali
Che sfuggono alla man de' Cherubini
Quando cercano il Ciel gli ardimentosi
Spiriti della notte, la raminga
Peri si libra dall' empireo giogo,
E vestita d'un raggio allor dischiuso
Dall' occhio del mattino, agita i vanni
Sull' ampio disco della terra. — E dove
Ti volgerai, leggiadra pellegrina,
A raccogliere il don che ti riapra
Quei beati giardini? — Io ben conosco
Tutte l'urne, dicea, che sotto agli archi
Di Chilminar fiammeggiano di mille
E di mille rubini: io non ignoro

L'isole dell'incenso un dì sepolte
Nel mar dell'infocata araba plaga;[7]
È nota a me l'avventurosa terra
Ove i genj occultàr del re Giansîde[8]
Il calice gemmato e sfavillante
Di balsamo vitale.... Ah questi doni
Cari al Cielo non sono! E dove e quando
Crebbe una gemma che le gemme uguagli
Del gran soglio d'Allà?[9] Dove un'essenza
Vital che li pareggi alle beate
Linfe del Paradiso!... oh non è dessa
Che poca stilla d'infiniti abissi?
Chiusa in questo pensiero, alle soavi
   Indiche regioni il vol battea.
Un olezzo è quell'aere, e di quel mare
Son corallo gli scogli ed ambra il letto.
I monti, al raggio del fecondo Sole,
Adamanti producono e piropi.
Come spose novelle in ricche vesti,
Scorrono amabilmente i ruscelletti
Sovra talami d'oro; e in quelle selve
Preziose d'aromi, un novo cielo
L'esule troveria: ma le sue fonti
Or contamina il sangue, e da' fragranti
Cespiti il lezzo della morte esala.
L'uom trafitto è dall'uomo; e l'innocente
Alito di que' fiori or si corrompe
Dell'umano misfatto. — O bella terra
Del Sol, chi muove per le tue Pagòde?
Chi le ombrose colonne, i sacri spechi,
Gl'idoli del tuo culto, i tuoi monarchi,
Le tue mille corone empio discerta?
Il Sir di Gazna egli è.[10] Nella sua possa
Formidabile incede, e fatte in brani

Le regali calpesta indiche bende.
I monili rapiti al violato
Seno di giovinette e di sultane
Fan guinzaglio a' suoi veltri. " Invan difesa
Dal casto vel, la vergine è trafitta,
Trafitto il sacerdote ai penetrali
Del suo delubro, e splendide ruine
D'infranti arredi e d'abbattuti altari
Stipano l'onda delle sacre fonti.
Gittò la Peri un atterrito sguardo
Su quel campo di morte e di spavento;
E traverso il vapor che a larghe spire
Rubicondo s'alzava, a lei s'offerse
Un giovine guerrier lungo la sponda
Del paterno suo fiume, il sanguinoso
Tronco d'un'asta nella man recando,
E coll'ultimo stral nella faretra.
— « Vivi ! — diceagli il vincitor, — dividi
Meco gli allori e la corona. » — Muto
Stette il giovine eroe : muto additògli
L'onda vermiglia di sangue fraterno ;
Indi al petto nemico il dardo estremo
Per risposta drizzò; ma la saetta,
Benchè vibrata da maestra mano,
Lambe e non fere. L'oppressor trionfa,
E soccombe l'eroe. — Vide la Peri
Il cader dell'invitto; e poichè queti
I tumulti si fèr della battaglia,
Scende col primo mattutino albore,
E la santa raccoglie ultima stilla
Del magnanimo petto, anzi che il varco
All'alma liberissima dischiuda.
« Sia questo — ella proruppe (ed agitava
Il remigio dell'ali) — il don sia questo

Che l'espulsa dal Cielo al Ciel ritorni:
Benchè grondi talor d'inonorate
Stille la spada de' mortali, il sangue
Per la Patria versato è puro tanto,
Che non potrebbe macular le linfe
Del più nitido rio che tra' vireti
Della felice eternità risplende.
E qual ostia terrena è al Ciel più cara
Di questa eletta libagion, che versa
L'oppressa libertà dalle ferite
D'un alto core che per lei si frange? »
— « Caro, o bella infelice (a lei dicea
L'angelico custode allor che il dono
Ella profferse alle raggianti mani),
Caro fu sempre e reverito in Cielo
L'eroe che sparse per la Patria il sangue.
Ma vedi? inesorabile ed immoto
Sta l'adamante dell'etereo sbarre.
Un don più santo della santa stilla
Che tu porti in offerta, il lacrimato
Eden ti vincerà. » — Così delusa
La sua prima speranza, ella si volse
Dell'Affrica al meriggio, e fra' deserti
Gioghi calò che dalla Luna han nome.[10]
Ivi intinge il suo vol nelle sorgenti
Del Nilo, ai figli della terra ignote,
Ove i Genj dell'acque, popolando
Quella selvaggia oscurità, di balli
Festeggiano la culla ed il sorriso
Del gigante fanciullo.[12] Indi a' palmeti
Del fruttifero Egitto, alle spelonche,
Alle tombe dei re,[14] la sospirosa
Pellegrina trasvola: ed or l'orecchio
Alle tortori porge che gemendo

Fan di Rosetta risentir la valle.[15]
Or la Luna vagheggia tremolante
Sui bianchi vanni al pellican che rompe
L'azzurra calma del Meridio lago.[16]
Spettacolo gentile! Occhio non vede
Più dilettosa region di questa:
Aurei pomi nudriti al più sereno
Lume del cielo, coronate palme
Chino languidamente i lenti capi
Come stanche fanciulle, allor che il sonno
Entro i serici talami le invita,[17]
Candidi gigli che ne' freschi rivi
Tergono a notte la beltà del seno,
Perchè tutti fragranti e rugiadosi
Del notturno lavacro il loro amato
Sol li rivegga. Maestosi avanzi
D'abbattuti delubri e d'arse torri,
Che ruine diresti immaginate
Da fantastico sogno, ove non odi
Che dell'errante pavoncella il grido:
E qualor dalle nubi esca la Luna,
Sulle infrante colonne altro non vedi
Che la sultana porporina,[18] immota
Come un idolo alato. — Oh qual pensiero,
Quella notte mirando e quel sorriso
Nella Natura, presagito avrebbe
Che il dèmone de' morbi in queste belle
E pacifiche scene, in questa vita,
Agitar dall'ardente ala potesse
Un alito mortale, il più mortale
Di quanti n'agitò dall'infocate
Sabbie il rosso deserto, e tal che spegne
Annerisce, disecca i membri umani,
Come l'erbe e le piante ovunque il soffio

Del turbinoso Semoòn [19] trascorre?
Il Sol cadendo s'involò da molti
Floridi aspetti, che di negra tabe,
Di sanie e di ribrezzo ora diffusi
Stan ne' luridi ospizi, ed oh ! la luce
Più non vedranno del caduto Sole !
Da que' sozzi cadaveri insepolti,
Che il fioco raggio della luna imbianca,
Fuggono fastiditi (orrendo a dirsi !)
Fin gli stessi avoltoi; ma la furtiva
Iena a notte profonda errar tu vedi
Per le vie desolate, e la mascella
Porre al fiero suo pasto. [20] Oh sciagurato
Chi serba una fuggente aura di vita,
E per la fitta oscurità nel lampo
Di quegli occhi terribili si scontra !
— « Infelice mortal ! (l'intenerita
Peri dicea) del tuo fallo primiero
Ben severa è l'ammenda ! Un qualche fiore
D'origine celeste ancor ti spunta,
Ma serba impressa la viperea traccia. »
Così piange lo spirto, e puro e chiaro
Al poter di quel pianto il tenebroso
Aere si fa, chè magica è la forza
D'ogni lagrima pia che sull' umano
Dolor da que' benigni occhi trabocca.
Quando in mezzo agli aranci (i cui nascenti
Fiori commossi dal notturno orezzo
Scherzano colle frutte, e par l'infanzia
Messa a trastullo coll' età matura),
Fuor degl'intrecci che fan siepe al lago,
Improvviso la fere il doloroso
Gemito d'un garzon che l'ora e 'l loco
A morir solitario ivi coglìea;

D'un garzon che vivendo era il sospiro
Di più teneri cuori, ed or qui muore
Quasi amato non fosse. Occhio nol piange,
Man nol soccorre, nè l'ardor gli tempra
Con poche stille della fredda linfa
Che gli tremola innanzi e più l'asseta.
Non voce ascolta conosciuta e cara
Che l'eterno gli dica ultimo addio,
Quell'addio che dolcissimo risuona
All'orecchio dell'uom, come lontana
Musica nel notturno aere diffusa,
E lo spirto rallegra allor che il raggio
Della speme s'invola, e dei fuggenti
Lidi del mondo per ignota foce
Spinge nel mar d'eternità la prora.
Giovane abbandonato! Un sol pensiero
  L'anima fuggitiva or ti consola:
  Chè la gentile e lungamente amata,
  L'arbitra del tuo cor da quell'infetto
  Lezzo lontana, in securtà lasciavi
  Nella reggia paterna, ove la fresca
  Aura commossa dai cadenti rivi,
  E dal molle profumo inebbriata
  D'indici ramoscelli, era serena
  Come la fronte che baciar godea.
Ma chi vien di laggiù? Chi s'avvicina
  A questo malinconico boschetto,
  Quasi nunzia gentil della salute,
  Con rosei doni sulle guance?... È dessa!
  Al chiaror della Luna, e più del core
  Al palpito improvviso, egli conobbe
  La dolorosa che desia più tosto
  Al suo fianco morir che porsi, in vita,
  Le corone del mondo.... E già lo chiude

Fra le candide braccia, al volto suo
Preme il livido volto, e nelle fredde
Acque tignendo la sua lunga chioma,
Dà refrigerio all' infiammata fronte.
Misero! avresti nel tempo felice
Preveduta quest'ora in cui t'è forza
Le care braccia allontanar? le braccia
A te più sante che la culla istessa
Del fanciul Cherubino! " — Ora egli cede,
Or si volge tremando, e par che tema
Tutto il veneno della terra accolto
Su quel vergine labbro alfin cortese
De' cari doni che solea pur dianzi
Non offrir che ritroso. — « Ah mi concedi
Respirar la beata aura che spiri!
Sia di morte o di vita apportatrice,
Essa è dolce per me! Suggi le stille,
Mentre cadono ancor, del pianto mio.
Fosse dittamo il sangue! oh come tutto,
Tutto per te lo verserei dal petto,
Sol ch'un istante rattemprar potessi
Questa fiamma che t'arde!... A che respingi
Dal tuo labbro il mio labbro? Io son pur tua,
La tua sposa io pur sono, in vita e in morte,
Eterna, indivisibile compagna.
Credi tu forse che sparito il raggio,
L'unico raggio che da te mi splende
Sull' oscuro cammin della mia vita,
Possa aggirarmi scompagnata in questo
Tenebroso deserto? e rimanervi,
Se tu parti, o mio cor?... No no, la foglia,
Quando muore lo stelo, inaridisce.
China dunque il tuo volto al volto mio,
Pria che teco appassisca e teco avvampi;

Devi da queste labbra ancor non arse
La reliquia vital che vi respira. »
Qui svenne e cadde. All'ultimo singulto
Del morente garzone ogni soave
Lume s'oscura nel virgineo sguardo,
Come languida face all'aer greve
D'un sepolcro o d'un antro. — Un passeggero
Tremito, e cessa la mortale angoscia
Del giovinetto. Un bacio, un bacio estremo
La vergine v'imprime, e spira in quello.
— « Dormi, disse la Peri (e dolcemente
Cogliea da quella sciolta anima intanto
Il più caldo sospiro, il più fedele
Che mai da petto femminil movesse).
Dormi sonno tranquillo in amorose
Visioni rapita, e l'aere intorno
Balsamico ti sia come il profumo
Della magica pira, ove s'accende
L'unico augel che modula a sè stesso
La funerea canzone, e fra gl'incensi
E fra i canti si muore. » " — Allor dal labbro
Non terrene fragranze ella diffonde,
Scote il fulgido serto, e tal riflette
Su que' volti splendor, che li diresti
Due martiri d'amore addormentati
Nell'avello odoroso, alla vigilia
Di quel mattin che non vedrà la sera,
E la Peri benigna ivi raggiante,
L'angelo pare che ne guardi immoto
La soave quiete, infin che sorga
Il novissimo giorno e li ridesti.
Ma rosseggia il mattin nell'oriente.
E la vaga Immortale al Ciel ritorna,
Recandovi il sospir di quella pura

Ostia d'amore. Fortemente in seno
La speranza le batte, e vincitrice
Ella si crede dell'elisia palma.
Già l'etereo Custode al prezioso
Dono sorride: già la Peri ascolta
Fra le celesti piante il cristallino
Tintinnio delle squille all'aura mosse,
Che rugiadosa di beata ambrosia
Vien dal soglio di Dio. Già gli stellati
Calici vede coronar le sponde
Della mistica fonte; ove la nuova
Cittadina del cielo il primo sorso
Della perenne voluttà deliba. "
Ma la bella speranza un'altra volta
Nella Peri fallì. Novellamente
Le son contro i Destini, e chiuso il varco
Del Paradiso. — Non ancor (proruppe
Il cherubico labbro, e repugnante
Da quel raggio divin la rimovea).
Inclito pegno di virginea fede
È questo che tu rechi; e della bella
Mortale il caso a lettere di luce
Sulla fronte di Dio verrà scolpito,
E dagli occhi beati eternamente
Letto e compianto. Ma non vedi? immote
Son le porte del gaudio. Un altro dono
Più santo del sospiro il Ciel desia. » —
Or sui roseti delle Assirie valli [14]
Tremola un croceo lume, e folgorante
Come serto di gloria il Sol circonda
Del Libano le vette. Il sacro monte
Torreggia in tutta l'invernal bellezza,
Mentre in valle di fiori a' piedi suoi
Rosea dorme l'estate. — Oh quali, oh quante

Meraviglie giocondano lo sguardo
Che dagli aèrei campi a quelle amene
Regioni si volge, e l'operosa
Vita, e il tripudio e lo splendor ne vede!
Vaghi giardini, cristalline fonti,
Cui son doppio filare aurei frutteti,
Aurei più dove scende a colorarli
Qualche raggio di Sol : verdi ramarri
Che per gli avanzi di crollate mura
Scorrono velocissimi e lucenti
Come strisce di foco; [15] e colombelle
Per le rupi raccolte a mille a mille,
Il vivo lume oriental recando
Sul volo infaticabile che sembra
Di smeraldi contesto allor divelti
Dalle vene materne, o nei colori
Dell'iride trapunte, onde, si fascia
Il bel cielo talor del Peristano.
E melodie di pastorali avene [16]
All'inquieto susurrar confuse
Di pecchie palestine; e le tue rive,
Le tue selve, o Giordano, eterno asilo
D'amorosi usignoli. [17] — Ah che più nulla
Può rallegrar la sconsolata Peri!
L'animo ha tristo, affaticate l'ali,
E guarda il raggio del cadente Sole
Sfavillar nel gran tempio un dì già suo; [22]
E l'eccelse colonne ombrarne il piano
Simiglianti a quell'aste ove la fuga
Segna dell'ore, antico mago, il Tempo.
Ma non potrebbe nelle arcane stanze
Del vetusto delubro alcun gemmato
Amuleto celarsi, a non mortale
Foco battuto, o tavola, o papiro

Che rechi impresso il glorioso nome
Di Salomone, e sveli all'intelletto
Dell'esule celeste in qual remota
Parte dell'oceàno o della terra
Giaccia il dono fatal, che riconduca
Un colpevole spirto al Paradiso?
L'ale in questa speranza ella raccoglie,
E si conforta che il diurno lume
Ai boschi d'Occidente ancor sorrida.
Poi nella valle di Balbecco appunta
Leggerissima il volo, e fra cespugli
Di solitarie e porporine rose,
Solitario com'esse e porporino
Vede un fanciul che si diletta e canta,
E con avidi sguardi e pronte mani
Le belle azzurre farfallette insegue,
Che vagano e si posano inquiete
Sugli odorosi gelsomini, a guisa
Di fiori alati o di volanti gemme.
E vicino al fanciul, che stanco or giace
Entro nicchia di rose, un passeggero
Dall'affannato corridor discende.
Sitibondo egli muove alla sorgiva
D'un rustico Imarelo, " e il fiero sguardo
Torce rapidamente al fanciulletto
Che par non tema dell'ignota fronte,
Benchè l'astro del giorno ancor non abbia
Riarso un volto più feroce; un volto
Di tenebre e di fuoco atra mischianza,
Qual veggiamo talor nel procelloso
Grembo della saetta. — Oh qual orrenda
Storia di scelleranze e di misfatti
Si palesa alla Peri in quel sembiante!
La rotta fede, i violati altari,

Lo stupro delle vergini, le soglie
Ospitali tradite, insanguinate:
Tutto in negri caratteri segnato,
Come le stille dal calamo sparse
D'angelo accusatore anzi che il pianto
Del perdon le cancelli. E nondimeno,
Quasi la vespertina aura soave
Blandisse l'agitata anima sua,
Mite e placido intende alle innocenti
Cure del pargoletto; e se talvolta
Nel seren di quegli occhi il minaccioso
Lampo s'affaccia delle sue pupille,
Sembra il chiaror di due pallide faci
Che nella notte illuminâr l'altare
D'un empio rito, e il glorioso raggio
Scontrano del mattin. — Qual cenno è questo?
L'invito vespertino alla preghiera.
Mentre cede la luce al rubicondo
Espero il cielo, un tintinnio devoto
S'alza da mille minaretti assiri.
L'ode il fanciullo, e sulle rosee zolle
Ove il capo inchinava, or genuflesso,
Al meriggio si volge, e le pupille
E le picciole mani al Ciel levando,
Fa del gran nome balbettar di Dio
L'innocente suo labbro. E in quel pietoso
Atto composto un angioletto il credi
Che smarrito il sentier del Paradiso,
Giunga in mezzo a que' fiori, e senta in core
Del suo primo soggiorno alto desio.
Quanta pietà da quella vista usciva!
   Quel fanciul, quella sera avriano indotto
A sospirar la sua gloria perduta,
La perduta sua pace anche il superbo

Animo d'Eblis![30] Che pensieri adunque
Son ora, o figlio della colpa, i tuoi,
Or che volgi la mente al negro flutto
Della tua vita, ai lunghi anni trascorsi
Nel misfatto e nel sangue, e non rammenti
Un palmo di terren che sotto il cielo
Ti schiudesse un asilo, o ti fiorisse
Qualche ramo di grazia? — « Un tempo anch'io
(Umile e mansueto egli sospira),
Anch'io, felice bambinetto, un tempo
Lieto, innocente come te, pregai!
Ed ora.... » Il capo qui declina, e freschi
Sorgono nella mente al traviato
Tutti i nobili sensi, i puri affetti
Che dalla prima gioventù sopiti
Stavano nel suo core.... e piange e piange.
 Figlie del pentimento, avventurose
Lagrime! il cor che nella colpa indura
Redentrici ammollite, e il primo senso
Gusta per voi di sconosciuta gioia!
 — Avvi — disse la Peri — avvi una stilla[31]
Che piove sull'infesto aere d'Egitto
Dagli influssi lunari allor che il giugno
Arde la terra, ed ha virtù sì pia,
Sì benigno poter, che scende e fuga
Tutti i germi funesti, e la salute
Torna più bella a consolar la terra!
Non indarno, uom di colpe, il volto irrori
Di queste care penitenti stille!
Benchè tutto ti gema il cor piagato,
Cade sulle tue piaghe il refrigerio
D'un balsamo celeste e le racchiude. »
 Ed ecco al lato del fanciul chinarsi
Nella polve il malvagio e orar con lui.

Il Sole intanto della luce istessa
Il colpevole irraggia e l'innocente,
E con inno di gioia il ciel festeggia
Di quell'alma il perdono. — I suoi colori
Già stanco il Sole raccoglica dal mondo,
Mentre ancor genuflessi i due mortali
Produceano la prece. — Allor discese
Una luce improvvisa e più soave
Di quante ne sfavilla astro o pianeta,
E rischiarò le lagrime felici
Che del pentito inumidiano il volto,
E tal che la diresti una serena
Nordica aurora, o un'iride notturna.
Ma conobbe la Peri, e di letizia
Tutta esultò, l'angelico sorriso
Che salutava dall'eteree soglie
La benedetta lagrima foriera
Di sue glorie celesti. — « Oh me beata!
Eccomi a fine del terreno esiglio!
Son dischiuse le porte, è vinto il Cielo!
Oh quanto io sono avventurosa! Oh quanto
Senza misura avventurosa io sono!
Come al tuo paragon l'adamantina
Torre di Sadduchiàmo,[11] Eden, s'oscura!
Come l'olezzo d'Amberabba[12] è vile!
Addio, fragranze della terra! Il vostro
Alito è passagger quanto il sospiro
D'un amatore! É l'arbore di Tòba,[13]
L'arbore che d'eterno alito odora,
Il mio solo alimento. — Addio, caduchi
Fiori, che sorrideste alle mie chiome
Di fugace beltà! — Come negletti
Son della corta primavera i figli,
Posti al Loto vicini,[14] all'immortale

Pianta che il soglio dell'Eterno adombra,
E chiude un' alma in ogni foglia! — Oh gioia!
Eccomi a fine del terreno esiglio!
Son dischiuse le porte, è vinto il Cielo! »

NOTE.

¹ Le Peri sono, nella religione maomettana, una tribù di spiriti femminili esclusa dal Paradiso fino alla espiazione della sua colpa. — *Conversation's Lexicon.*

² Il lago di Cashmere ha un gran numero d'isolette: una di queste si chiama Char-Chenar, nome derivato dai platani che vi abbondano. — FORSTER.

³ L'Altun-Kol, o *riviera d'oro*, nel Tibet, sbocca nel lago di Sing-su-hay, e reca nelle sabbie gran quantità di oro che gli abitanti raccolgono nella stala. — *Descrizione del Tibet*, di PINKERTON.

⁴ Vogliono i Bramini che il cerulen fiore *Campac* alligni soltanto in Paradiso. — W. JONES.

⁵ Credono i Maomettani che le stelle cadenti siano i tizzi con cui gli angeli buoni cacciano i cattivi quando questi s'accostano di troppo ai confini del cielo. — FATER.

⁶ Le ruine di Persepoli, chiamate dai Persiani le quaranta colonne. Essi credono che il palagio e gli edifici di Balbec siano stati eretti dai Genj per nascondervi immensi tesori. — D'HERBELOT e VOLNEY.

⁷ Le isole di Pancaia al mezzogiorno dell'Arabia, dove trovavasi, dice Diodoro, un tempio di Giove. Quest'isole disparvero ingoiate dal fuoco sotterraneo sul quale eran poste. — GRANDPRÉ, *Viaggio all'Oceano indiano.*

⁸ La coppa di Iamshid, scoperta negli scavi di Persepoli. — RICHARDSON.

⁹ *Allà*, Dio.

¹⁰ Mahmoud di Gasna o Ghizni, conquistatore dell'India al principiare dell'undecimo secolo. — DOW e MALCOLM ne narrano la storia.

¹¹ Fu detto che il treno da caccia del sultano Mahmoud fosse così magnifico, che v'erano più di 400 bracchi con una collana di gemme ed una coperta ricamata d'oro e di perle. — *Storia universale*, vol. III.

¹² Le montagne della Luna, o *montes Lunae* degli antichi, al cui piede credesi che il Nilo abbia la sorgente. — BRUCE.

¹³ Il Nilo, noto agli Abissini sotto il nome di Abey e Alawy, o sia Gigante. — *Ricerche asiatiche.*

¹⁴ Nella *IView of the Levant* del Perry, leggesi la descrizione de' sepolcri di Tebe superiore e delle innumerevoli grotte tutte impresse di geroglifici nella montagne dell'Egitto superiore.

¹⁵ I giardini di Rosetta sono pieni di tortorelle. — SONNINI.

¹⁶ Il Savary accenna i pellicani del lago di Meride.

¹⁷ « Le superbe palme che piegano languidamente il capo a guisa di leggiadre donne prese dal sonno. » — DAFARD EL HADAD.

¹⁸ Questo bellissimo uccello, già ornamento dei templi e palazzi greci

NOTE.   371

e romani, per lo splendore delle sue pinne azzurre e porporine e pel maestoso suo portamento ottenne il titolo di Sultana. — SONNINI.

¹⁹ Vento del deserto.

²⁰ Jackson, parlando della peste che, lui presente, travagliava la Barbaria, dice : « Gli uccelli stessi fuggivano le abitazioni degli uomini ; al contrario la iena visitava i cimiteri ec. »

²¹ Vedi il Korano.

²² Credono gli Orientali che il becco della Fenice abbia cinquanta pertugi che si prolungano fino alla coda, e che dopo mille anni di vita si componga da sè medesima un rogo con legni aromatiche, canti col magistero di questi tubi un'aria melodiosa, e scotendo con molta rapidità le sue penne, dotti il fuoco nella pira, e così si consumi. — RICHARDSON.

²³ Sul margine di un lago quadrato stanno mille e mille calici stellati, dai quali gli spiriti predestinati alla felicità bevono l'onda cristallina. — — CHATEAUBRIAND, Descrizione del Paradiso di Maometto : — Génie du Christianisme.

²⁴ Richardson è di parere che la Siria abbia preso il nome da Suri, bella e gentile specie di rosa che ha fatto celebre questa terra ; e quindi Suristan, paese delle rose.

²⁵ « A mille a mille ho vedute le lucertole nel gran vestibolo del Tempio del Sole a Balbec : le mura e gli avanzi del sorimato edificio n' erano coperti. » — BRUCE.

²⁶ La zampogna è l'istromento pastorale della Siria. — RUSSELL.

²⁷ Il Giordano è costeggiato da folti ameni boschetti abitati da innumerabili usignoli. — FIRDUSI.

²⁸ Il Tempio del Sole a Balbec.

²⁹ Gl' Imareti sono ospizi dove vengono albergati gratuitamente i pellegrini per tre giorni. — Vedi TODERINI e CASTELLAN, Costumi de' Turchi.

³⁰ Lo spirito delle tenebre.

³¹ La ruota o goccia miracolosa che cade in giugno sull' Egitto il giorno di San Giovanni, alla quale si attribuisce la virtù di cacciar immantinente la pestilenza.

³² Paese del diletto , nome d' una provincia nel Ginnistan la cui capitale chiamasi città delle gemme.

³³ Alta città nel Ginnistan.

³⁴ L' albero Toba che trovasi nel Paradiso di Maometto. Vedi il SALE — Touba, dice d' Herbelot, significa beatitudine eterna.

³⁵ Al capo 53 del Korano dicesi che Maometto aveva veduto l' angelo Gabriele vicino all' albero Lote, oltre il quale non si può passare, trovandosi il giardino della Casa eterna. Questo albero, dicono i Commentatori, è situato nel settimo cielo, alla destra del trono di Dio.

LA LUCE DELL'HAREM.

CANTO PRIMO.

Chi non intese ricordar la valle
  Di Casimira, e le sue rose illustri
  Fra quante il grembo della terra edùca?[1]
E quei templi, e quegli antri e quelle fonti
Limpide come gli occhi innamorati
Che si specchiano in esse? Oh, la vagheggia
Sul cader della sera, e mentre al lago
La purpurea sua luce Espero invia
Non altrimenti di novella sposa
Che getta vereconda al consigliero
Speglio un ultimo sguardo, anzi che salga
Al talamo beato! — Oh, la contempla,
Allor che fra la chiusa ombra de' boschi
Parte all'occhio palesi e parte occulti
Splendono i suoi delubri, e la solenne
Ora di qualche rito ognun consuma!
Ivi da' minaretti un pio concento
  Di preghiere si leva, il sacerdote
  Agita dalle sacre urne l'incenso,
  E le commosse armoniose squille
  Che circondano i fianchi a qualche bella

[1] Vedi le note a pag. 399.

Indica danzatrice, un tintinnìo
Propagano all'altare.' — Oh, la rivedi
Nel chiaror della Luna! a grado a grado
Veste un pallido albore i suoi palagi,
I suoi ricchi giardini; allor le fonti,
Precipiti cadendo, hanno la forma
D'una pioggia di stelle, e l'usignuolo
Dalle isolette di Chinàr ramingo,
Interrompe il suo canto al riso, al suono,
Al lieve lieve scalpicciar de' piedi
Lungo i freschi viali, ove la gaia
Gioventù si raccoglie. — Oh, vi ritorna
Sull'aprir della luce! allor l'aurora,
Splendida incantatrice, ad ogni istante
Desta una nova meraviglia; e poggi
E cupole e sorgenti ad una ad una,
Quasi nate dal Sole in quel momento,
Trae dalla fitta oscurità. Con lei
Svegliasi dal notturno àrem de' fiori
Lo spirto dei profumi, e l'aura intanto
Bacia come un amante ed amoreggia
La tremula alberella, infin che tutte
Ventilate bisbigliano le foglie. *
Ferve allor l'oriente e 'l riso imita
D'una prima speranza; il giorno allora
Spiega il vessillo glorioso, e varca,
Coronato di lampi, il limitare
Che sublime ed alpestre a questa valle,
Fra quante irraggia avventurosa, il guida.
Ma nè lieta del Sol, nè fatta oscura
Dalla notte, o la irrori il mattutino
Vapor di primavera, o l'arda il giugno,
La bellissima valle ancor non ebbe
Più liete e dilettose ore di queste.

Tutto è luce ed amore. In visioni
Si dileguano i giorni, e nei tripudi
Della danza le notti. Ogni sembiante
Si compone al sorriso, ed ogni core
Facile s'abbandona all'allegrezza.
Tutto è delirio e voluttà. Casmira
Festeggia il tempo delle rose:⁴ un tempo
Consacrato al diletto, in cui profusi
Piovono sulla valle i suoi tesori,
E si allarga ogni petto a quella pioggia,
Come la rosa dalle cento foglie
Che s'apre alla rugiada, e ne riceve
Per cento foglie il balsamo vitale.⁵
Sulle fresche azzurrine acque del lago
Cadea la sera, e l'infiammata fronte
Si celava del Sol dietro i palmeti
Di Daramule. Le fanciulle intanto
Deste a' raggi di Luna ed all'invito
Clamoroso de' balli, i graziosi
Capi innalzàr dai serici origlieri,
Ove stanno a riposo infin che il Solo
Dardeggia il volto della terra. Un subito
Mormorar per la valle si diffonde,
Nè più romba o s'addensa un alveare
Lungo i colli di Bela, allor che tutte
Fioriscono le aiole.⁶ Un mar di faci
D'ognintorno fiammeggia, e rompe il buio
Dell'isola e dei boschi; e mille o mille
Lampade accese sull'aerie punte
De' minaretti fanno abbaglio al guardo.
E dovunque tu muova, o campi o vie
Risplendono così che ne vedresti
La più minuta spicciolata foglia
Sul terreno dispersa; e nondimeno

Han le madri e le figlie in quella sera
Deposti i lunghi veli; ed occhi e volti,
Che palesarsi alla diurna luce
Non avrebbero ardito, or dalla notte
Rincorati e protetti osar lo ponno. —
Libero è il freno alla licenza; e suona
Sulle labbra di tutti una parola:
« Che di festa più lieta e di più lieti
Raggi di Luna non andò fin ora
State alcuna lodata; e mai più belle
Nò le rose apparir, nè le fanciulle. »
Parea che d'ogni tenda e d'ogni prato
Fosse la primavera ivi raccolta.
Mandava un odoroso alito il lago
Dai fioriti germogli e dalle piante
Di che tutto è cosparso, e tien l'aspetto
Di ben culto giardino, o come un nembo
Di mirabili intrecci e di ghirlande
Dal ciel su quelle terse acque piovesse.
Poi da lungi e da presso il grido e il canto
Della festa, e lo strepito de' cembali
E de' piedi danzanti il mormorìo,
E il giulivo torrier che dal lucente
Suo minaretto le canzoni alterna,
A cui dal più vicino àrem risponde
Un arguto silvestre allegro coro:[7]
Lo scoppiar delle risa e degli applausi
Che si leva improvviso e si propaga
Pei frondosi recessi, allor che spinta
Sulla fune ondulante una donzella
Sfiora le chiome dell'arancio;[8] o quando
Traverso ai padiglioni, onde la via
Costeggiata biancheggia, irrequieti
Scherzano i fanciulletti, e senza tema

CANTO PRIMO. 377

Della madre severa e dello schiavo,
A piena man si gettano le rose: *
I susurri dell'onda e dei legnetti
Che scorrendo rinfrangono la Luna
In volubili guizzi, e l'uniforme
Cader de'remi, e quell'incerto suono
Che spirano le selve e l'isolette,
Come dall'isolette e dalle selve,
Qual la muove il Catajo, una fatata
Consonanza venisse, e dolcemente
Tenesse all'onda, che le bacia, accordo: ¹⁰
E più caro a sentir, l'affettuoso
Liuto d'un garzone a cui l'amore
Insegnò quanto possa in una queta
Sera il lamento delle meste corde.
Se lo starsi vicino alla sovrana
D'ogni nostro pensiero è la suprema
Delle umane dolcezze, oh l'infinita
Voluttà di colui che nell'amplesso
D'un'amata fanciulla in questo lago
Coll'incerto crepuscolo divaga
Mentre sorge la Luna, armonizzata
D'amorose canzoni! E se la donna
Può la più fera inospital contrada
Del suo volto abbellir, qual paradiso
Non farà del tuo lago, o Casimira?
Cosi volgea nella sua mente il figlio
    Glorioso d'Acbar ¹¹ quando lontano
    Dal poter, dalla pompa e dai guerrieri
    Trofei, si riparava a questa valle,
    Obbliandoli tutti nell'amplesso
    Della sua Normaàl, della divina
    Luce dell'àrem. Se deposto il serto
    Regal, che la conquista al crin gli pose,

Errar per quelle ajuole egli godea
Intrecciando le sue colle dilette
Braccia, nelle ghirlande a lui tessute
Dalla giovine cara, uno splendore
Vedea che tutta della sua corona
Oscurava la gloria, e nel segreto
Animo preferia l'ultima ciocca,
Che inanellata le cadea sul collo,
Allo scettro del mondo. — Una bellezza
Immutabile ognora, ognor tranquilla,
Come i lunghi sereni estivi Soli
Senza una nube che ne tempri il raggio,
Perde in breve l'incanto, e sul perenne
Uniforme suo riso Amor s'addorme.
Ma tal non era la beltà, nè quanto
Di segreto ineffabile prestigio
Normaàl circondava. Era una cara
Grazia inquieta che dagli occhi al labbro,
E dal labbro alle guance ognor volava,
Pari al disco solar che negli ombrosi
Giorni d'autunno qua e là sorride
Dispensando i colori, ed or si vela
Di vapori, or prorompe in vivi lampi,
E tal che lo diresti una sembianza
Dei barlumi che scendono dal cielo
Nei riposi del giusto. — Era pensosa?
Parea che tutto de' femminei vezzi
Nel segreto pensier che la rapia
Germogliasse l'arcano. Era sdegnata?
(Poichè lo spiro di leggera auretta
Pur nel clima più mite agita i fiori)
Quel breve sdegno la rendea più bella,
Come l'incenso che più dolce olezza
Nella man che lo scote. Era commossa

Dalla pietà? La sua bruna pupilla
Risplendea d'una luce ancor più bruna,
E n'uscia radiando il chiuso affetto,
Quasi un'occulta deità dal sacro
Penetrale d'un tempio. E nella gioia?...
Mai da petto mortal più dilatate
Ali aprì la letizia! ella parea
L'augellin che saltella in primavera.
Benchè tutta infantil, come l'ebrezza
D'una Peri sfuggita a'suoi cancelli, [12]
Affascinar quell'impeto di gioia
Potea l'adamantina alma d'un saggio.
Era vita il suo riso ed abbondava
Senza freno dal cor, se il dolce freno
Delle nate con lei grazie ne togli.
Ma se più nelle guance o nelle labbra
O negli occhi raggiasse, indarno avrebbe
Meditato lo sguardo ed il pensiero.
N'era tutta diffusa al par dell'onda,
Che rincrespano l'aure e il Sol colora.

I prestigi fur questi a cui soggiacque
  In virtù di costei l'ambizioso
Signor dell'Oriente. Il suo beato
Arem, giardino di viventi fiori, [13]
Le ghirlande chiudea della bellezza,
Per cui l'altero Soliman profferto
Tutto avrebbe l'immenso oro versato
Dalle navi d'Ofiri alle sue rive:
Ma beltà non avea che non languisse
Vinta da Normaàl. — Di quel beato
Arem fu sola Normaàl la luce!
Ma dov'è la fanciulla in questa notte
Destinata ai piaceri, e mentre i cuori
Balzano d'allegrezza, e tutto è raggio

Come una lunga vision d'amore?
Se, perduto il sentiero, un pellegrino
Innoltrasse per caso in questa valle,
Giungere gli parrebbe alla fatata
Città del riso che le vie di fiori,
E di gemme ha le torri. " — Ov' è l'amata
Sultana? e quando la letizia aduna
Ciò che v'ha di più bello, ove la gemma
Delle belle risplende? in qual deserta
Solitudine or muove?... Oh di che lieve
Cagion talvolta l'armonia si turba
D'una coppia fedel, che le sventure
Legàr d'un nodo sì tenace! e mentre
Porge invitta la fronte al mar che freme,
Cede in ora tranquilla, a quella imago
Che sotto un ciel sereno e nella calma
D'un mar senz'onda, il navicello affoga.
Un'ombra impercettibile e leggera
Come l'aere, uno sguardo, una parola
Mal accolta o scortese, il foco estingue
Che nel soffio durò delle tempeste.
Seguono allora a dilatar la breccia
Che la lingua dischiuse acerbi modi:
Obblia lo sguardo l'antica dolcezza
Che v'impresse l'amore, e perde il labbro
Quel suono affettuoso onde vestìa
Ogni lieve parola, ogni pensiero.
Finchè tutto sen vanno ad una ad una
Le più care lusinghe; e quei divisi
Cuori, pur or tenacemente uniti,
Han l'apparenza di spezzate nubi,
O d'alpestre ruscel, che dalla vetta
Esultando balzò come se mai,
Mai non dovesse disunir la linfa,

Ma pria che scenda a ristagnar sul piano,
Rotto ad aspri macigni, in due si parte,
Nè più si ricongiunge. — O voi che sète
A custodia d'Amor, di rosei nodi
Tenetelo prigione, e come avvinto
Di floride catene in ciel dimora,[15]
Non sciogliete un legame all'infedele!
Che non liberi il volo! un'ora, un solo
Breve istante di fuga, il vivo lampo
De' suoi colori perderà, conforme
A quel celeste orientale augello
Che bellissimo splende allor che posa,
Ma chiude il raggio nell'aprir dell'ale.[16]
Qualche tenue cagion di questa ignota
Perigliosa natura, onde si frange
Quel nodo che per lunghi anni congiunse
Due cuori innamorati, o qualche nube
Che da sottile e trasparente, oscura
D'improvviso si faccia ed arda e tuoni,
È quell'ombra che pende e si condensa
Sulla fronte del sire, e n'ha sbandita
La bella Normaàle. Oppresso e solo,
Pari a quel trace augel che non ritrova
Alcun loco di posa,[17] egli s'aggira
Non curando il piacer che boschi e campi
Tutti inonda d'amore, ed ogni petto
Guida agli amplessi desiati e cari.
Ben le floride guancie ed i lucenti
Occhi di questo vero Eden terreno
Sorridono all'afflitto. Invan! quegli occhi
Perdono il lume, quelle guance il fiore.
Non basta all'usignuol che d'un giardino
Gli sia la selva liberal, se manca
La sua rosa diletta.[18] Inavvertita

La bella schiera femminil si piega
Adorando a' suoi piedi. Ah, che l'omaggio
Di tante lusinghiere un sol non vale
Sguardo della rejetta! adoratrici
Del pianeta son quelle, ed essa il cielo
Che del suo raggio crëator lo veste.

CANTO SECONDO.

E la bella fra tanto in questa sacra
Notte, lontana dall'allegra festa,
Nel suo romito padiglion sospira,
E non è chi l'aiuti e racconsoli
Fuor di Namuna, l'ispirata, antica
Vergine incantatrice. Il ciel compiea
Mille giri di sol su quella fronte,
Ma più bella e più fresca a senso umano
Non apparve giammai, quanto in quell'ora
Misteriosa e taciturna. Il tempo,
Simile all'aura occidental che avviva
L'inaridito calice de' fiori,
La rispetta non sol, ma la rinnova
Di sempre verde gioventù. Traspira
Dal pallor di quel volto una tristezza
Pur di mezzo al sorriso, e se d'ignoti
Mondi o canta o favella, arde negli occhi
D'un etereo balen che persuade
Come l'uomo e la terra al suo natale
Partecipi non furo. A lei son nati
Tutti i magici filtri e gli amuleti,
Dalla gran mantra [19] che gli aerei spirti
Modera e tien suggetti, all'afre gemme [20]
Che per tenersi da Siltim [21] difeso
Ravvolge il vagabondo Arabo al braccio,
Ed ella ogni segreta arte gittava
Perchè di novo richiamar potesse
Il pensier di Sellmo [22] a Normaàle.
E sebben dalle gioie e dagli affanni

D'amor divisa, vi mettea la cura,
La fatica, l'ardor di chi per lunga
Prova conosce di che rea saetta
La sua perdita ancida. — A mezzo il corso
Era giunta la notte, e pei cancelli
Che la fronda vestia del caprifoglio
Un alito spirava, una fragranza
Vaporata dai fiori e dalle piante
Che vegliano nel buio, allor che il sonno
Piega il capo dell'altre, e da' cespugli
Del gelsomin che timido si chiude
Nella luce del Sole, e quando annotta
Confida ad ogni lieve aura che passa
L'odoroso segreto. — « Oh l'ora è questa, —
Disse allor l'inspirata — in cui sul fiore
Cade l'incanto, e le corone inteste
Nel mistero dell'ombre e sulla fronte
Poste al dormente, di rapirlo han forza
In fantasmi d'amore, in abbaglianti
Portentose apparenze, e pari a quelle
Che sul cader della diurna luce
Hanno i genj del Sol nelle corrusche
Tende per l'orizzonte ampio diffuse,
Ove stanno a diporto in sin che il cielo
Del crepuscolo è pieno, e quei beati
Lor padiglioni colla luce invola.
Raccogliere or potrei dalle nascenti
Gemme che il lume della Luna imbianca
Tale un mistico serto, che recato
Dall'amante donzella a cui fuggito
Sia l'amador, discendere faria
Qualche Peri benigna, o qualche spirto
Generato dai fiori o dai sospiri
Dell'amore, e potrebbe... » —« Oh questa notte

CANTO SECONDO.

Per me, per me, la giovine proruppe,
Tessi il magico serto ! » E più leggera
Di montanina cavriola uscio
Dalla tenda all'aperto, e vi raccolse
Cento lucide foglie al mesto lume
Della Luna crescente, e ne compose
L'amorosa ghirlanda. I marii d'oro, [12]
Gli anemoni cilestri, i fiordalisi
Nati pur or sul margine dell'acque,
E quei fiori che schiudono le bocce [14]
Dal turcasso gentil di Camadeva,
La tuberosa dall'argenteo stelo
Che nei giardini di Malà reina
Della notte si chiama; e bella tanto
E tanto lieta dalla zolla odora
Al tramonto del dì, che la diresti
Una giovine sposa; [15] e gli amaranti,
Sospir delle fanciulle abitatrici
Dell'ombrosa Zamara, [16] e il bianco fiore
Della Luna che veste i desolati
Vertici del Serendi, ed al nocchiero,
Che volge a quella inculta isola il legno,
Lo palesano l'aure inebbriate
D'un'acuta fragranza; e l'erbe tutte,
Tutte le piante dalla diva Amrita [17]
Che di frutte immortali i cittadini
Delle stelle ricrea, sino al negletto
Bassilico [18] che l'urne ama ed infiora,
Ed al modesto rosmarin che spreca,
Senza speme di lode o di compenso,
Al deserto, alla morte il suo profumo. [19]
Ricco di queste piante era il giardino,
  E la gentile Normaàl le coglie
  E ne colma un canestro; indi ritorna

Alla donna spirtale, e l'odorosa
Raccolta in sen le piove. Oh come lieta
Guarda la bella incantatrice i fiori
Tremoli di rugiade e di rinfrante
Iridi! un gaudio la pupilla esprime
Che tutti i gaudi della terra eccede!
Assorta in muto rapimento, il capo
Su quei tesori di fragranza inchina,
E gli effluvi ne liba, e par confonda
La sua colla segreta alma de' fiori.
Perocchè dal vapor che ne respira
Ella trae l'alimento onde si nudre
La sua face vital; chè mai veduta
Non fu cibarsi di mortal vivanda,
Nè tingere il bel labbro in altro umore
Che nelle stille del mattino. — Allora,
Sazia alfin di rugiade e di profumi,
Dà principio all'incanto, e mentre i fiori
Lega in triplice nodo e forma il serto,
Questa improvvisa melodia v'intesse:

 M' è noto ov' han ricetto
  Le larve ed i fantasimi
  Che sul notturno letto
  Le brune ali sospendono,
  E tutta del dormente
  Confondono la mente.
 I calici incantati
  Io d'ogni fiore annovero,
  Dove que' sogni alati
  Chiusi e segreti annidano,
  Finchè, sparito il giorno,
  Fa l'ombra in ciel ritorno.

Ah, dunque, o giovinetta,
   L' erbe intrecciam, t'affretta!
Morranno ai primi albóri
   Le visioni e i fiori.

Le immagini amorose
   Che la fanciulla infiammano
Tiene un bel fior nascose;
Nel gelsomin si chiudono
Cui, pari alla pudica
Vergine, è l'ombra amica.
La speme ingannatrice
   Che vien ne' sogni al misero,
Che gioie a lui predice,
Move dal fior del mandorlo,
Unico fior che nasca
Da nuda arida frasca. [30]

Ah, dunque, o giovinetta,
   L'erbe intrecciam, t'affretta!
Morranno ai primi albóri
   Le visioni e i fiori.

Le larve lusinghiere,
   Che l'abbagliante imitano
Fulgor delle miniere,
Stanno in quel fior del Libano
Che indora alla rodente
Gazzella il bianco dente. [31]
Le spaventose forme
   (Non la toccar!) che assalgono
Il masnadier che dorme,
Son nella ria mandragola,
Che dalle rotte foglie
Stride se man la coglie.

Ah, dunque, o giovinetta,
  L'erbe intrecciam, t'affretta!
Morranno ai primi albóri
Le visioni e i fiori.

I sogni, amor del saggio,
  Che sofferente e tacito
  Dura l'ingiusto oltraggio,
  Nel cinnamomo albergano
  Che dallo stelo infranto
  Spreme odoroso il pianto.

Ah, dunque, o giovinetta,
  L'erbe intrecciam, t'affretta!
Morranno ai primi albóri
Le visioni e i fiori.

Come il serto fu chiuso e sulla bianca
  Fronte composto, un dolcissimo sonno
  Lento lento calò sulle palpèbre
  Della fanciulla innamorata, a guisa
  D'un estivo tramonto, ed uno spirto
  Tutto di liete melodie ripieno
  Quante la profumata aura ne reca
  Alle tende d'Azabbo, [8] in un col sonno
  Le s'infuse. Così nell'eritrea
  Tortuosa conchiglia, ove gli antichi
  Posero Amor dormente, il primo orezzo
  Messagger del mattino aleggia e suona.
  Ed ecco un'apparenza, o se la forma
  Luminosa ne guardi, e la vocale
  Aura delle commosse ali n'ascolti,
  Un tessuto di raggi e d'armonia
  Sovra il capo le stelle e mosse un canto.

Dal fonte di Chindara, [83]
   Tratto agl'incanti della tua corona,
   Che di candida zona
   Circonfuse la Luna, a te ne vegno.
   In quel garrulo fonte, in quella chiara
   Linfa, antica mia sede, albergo e regno;
   Ove, o cadano l'ombre, o nasca il giorno,
   Fra perpetue melòdi io fo soggiorno.
Ivi un suon di liuti,
   Confuso all'alternar delle parole,
   Per l'aere ognor si duole;
   E segreto sospiro il cor non manda
   Che in soave armonia non si tramuti.
   Oh, per la luce della tua ghirlanda,
   La spenta fiamma accenderai, se puote
   La magia delle corde e delle note!
È mio l'aereo canto
   Che mollissimo ondeggia, e miei gli accenti
   Che tremoli, morenti
   Piovono, come neve in grembo al mare,
   Nel cor che li riceve e scioglie in pianto;
   Mie quelle note lamentose e care
   Che dan vita agli affetti, a quella imago
   Che l'aura scote ed accarezza il lago.
È mio quel cenno arcano
   Che richiama gli spirti addormentati
   Nei diletti cessati,
   E mi formano in giro allegri cori
   Al fantastico suon d'un talismano.
   Mia la canzon che suscita ne'cuori
   Calde brame d'amore e le diffonde,
   Come l'augello che di fronde in fronde
Reca sull'ali il seme
   Dell'odorato cinnamomo. [84] Io godo

Stringere in dolce nodo,
Al diletto che sparve ed al presente,
Di sempre nove voluttà la speme.
Tale al suon che si tacque il suon nascente
La memoria congiugne, e dell' occulta
Nota futura la speranza esulta. "

Al mio tocco fatale
Si fa tenero e molle anche il guerriero,
Pari al bianco cimiero
Che traverso la morte e lo spavento
Sovra il capo gli ondeggia, e scende e sale
D'un'aura leggerissima a talento. —
Oh di che raggio la beltà risplende
Se la forza del canto in lei discende!
Così le intelligenti
Sfere ascoltando l'armonia superna
Commosse in danza eterna
Scintillano più liete e più divine.
— Io vegno dalle mie soglie lucenti;
Ed oh! pel serto che ti cinge il crine,
Riamata verrai, se nel mio canto
Non è perduto, o Normaùl, l'incanto!

CANTO TERZO.

È l'alba; quell'incerto, antilucano
  Barlume che si mostra e poi si spegne,
  Come se l'occhio del mattino aprisse
  Le raggianti pupille e novamente
  Le racchiudesse. [30] Normaàl si desta,
  E tenta colla man le meraviglie
  Del suo liuto. La temprata corda
  Geme al tocco più lieve, e par lo spiro
  Che vien dalla vicina ala d'un Dio.
  E la voce?... oh la voce umano accento
  Più non è! così vergini armonie
  Mai non sonaro da femminea bocca,
  Dolci come il sospir degl'Immortali
  Infiammati d'amore. « Oh fino a sera
  (Così la bella nel pensier discorre)
  Non si sciolga l'incanto: ed egli è mio,
  Mio per sempre! » E la magica canzone
  Tratto tratto rinnova, in gran sospetto
  Che non cada di forza e di dolcezza
  Col cader della luce, e cosa tanto
  Mirabile o celeste in lei non duri.
Nè sol la voce non perdea valore,
  Ma più tersa volava e più possente
  Da quel labbro iterata; ed ella alfine,
  Come l'eco che sviene innamorata
  Della propria parola, udia sospesa
  L'oscillar d'ogni corda, e poi che muto
  N'era il tremito estremo, un suon novello
  E più soave ne traea. — Selimo,

Nei conviti sperando e nelle tazze
Der l'obblio di quel volto e di quegli occhi,
Apria splendidamente a tarda sera
Il suo pomposo Salimâr. ⁸⁷ Nell'ora
Che splende all'astro vespertino il lago,
Tutte la maestosa aula raccoglie
Le sparse della valle abitatrici:
Creature amorose che nell'ombra
Vagano de' suoi boschi, e la bellezza
Devono all'onda delle sue fontane. ³⁸
Qui dell'erranti menestrelle i cori
Che lasciano talora (a che lasciarlo,
Sconsigliate fanciulle?) il fido asilo
Della valle materna, ed ai giardini
Del meriggio migrando, udir vi fanno
Le canzoni natie, che labbro umano
Non sa più dolce modular di quello: ³⁹
Qui le varie beltà che l'occidente
Agli Arèmi tributa ori-chiomate
Come il disco del Sole, e le cresciute
Sulle rive del Nilo e come il fiore
Che là s'innostra, flessuose e molli: ⁴⁰
E le nate agli amori e ricche il crine
Delle gemme di Pafo ⁴¹ onde va lieta
L'alpestre Cipro: dilicate forme,
Lievi come le Peri aggiratrici ·
Dell'aurea Candaàrre; ⁴² e le fanciulle
Del Cataio, che i neri occhi socchiuse
Dalla forza del sonno e nei segreti
Padiglioni raccolte, errar sul capo
Veggonsi innumerabili farfalle
Coi vanni screziati a più colori,
Così che la delusa fantasia
Credere le potrebbe i molli fiori

Di che sparso è il terreno, al vol costretti
Da incognita virtù."—Le giovinette
Beltà dell'oriente e dell'occaso
Tutte, fuor una, v'apparir. Tu sola,
Normaàl, vi mancavi, o d'ogni bella
Bellissima corona. Il tuo sorriso,
Di tanti giovanili occhi desio,
La luce tua che sfolgora fra mille
Come in notte stellata il fiso lume
A cui lo sguardo del nocchier si volge,
Mancavano al banchetto; ed ogni cosa
(Così Selimo nel pensier volgea)
Era mesta ed oscura.... Ah no! tu v'eri.
Tu v'eri, e teco ne venia l'incanto
Della tua voce. In lungo abito avvolta,
Alla schiera gentil di peregrini
Trovatori confusa, e, come han vezzo
Le fanciulle d'Arabia, il volto ascosa
Sotto larva ben chiusa e solo aperta
Dal manco ciglio," vi traesti allegra
Del vicino trionfo. — Ella volgea
Palpitando gli sguardi, e sospirava
Al felice momento in cui potesse
Tentar delle gittate arti la prova.
Imbandita di frutte e di licori
È la mensa. Dei grappoli dorati,
Dolce fatica de'casbinei colli;"
Soavi melagrane e pere e pome
D'auree e verdi propagini, cresciute
Al tuo fervido cielo e ne'tuoi mille
Giardini, o Càubule;" e mangusteni,"
Nettareo frutto di Malaia, e prugne
Maturate in Bocara, e molli noci
Che la boscosa Samarcandi invia,

E datteri di Basra, ed albicocche [18]
Nate in Ircana, e liquidi sapori
Di cerase e d'aranci in Visna espressi, [19]
E selvatiche bacche alla gazella,
Che nei burroni d' Erachea soggiorna,
Caro alimento. [50] E tutto in ricchi vasi,
In canestre di sandalo odoroso,
In urne cristalline un dì sommerse
Nell'indico oceàn con l'isoletta,
Onde il felice tuffator le toglie
E n'adorna le reggie. [51] Preziosi
Vini d'ogni colore e d'ogni clima
Coronano il banchetto. Ambra-rosolli, [52]
Luminose rugiade che la vite
Del mar verde distilla; [53] il rubicondo
Sirà che infuso nella vitrea coppa
Sembra, più che licor, la stemperata
Gemma per cui Callaja il prezzo offerse
D'una intera città. [54] — L'aureo bicchiere
Selim ne mesce e immergere vorria
Tutto in quell'onda obbliviosa il senno,
Tanto che la furtiva ala d'Amore
Loco asciutto non trovi.... Ah mal conosce
Come nuota il fanciullo entro le tazze,
Come d'un riso animator le accenda!
Non altrimenti in vision lo vide
Scorrere il Dardo sul ceruleo Gange,
E dentro un serto di ninfèa raccolto
Sorridere a quell'onda, e da quell'onda
Che riflettea la sua lucida imago
Nuovo lume acquistar. [55] — Ma che varrebbe
Il nappo del convito, ove non fosse
Consolato dal canto? ed ecco alzarsi
Una bella Giorgiana, in tutto il fiore

CANTO TERZO.

Della prima freschezza, onde lodate
Van le gentili di quel suol natìo,
Quando sorgono ignude e pudibonde
Dai ruscelli di Telli, [56] e tale un raggio
Dai bruni irrequïeti occhi saettano,
Che se cor non hai fermo, il Ciel ti guardi
Da quella vista perigliosa! — In atto
Molle sì, ma senz'arte, una sirinda [57]
Lambe col sommo delle dita, e canta:

« Vieni, vieni a Casmira! O nasca o muora
La luce, eterna qui la gioja ha sede.
Qui se langue un amore, in picciol'ora
Un novello e più caldo a lui succede.
Così la sorvegnente onda ristora
L'onda che si dilegua e più non riede.
Vieni, vieni a Casmira, o tu che vai
Cercando un paradiso, e qui l'avrai. [58]
Alla schiusa dall'ape ambra odorosa [59]
Il femmineo sospir qui rassomiglia,
La lagrima alla stilla rugiadosa
Che s'imperla nel sen della conchiglia. [60]
Or se più dolce d'ogni dolce cosa
Trovi il pianto e il sospir, qual meraviglia
Non proverai del bacio e del sorriso?
Vieni qui tu che cerchi un paradiso.
Qui, qui scintilla quel licor potente
Che bevve un dì la crëatura bella, [61]
Nè più gustò la vergine sorgente
Che lo nudria nella materna stella,
Allor che di lassù furtivamente
Scese agli amplessi di mortal donzella.
Vieni, vieni a Casmira, in questo seno
Il perduto t'aspetta Eden terreno. »

Cessata a pena la canzon che mosse
  Dalla vaga Giorgiana, un' altra bocca
  Ne riprese le note armonizzando
  Una concorde melodia. Rapiti
  Alla dolcezza d'un etereo suono
  Si volgeano in silenzio i circostanti,
  Per veder se l'angelico susurro
  Movea dall'ala d'Israfil. " Di tanta
  Virtù l'ignoto prodigioso accordo
  Tutti gli animi impresse; e mentre uscia
  Dolce come il liuto a cui si fuse,
  Labbro nessuno giudicar potea
  Se mirabili più, se più divine
  Fossero quelle note o quelle corde;
  Tanto al liuto rispondea la voce!

« Un bene io so d'altissimo valore
  Che fu dal canto di costei negletto.
  Due cuori che nel gaudio e nel dolore
  Stringa un nodo immortale, un santo affetto.
  Un giorno, un giorno sol di questo amore
  Interi anni non val di quell'abbietto
  Colto da sazia voluttà? — Se resta
  Traccia tra noi di paradiso, è questa. »
Non erano le corde e le parole,
  Ma la nuova potenza in quel liuto,
  In quel labbro incantata, che facea,
  Più di quanto fin ora a creatura
  Mortal fu dato, l'armonia sublime.
  Tutti ad una gridaro: « È la larvata
  Araba sonatrice. » Allor Selimo,
  Più d'ogni altro commosso, e mal potendo
  Sciogliere, per l'interna estasi, un detto,

Accennò colla man che la fanciulla.
Seguitar l'interrotto inno dovesse.

« Fuggi meco al deserto. Inculte sono
 L'arabe tende, ma l'amor n'invita,
 E chi per esse non darebbe un trono?
Aspre le rocce son, ma la crinita
 Acacia vi biondeggia, e cara e bella
 Quanto più solitaria e più romita.
Nude le arene son, ma la gazella,
 Come sul marmo di pompose corti,
 Sopra vi scorre graziosa e snella.
Io l'acacia sarò che ti conforti,
 Io la fera gentil dal piò d'argento
 Che nel deserto inospite ti scorti.
D'uno sguardo talora e d'un accento
 S'innamora il pensier, come giugnesse
 Un perduto tesoro in quel momento;
Come in un punto suscitar potesse
 Sensi e memorie d'un antico amore
 Che appena una fugace orma ne impresse,
Tale il suon del tuo labbro e lo splendore
 Dagli occhi tuoi mi vennero segreti,
 La prima volta ch'io ti vidi, in core,
Cari come di prischi e di più lieti
 Secoli rimembranze, arcani e novi
 Come armonie d'incogniti pianeti.
Vieni, oh vieni con me, se pur non covi
 Altra fiamma nel cor, se la catena
 Della prima tua fede ancor vi trovi;
Se come linfa di petrosa vena
 Che sprigioni dal suol la pavoncella [13]
 Serbi l'immago mia fresca e serena.
Ma se in pianto abbandoni altra donzella,

Se l'effige n'atterri, e vuoi la mia
Locar sulle spregiate are di quella,
Allor la figlia del deserto obblia!
Porrei sulle gelate acque la tenda
Quando i fervidi raggi il Sol m'invia,
Anzi che un foco, come il tuo, m'accenda. »

Era in quella canzone una profonda
Commovente virtù, che nell'acceso
Cor di Selimo penetrato avrebbe
Senz'aiuto d'incanto. Or chi polea
Reggere ad un accordo, ignoto ancora
Ai liuti terreni, ove animata
Dallo spirto fatal dell'armonia
Ogni corda sonava, ogni parola?
Sorse, il nappo gittò che nella mano
Tenea non assaggiato, e come inflsso
Dalle magiche note; indi quel nome
Da gran tempo taciuto, e quella cara
Da gran tempo non vista, alfin gli corse
Dal core al labbro. « O Normaàle, o mia
Normaàl! s'io t'avessi un sol momento
Udita a modular l'affettuosa
Canzon che mi rapisce, avrei gittato
Sui passati trascorsi un velo eterno
Di perdono e d'obblio; nè più diviso
Da' tuoi begli occhi mi vedresti. » — È tolta
La larva, oprò l'incanto. E la fanciulla,
Tutta di verecondo ostro soffusa,
Sente l'amplesso del reale amante.
Nella fronte serena e nei sereni
Sguardi il gaudio le torna; e la dolcezza
Del nascente sorriso, assai più caro
Dopo la nube che lo tenne ascoso,

È premio invidiato a' suoi sospiri.
E mentre il capo in molle atto reclina
Sul braccio dell'amante; «Oh!—gli bisbiglia,—
La festa delle rose ognor rammenta.»

NOTE.

¹ La rosa di Kashmere è così bella e fragrante che nell'Oriente è venuta in proverbio. — FORSTER.

² Circuiva i fianchi delle Indiane una zona di sonaglietti, i quali agitati mettevano una soave armonia. — *Canto di Jagadeva.*

³ Alberelle d' alto fusto coronano le sponde lungo il lago di Kashmere. — BERNIER.

⁴ La festa delle rose continua per tutto il tempo che sono esse in fiore. — PIETRO DELLA VALLE.

⁵ La rosa delle cento foglie viene chiamata Gul-sad-berk. Io la credo una specie particolare. Così OUSELEY.

⁶ Il *Tooseh* (o memorie di Jehangire) accenna le stole dello zafferano in fiore nei contorni di Kashmere.

⁷ È costume fra le donne il far cantare i Muezzen dalle gallerie del minaretto più vicino illuminato in quell'occasione, e le donne radunate in casa rispondono di tempo in tempo con un *zirulitt*, ossia festevole coro. — RUSSELL.

⁸ La fune dondolante, o non tesa, è il diporto favorito in Oriente, come quello che promove la circolazione dell'aria assai necessaria in quelle ardenti regioni. (*Richardson.*) Queste funi sono adorne di festoni, e l'esercizio viene accompagnato da musica vocale ed istrumentale. — THEVENOT.

⁹ Alla festa delle rose si pianta un gran numero di padiglioni, e vi concorre una folla d'uomini, di donne, di fanciulli e di fanciulle cantando e danzando. — HASSELT.

¹⁰ Un antico commentatore del Iscban-King, dice, che nei tempi primitivi fu notato come sboccando le acque da certe pietre, comunicassero alle rive un suono melodioso (GROSSIER). Questa maravigliosa proprietà vien pure attribuita alle spiagge dell'Attica.

¹¹ Jehanguire era figliuolo del grande Achar.

¹² Nelle guerre dei Divi colle Peri, quando i primi le facevano prigio-

niere, le rinchiudevano in gabbie di ferro e le appendevano agli alberi più elevati. Volavano poi le compagne a visitar le prigioniere recando loro i più scelti profumi. — RICHARDSON.

¹⁰ Donna e fiore, nella lingua di Malay, si esprimono collo stesso vocabolo.

¹¹ Capitale del Shadukiam. Vedi *Il Paradiso e la Peri*.

¹² Veggasi la descrizione del Cupido orientale, annodato con ghirlande di fiori, nelle cerimonie religiose descritte dal PICART.

¹³ Fra gli uccelli del Tonquin avvi una specie di fringuello dorato, il quale pel suo bel canto vien chiamato uccello del cielo. Le sue penne, quando riposa, sembrano screziate di colori vaghissimi, ma perdono ogni loro splendore quando si mette al volo. — GROSSIER.

¹⁴ Gli uccelli del Bosforo che non riposano mai; ed è per questo che vengono dai Francesi chiamati *les âmes damnées*. — DALLOWAY.

¹⁵ Presentate l'usignolo di tutte l'erbe, di tutti i fiori odorosi, il suo cuore fedele non tiene in pregio che l'amata sua rosa. — JAMI.

¹⁶ Il possessore della gran mantra domina sugli elementi e sugli spiriti d'ogni specie. — WILFORD.

¹⁷ La gemma dorata di Gionia chiamasi dagli Arabi *El-Herres* a causa della magia di cui la credono dotata. — JACKSON.

¹⁸ *Siltim* demone, credesi frequentar le selve sotto umane sembianze. — RICHARDSON.

¹⁹ Gianguise prima della sua elevazione al trono appellavasi Selim.

²⁰ *Memasagara* o *Marti d'oro*, fiori d'un color lucidissimo. — Sir W. JONES.

²¹ La pianta *Ilagacesara* è fra le più belle della terra. La sua deliziosa fragranza la rende degna di fiorire nel turcasso di *Camadeva*, o dio d'amore. — Sir W. JONES.

²² I Malajani appellano la tuberosa (Polianthes tuberosa) *Sandal Malam*, ovvero Signora della notte. — PENNANT.

²³ Gli abitanti di Batta in Sumatra, chiamati dagli antichi anche Zamara, quando non sono in guerra menano una vita oziosa, sonando tutto il giorno una specie di flauto, e coronandosi il capo di fiori. — MORDEN.

²⁴ La più grande e bella specie del Jamla, o pomo rosato, dicesi *Amrita* ovvero *Immortale*; ed i Mitologi del Tibeth danno lo stesso nome ad un albero celeste che produce l'ambrosia. — Sir W. JONES.

²⁵ Il soave basilico detto *Raghan* dai Persiani cresce per lo più nei cimiterj. Le donne egiziane vanno due volte la settimana a pregare ed a piangere sulle tombe dei loro defunti, e costumano di spargervi sopra quel fiore. — MAILLETH, lett. 10.

²⁶ Il gran deserto è fecondo di lavanda e rosmarino. — *Asiat. res.*

²⁷ Il bianco fiore del mandorlo spunta dalla fresca non ancora vestita di foglie. — HASSELQUIST.

31 Sul monte Libano cresce un'erba che tinge in color d'oro i denti delle capre e degli altri animali che se ne cibano. — HASSELQUIST.

32 *Azab*, il paese della mirra. Quest'immagine (di deità dimoranti nelle conchiglie) non era sconosciuta ai Greci, i quali rappresentavano Nerite, uno degli amori, vivente nelle conchiglie del mar rosso. — WILFORD.

33 *Chindara*, fonte favolosa, dove di continuo odonsi stromenti musicali. — RICHARDSON.

34 Il palombo detto *Pompadour*, è quell'uccello che trasportando il seme del cinnamomo in varie parti, diventa un gran propagatore di questa pianta aromatica. — BROWN.

35 Quando il diletto che proviamo procede da una successione di toni, la percezione n'è di natura complicata. Essa è composta dalla sensazione della nota presente, e dalla immagine o reminiscenza della cessata; le quali per tal modo congiunte producono quel misterioso piacere, che separate non avrebbero potuto recare; e la speranza della nota successiva concorre ad accrescerla. Quindi il senso, la memoria e l'immaginazione si mettono contemporaneamente in azione. (GÉRARD, *Sul Gusto*.) — Questa è precisamente la teoria sul piacere insegnata da Epicuro ed esposta da Cicerone; *Quo circa corpus gaudere tamdiu dum præsentem sentiret voluptatem, animum et præsentem percipere pariter cum corpore et prospicere venientem, nec præteritam præterfluere sinere.* — Secondo lo stesso principio spiega la Staël il diletto che produce la rima. — « Elle est de l'espérance et du souvenir. Un son nous fait désirer celui qui doit lui répondre, et quand le second retentit, il nous rappelle celui qui vient de nous échapper. »

36 Vi sono in quelle regioni due mattini, uno falso ed uno reale: il *Soobhi Kazim* ed il *Soobhi Sadig*. Di questo fenomeno danno i Persiani una strana spiegazione. Levandosi il sole dietro il Kohi Kaf (monte del Caucaso) manda i suoi raggi traverso un foro della montagna, e cagiona il *Soobhi Kazim*, cioè l'alba falsa, ossia quella fuggitiva apparenza dello spuntar del giorno; quindi ascendendo esso, la terra s'immerge di nuovo nell'oscurità; finchè il sole, elevandosi sopra il vertice, produce il *Soobhi Sadig*, o il vero mattino. — SCOTT WARING.

37 Nel mezzo della pianura in vicinanza del lago, uno degli imperatori di Deli (Shah Jehan) piantò un ampio giardino detto *Schalimar*, copioso d'alberi fruttiferi, d'arbusti e di fiori d'ogni specie. Parecchi ruscelli che v'irrigano il piano si raccolgono sul dosso del giardino, d'onde scorrendo al centro formano giuochi d'acqua, ed abbelliscono precipuamente il *Shalimar*. I principi Mogolli gareggiavano nell'adornarlo, e fra tutti Jehan Ghee, che solea nell'estate far la Kashmere l'ordinaria residenza colla vaghissima sua Normahal — Vedine in FORSTER l'intiera descrizione.

38 Celebri sono le acque di Kashmere, perchè si vuole che gli abitanti di quella valle acquistino bellezza bevendo alle sue fontane. — ALY YEYDI.

39 « . . . . . ebbi da lui la seguente canzonetta, che raccolsi dalla MAFFEI. — *Poeti inglesi e francesi.*

bocca di una fanciulla cassmiriana, e la posi in iscritto. La figlia di quella piacevole valle andava pellegrinando per diverse regioni dell' India. — *Miscellanee persiane.*

⁴⁰ Le rose del *Juam Nil*, o Giardino del Nilo attiguo alla reggia dell'imperatore di Marocco, sono pregiatissime, e della loro foglia si gonfiano i guanciali ed i materassi destinati al riposo degli uomini d'alto affare. — JACKSON.

⁴¹ In una parte montuosa di Pafo trovasi una spelonca che produce bellissimi topazj, i quali pel loro splendore ritennero il nome di gemme di Pafo. — MARITI.

⁴² Una plaga del Caolaar è detta *Perla* o parse falato. — THEVENOT. E credesi che la parte settentrionale di quella regione produca oro vegetabile.

⁴³ Queste farfalle son dette in chinese foglie o fiori volanti, tanta è la varietà e la bellezza dei loro colori. Esse cercano sempre i luoghi più fioriti ed ameni. — DUNN.

⁴⁴ Le donne arabe portano maschere nere con·piccioli e ben disposti fermagli. — CARRERI. — NIEBUHR dice che favellando esse mostrano un occhio solo.

⁴⁵ Le uve dorate di Cashin — *Descrizione della Persia.*

⁴⁶ I frutti del Kaubul sono pome, pere e melegranate. — Vedi in ELPHINSTONE la descrizione di queste frutta e del Mille giardini di Kaubul.

⁴⁷ Mangusteen, il frutto più delicato del mondo, vanto delle isole Malaiane. — MARSDEN.

⁴⁸ Squisita specie d'albicocco, chiamato dai Persiani Seme del Sole.

⁴⁹ Soavi conserve in vasi di cristallo, composte di foglie di rosa, di cerase di Visna e di fiori d'arancio. — RUSSELL.

⁵⁰ Le antilopi si nutrono delle bacche dell'Erak. — MOALLAKAT.

⁵¹ Mauri-ga-sima, un'isola vicina alla Formosa, che vuolsi ingoiata dal mare per le colpe dei propri abitatori. I vasi che i pescatori e i palombari n'estraggono si vendono nella China e nel Giappone a gran prezzo. — Vedi KEMPFER.

⁵² Ambra-rosolli. Vino delicatissimo. — Vedi *Novelle Persiane.*

⁵³ Mar Verde, il Golfo Persico.

⁵⁴ Il vino di Kibma. Vuolsi che il re di Zaiton possegga il più bello e più ricco rubino che siasi giammai veduto. Kublai-Kan per acquistarlo offerse il valore d'una città, ma il re gli rispose che non lo avrebbe ceduto pel mondo intero — MARCO POLO.

⁵⁵ Fingono gl'Indiani che Cupido si mostrasse da principio galleggiante lungo il Gange sopra uno strato di Nymphæa Nelumbo. — Vedi l'ENNANT.

⁵⁶ Tellis è celebre per le sue terme. — Vedi EBU-HANKAL.

⁵⁷ La Sirinda indiana, o chitarra. — SISMES.

⁵⁸ Sulla facciata del Dewan Khass, palagio di Shab Allums, leggesi la seguente iscrizione in lettere d'oro: *Se v' è paradiso sulla terra è questo, è questo.*

⁵⁹ Delicati sono i Fiori dell' Ambra che spuntano sulle cime dei monti, e da cui le pecchie suggono dolcissimi umori. — *Canto di Jagadeva.*

⁶⁰ Dicesi che il *Nisan*, ossia la rugiada di primavera, produca le perle insinuandosi nelle conchiglie. — RICHARDSON.

⁶¹ Vedi gli *Amori degli Angeli*, ed il Marili, sulla influenza del vino nella caduta di essi.

⁶² Israfil è l' Angelo della musica.

⁶³ L' Hudhud o Lapwing (in italiano Pavoncella) possiede l' istinto di scoprire le più pure acque sotterranee.

GLI ADORATORI DEL FUOCO.

A GIUSEPPE VERDI.

Giuseppe, io t' offro di mia stanca mente
   Forse l' ultimo fior. Soppormi al peso
Dell' ozio or debbo, chè l' arco scendente
Dell' età m' ha lo spirto e il corpo offeso.
Parran questi miei versi umil presente
Al genio tuo che sì gran volo ha steso,
Non al tuo core. Ammenda al lor difetto
Ei troverà nel nostro antico affetto.

NOTA.

La cortese accoglienza fatta alla mia traduzione di alcuni canti orientali di Tommaso Moore, e principalmente a quella degli *Amori degli Angeli*, mi dà speranza che gli *Adoratori del fuoco*, opera dello stesso poeta, non riusciranno sgraditi. Questo poema va distinto dagli altri per concetti più gravi e più profondi, e per situazioni assai più drammatiche. Pare che il Bardo di Erina abbia qui deposta la tazza della voluttà, per toccare l'arpa della gloria e trarne suoni robusti di riscatto e di libertà. Contrasto bellissimo al consueto tesoro di quelle immagini graziose, che valse all'autore il titolo di *Anacreonte britanno*. Il suo grande affetto per l'Oriente e la sua vasta dottrina di quelle storie, di quegli usi, di quelle tradizioni apersero all'Europa una fonte di nuova poesia: e nessun'altra di nazione straniera parrebbe meglio di questa affratellarsi colla italiana; giacchè la nostra lingua, così dolce ed armoniosa, esprime a meraviglia i pensieri delicati e leggiadri. Eppure la esperienza mi ha dimostrato altrimenti; e trovai maggiori difficoltà nel rendere italiana la poesia del Moore, che quella stessa del Byron e del Milton. Questi due grandi scrittori visitarono l'Italia, vi soggiornarono a lungo, lessero e meditarono i nostri poeti, dai quali appresero quel fare plastico e preciso che è tutto nostro, e diedero alle loro fantasie contorno e rilievo. Ma nel Moore la cosa è diversa. I suoi periodi, di solito, sono lunghi, pieni d'incisi e di parentesi che forzano chi li traduce ad ordinarli e spezzarli. Le sue immagini a volto indefinite, a volto vaporose, pajono sfumare sotto la penna come i vanni colorati d'una bella farfalla sotto le dita che la premono. Ora perchè il ritratto non fosse cosa morta e ripetizione insipida di linee, anzi che viva ed animosa riproduzione di fisonomia, di vita e di spirito, mi sono provato, così nei precedenti come in questo poema, a conformare alla nostra l'indole singolare dello scrittore inglese, tantochè, poco perdendo della nativa originalità, nulla risentisse di quell'andamento affaticato e contorto, così ripugnante alla nostra poesia, il quale palesa l'origine straniera fin anche nella frase e nella parola. E dico mi sono provato, ben lontano dal credere ch'io mi sia accostato a questo ideale di traduzione, che solo potrebbe arricchire la patria letteratura di preziosi giojelli e farli patrimonio suo proprio. Se la mediocrità del comporre originalmente è perdita assoluta di tempo, nel tradurre è quasi una colpa, e certo un oltraggio al poeta tradotto presentandolo deturpato o svisato ad un'altra nazione. Chi mai senza noja poteva leggere da capo a fondo la Iliade nelle versioni del Salvini e del Ceruti, se ne togli qualche pedante razzolatore di frasi? nessuno. Venne il Monti e la tradusse di nuovo: e la Iliade diventò poema nostro non solo, ma splendido esemplare d'ottimi versi. E si noti che la grandezza dei concetti omerici è tale, che la più misera delle vesti non saprebbe interamente occultarla, mentre la poesia del Moore, essendo tutta o quasi tutta d'immaginazione, è principalmente affidata allo stile. Creazioni di ricca e voluttuosa natura, spiriti aerei, ali odorose, fiori, sorrisi, lagrime di amore, sono il vago corteggio della gentile sua musa, la quale paragonerei volentieri alla rosa senza spine immaginata dal Milton nel suo Paradiso; e se il poeta traduttore non saprà svolgere tutto questo in una lingua pieghevole ed elegante, ed in un verso morbido e musicale (fosse egli pure scrupolosamente fedele), non darà mai la vera impronta dell'originale. Ma per la sua stessa singolarità il Moore non è poeta da imitarsi. Quella dovizia d'immagini, di allusioni, di similitudini così belle, così nuove per noi, trasportate dall'Oriente nell'Occidente perderebbero non pure di vaghezza e di verità, ma ne uscirebbe uno stile artifiziato e lezioso.

Dal che si guardino i giovani come da capital nemico di quella eletta semplicità, che solamente, e la storia lo dimostra, può dare il sigillo durevole ai prodotti dell'arte.

ANDREA MAFFEI.

GLI ADORATORI DEL FUOCO.

CANTO PRIMO.

Illumina la Luna il mar d'Omàno, [1]
Le perlifere sponde e l'isolette
Coronate di palme amabilmente
Sorridono, e l'azzurra onda riposa.
Veste il lume gentil le mura e il vallo
D'Armòzia, [2] ed entra le marmoree sale
Dell'Emiro, [3] ove il suon degli oricalchi
Confondeasi pur or col tintinnio
De' cembali. Saluto al Sol che parte,
Al pacifico Sol, cui le dolenti
Note d'un usignuolo o d'un liuto,
Meglio che fragorosi allegri suoni,
Guidano all'aureo letto ov' ei si corca.

Tutto è calma e silenzio. Il lido e il mare
Son queti, immota ogni aura, o lene tanto
Che non agita un fior, non leva un'onda.
Pòn raccogliere appena i ventilabri
Sull'alta torre dell'Emiro un soffio
Passeggero di brezza. [4]
     Ivi il tiranno
Dorme sonni tranquilli, e veglia e freme
Un popolo compresso a lui d'intorno.

[1] Vedi le note a pag. 486.

Mille accenti di rabbia e di minaccia
Empion l'aria ch'ei spira, e mille acciari
— Per vendicar l'antica onta recata
Dalla razza odiosa ond'è disceso
Al gran nome d'Iràno [5] — abbandonate
Han le guaine.

    Disumano spirto
È quest'arabo sire; occhio che pianga,
O spada in atto di ferir nol muove.
Spirto ipocrita, cupo, a cui la veste
Del suo Corano occulta un'efferata
Libidine di sangue. Aprirsi il cielo
Col misfatto egli pensa, allor che piega
Sul terren sanguinoso un vil ginocchio.
E sommesso bisbiglia i sacri versi [6]
Sculti sul brando suo che lordo è sempre
Di vittime recenti; e ti saprebbe
Freddamente additar fino a qual punto
L'abbia nel fianco alle infelici immerso.

Come lo accoglierai, Giustizia Eterna,
 Quando a te si presenti, e svolti i fogli
Con empia mano del divin Volume
Ch'ei non arrossa di toccar, s'attenti,
Falsandone i sublimi arcani sensi,
Scolpar tante lascivie e tante empiezze?
Sugge l'ape così di Trebisonda
Da'petali fiorenti, onde son lieti
I suoi culti giardini, un venenoso
Mele che l'intelletto all'uom confonde. [7]

Non avea la crudele araba terra
 Generato fin qui più snaturato

Satrapo di costui, nè la sventura
Sotto un giogo più duro e più funesto
Messo il capo d'Iràn. Sovverso il trono,
Domo l'orgoglio antico, offriano i polsi
Gl'inviliti suoi figli alle catene.
Codardia svergognata! e nel paese
Natio, ma non più loro, ossequiosi
Piegavano le terga innanzi al soglio
D'uno straniero usurpator. Ne' templi
Dove il foco di Mitra* un dì splendea,
Templi che da Musleno* or son polluti,
Una vil turba dal terror conversa,
Conculcata la Fè de' suoi maggiori,
Porgeva all'abborrito idolo incensi.

Pur fra tante sventure Iràn serbava
Non poche anime invitte, a cui la speme
Della vendetta, nel comun naufragio,
Ragionava altamente. Anime invitte
Che mandavano ancora una favilla
Della prisca virtù, come la gemma
Che del sol già caduto un qualche lampo
Pur nel buio conserva; e forti e pronte
Spade per secondar gli audaci moti
Di que' liberi cuori. E tu la prova,
Arabo, ne farai; tu che tranquillo
Dormi al lume del ciel, come se Dio
Versar nella feroce alma ti debba
Col raggio de' suoi puri astri la pace.

Dormi! ma sappi, usurpator, che l'onda
Dolcemente increspata e lo splendore
Di quegli astri gentili allegreranno
Ben altri occhi de' tuoi. Dormi, nè luce

Abbagliante di cielo i tuoi cruenti
Sogni interrompa. In questa ora di pace
Vegliar non debbe che l'amor.

       Sull'alto
Della ròcca sorgente dagli scogli
Che gettano si vasta ombra nel mare,
S'apre un balcone, e dal balcon discende
Un lunghissimo crin; nè più nereggia
Sul turbante dei re la preziosa
Piuma dell'Airone.[10] È ben la figlia
Dell'emiro costei; soave, ingenua
Créatura d'amor, sebben germoglio
Di sì ruvida pianta, e vera immago
Del fonte che ridona il fior degli anni
Benchè da sconsolata alpe zampilli.[11]
È pura e santa la beltà che fugge
Dai tumulti del mondo e dal profano
Sguardo dell'uomo, e di pudica luce
Veste un asilo solitario e queto.
Fior che spunti nel mare, ove non scende
Caldo raggio di sol, non si circonda
Di più modesta oscurità!

       Son tali,
Inda, fin or le tue care sembianze,
La bella anima tua; tesoro occulto
Alla luce del giorno. Ed oh beata
La mano a cui propizio amor conceda
Di rimovere il vel che lo nasconde!
Tale è forse colui, che d'improvviso
Scopre in mari lontani un'isoletta
Da umane orme non tocca, ove fra tante

E nuove meraviglie, un aere ondeggia
Che primo egli respira.

      Oh come vaghe,
Come amabili son le donzellette
Che nel tramonto d'un estivo sole
Van per l'arabe valli, e gli occhi ardenti
Celano fra le rosëe cortine
Degli aurei Palanchini! [12] E pari al fiore [13]
Che ne imbianca il bel crin leggiadre e care
Vi son anco le spose. O le rinfreschi
L'agitato ventaglio in profumati
Chioschi, [14] o nell'ombra di conserte frondi
Consultino lo speglio, [15] e questa cura
Ore lunghe le occùpi, ad ogni istante
Par che nova bellezza in lor s'accresca.

Ma nessun de' giocondi arabi claustri
 Sposa decente o donzelletta ammira,
Che dalla figlia d'Alassàn non sia
Trionfata in beltà. Degli angioletti
Che rallegrano i sogni ad un fanciullo
Ha l'aspetto, ha l'andar, ma nella tempra
D'una soave femminil mollezza.
Così limpide son le sue pupille,
Che costringono il Vizio a dar le sue
Vergognando alla terra, in quella guisa
Che dal vivo fulgor dello smeraldo
Resta il serpe abbagliato. [16] E nondimeno
Spiran le brame giovanili, e misti
Ai puri ardori delle spere i gaudi
Della terra. Celeste è quasi l'alma
Chiusa in membra sì belle, o il santo lume
Della Fede traspar di mezzo all'ombre

Pur degli affetti non celesti. Immago
D' un sorriso di sol che fra l'estive
Selve penètra, e fuggitivo e blando
Le rischiara così che l' ombra stessa
Più gradita ne fa.

     Di tal natura
Era la giovinetta innamorata
Che, lasciate le coltri, ove giacea
Dimentica del sonno, in così tarda
Ora dall' alto della torre osserva
Le tremule lucenti acque d' Omàno.
Misera! non solea con tal sussulto
Batterle il cor, nè di tacite stille
Splendere il ciglio suo, quando l'aspetto
Maestoso del ciel nella diletta
Arabia vagheggiava in più felice
Tempo di questo. Ma perchè lo sguardo
Volge affannosamente a quei dirupi,
Di cui l' ombra gigante i flutti imbruna?
Chi mai nel bujo e nel silenzio aspetta?
Perigliose son troppo al piè dell' uomo
Quell'irte e nude roccie, onde l' ascesa
Temeraria ne tenti, e qualche speme
Nudra d' inerpicarsi a tale altezza.

 Era questo il pensier del cauto Emiro
  Quando, affannato dal calor diurno,[17]
  Costruì con mirabile artificio
  Quella loggia eminente ove solea
  Goder delle notturne aure lo spiro;
  Nè manco inaccessibile che bella
  L'accorto padre la stimò.
        Tiranno!

Segui pure i tuoi sogni; e quanto Amore
Medita ed osa d'eseguir non turbi,
No, le tue notti. Amor, l'audace Amore,
Cui graditi non son, nè gloriosi
Gli agevoli trofei, che de' suoi frutti
Dolcissimo gli par quello che spicca
Sull'orlo dell'abisso, e più securo
Del palombaro che nel mar si tuffa
Quando l'onda è pacata, egli disfida
Le tempeste, e la perla entro il tumulto
De'vortici raccolta è a lui più cara.

Della figlia d'Arabia, oh non ti punga
   Timor, per quanto la tua ròcca al cielo
L'alta cima sollevi, e via non apra
Quella cerchia di scogli! Un core è il suo,
Che per cammin terribile oserebbe
Avventurarsi a guadagnar la cresta
Del nemboso Ararat[19] sol per un bacio
Delle tue labbra. Un core, un cor, fanciulla,
Cui la balza più ritta e minacciosa,
Pur che a te lo guidasse, il roseo calle
Saria del paradiso. Ed alla vista
Non ti giunge il candor di quelle spume
Che si lascia da tergo il suo remeggio
Impaziente? Oh sì! nè questo solo,
Ma ti fere l'orecchio il subitano
Colpo del navicel che nei macigni
Dello scoglio cozzò. Già desiosa
Di sollevarlo fino a te protendi
Le tue braccia di neve, rinnovelli
L'esempio dell'intrepida donzella,[19]
A cui lo sposo dai lucidi crini
Nel colmo della notte osò levarse

Caldo d'amore e di coraggio: a mèta
Quasi dell'ardua via, che nell'amplesso
Lo traea della sposa, il piè mancogli:
Ed ella, sciolti i suoi lunghi capelli,
Giù gl'inviava con un grido: « a questi,
Caro, t'avvinghia. » Nè maggior destrezza
L'imperterrito Zalc in quel momento
Periglioso mostrò, di quanto or mostri
Questo ardito garzon, che già s'appressa
Alla pergola d'Inda. Alpestre capra [10]
Saltellar per le roccie di granito
Più leggera non sa, com'ei s'aggrappa
Da masso a masso fin che salvo il piede
Sul veron della vergine ripone.

Ama la giovinetta, e non conosce
Di che gente è l'amato, onde ne vegna,
Qual incognito augel che da cortese
Aura sospinto di lontani mari
Migri all'indiche selve, ed allo sguardo
Dello stupito viator si mostri.
Tal apparve il garzone alla fanciulla,
Ma da lei fuggirà come s'invola
L'augelletto straniero al viandante
Mentre, meravigliando, i bei colori
Delle penne ei contempla? Allà [11] nol voglia!

Splendea, come risplende in questa notte,
Sereno il raggio della luna; ed Inda
Sola all'ora medesma una canzone
Sul Canùn [12] modulava; allor che vide
Primamente brillar per le graticce
Della pergola istessa, ove gli amanti
Or mescono i sospiri, il vivo lampo

Di due brune pupille; e persuase
Al suo pensier che qualche aereo spirto
— E poteano senz' ale alzarsi a tanto
Membra terrene? — il suo volo notturno
Lusingato dal canto ivi sostasse.
E questa prima illusion dal core
Mai cacciar non potè. Quantunque uscita
Dal terrore improvviso onde fu colta,
E vedesse un mortale alle sue piante,
Pur dagli strani suoi detti confusa,
Ed abbagliata dal fulgor degli occhi
Che fissar non potea, la giovinetta
Si credette in balia d'alcun profano
Figlio dell'aere, o di color che presi
All'amor delle vergini mortali
Fur balzati per sempre dalle spere. "

O semplice fanciulla! Angelo o Silfo
  Non è costui che facile conquista
  Fa del tuo cuore. Un uomo egli è, d'argilla
  Plasmato anch' esso, coraggioso, ardente
  D'amor, come ogni petto in cui trasfonda
  La sua vivida fiamma il dio del giorno.

Ma spenta in questa notte è la baldanza
  Di quella fronte; pallida è la guancia,
  Mesto il guardo e dimesso. Oh mai veduto
  Non fu da te l'ignoto e caro amante
  Doloroso così, fuor che ne' sogni!
  Ne' sogni irrequieti, ond'è soave
  Cosa il destarsi e lagrimar; chimere
  Che obliar non si ponno, e nella veglia
  T'addolorano ancor, non altrimenti
  Di que' genj maligni che dovunque

Battano i tristi vanni inaridisce
Ogni pianta, ogni fior.

     « Come sorride,
— Con angelica voce alfin proruppe
La timida fanciulla; ed accennava
L'onde schiarate dall'argenteo lume —
Come dolce sorride a quella verde
Isoletta la luna! Oh quante volte
Ne' miei vaghi pensieri io desiai
Ch'ella avesse le penne, e in mari ignoti
Fra' suoi viali di gentil verzura
Noi due recasse, e per sempre indivisi,
Dove cor non battesse altro che il nostro,
Vivere, amar, morire, occulti al guardo
Crudel dell'uomo, e sol noti al pietoso
Degli angeli, che forse dalle stelle
Scenderiano a mirar quel nostro puro
Paradiso d'amore.... Angusto troppo
Ti saria questo mondo? » E ciò dicendo
Volse, come scherzosa, in lui lo sguardo,
Onde un sorriso passagger rifulse
Misto a dolce rossor che l'incarnato
Delle sue gote ravvivò. Ma quando
Vide di qual mestizia erano impressi
Quei del caro straniero allor che volti
Gli ebbe nel suo, morì tosto nel pianto
Quella sua gioja. « Ah sì! del ver presaghi
Troppo furo i miei sogni, i miei terrori!
Questa notte ci parte, ed ahi, per sempre!
Durar, ben lo previdi, una celeste
Voluttà non poteami, o già s'invola.
Al dolore io son nata, e dalle fasce
Sempre così mi sparve ogni diletto.

Un fiore io non amai che pria d'ogni altro
Nol vedessi languire; una gazella
Non m'allevai, perchè mi vagheggiasse
Co' gentili occhi suoi, che giunta a pena
A conoscermi, amarmi, ahi non morisse!
Ed or questo mio ben che tutti avanza,
Che pur sognato non avrei, la gioja
Del vederti, ascoltarti e dirti mio,
Questa ancor mi abbandona!... Oh va'l periglio
Troppo accompagna il tuo salir. Que' balzi
Terribili, quell' onde insidiose....
No, più mai non tornar. Ti regga Iddio
Sul fiero calle che da me ti scosta.
Meglio ch'io ti contempli a' rai di luna,
Ma securo laggiù, che in tal periglio
Vicino a me. »

    « Periglio? Oh, mal conosci
— La interruppe il garzon — che tenti e possa
Chi nacque fra' perigli, e l'orme prime
Fra' perigli stampò; colui che tutti
Sorridendo gli affronta, ed altro suono
Che dell'armi non ode e della strage;
Colui che sulla spada appoggia il capo
Dormendo, e desto nella man la serra.
Periglio?... »

    « Ah segui! tu non temi adunque?
Rivederne potrem? potremo, o caro.... »
« No, così non guatarmi!... Io non conosco
Cosa alcuna, amor mio, che mi sgomenti
Fuor di quegli occhi! Se virtù valesse
A smovere il mio cor dal suo proposto,
Essi, sol essi infrangere quel sacro

Suggel potriano che v'apposi.... Oh mai
Mai cangiarsi non può, comunque orrendo,
L'immobile mio fato; e rivederti
Forse io più non potrò!... Perchè due cuori
Piacque al cielo legar che poi la terra
Crudelmente divide?... Ascolta, o figlia
D'Arabia! unir le tenebre alla luce
Saria men grave e disperata impresa
Che giungere noi due con sacro nodo.
Tuo padre.... »
  « O grande Allà, da quegli sguardi
Fulminei scampa il suo capo canuto!
Mal lo conosci; i prodi egli ama, o viva
Creatura non è che più di lui
Pregiar sapesse ed onorar le prove
Del tuo cor, del tuo braccio. Oh quante volte
Standomi fanciulletta a' suoi ginocchi,
E scherzando coll'elsa dell'acciaro
Che pendeagli dal fianco, io dir lo intesi:
« Verrà dì che la mia balda fanciulla
Fia d'un prode la sposa. » E tuttavolta
Quando all'orè segnate o fiori o fresche
Tazze io gli reco, sorridendo ei suole
Quel presagio iterarmi, e spesso aggiunge:
« Sul campo della pugna, in mezzo a' plausi
Della vittoria e del trionfo è bello
Guadagnarsi la man d'una fanciulla. »
Perchè torcere il volto?... Oh sì! le solo
Sceglie il destino ad avverarne i voti!
Va'! le insegne ne segui, il folle ardire
Di quei Ghebri t'è noto?... "Oh ciel, qual ira
T'imporpora le guance? È più che umano
Questo ardor di battaglia.... Or va'! t'affretta.
Il vegnente mattin sotto i vessilli

Di mio padre ti colga, e nella pugna
Non ti sfugga al pensier che amore ed India
Palpitanti bensì ma pur sicuri,
Giacciono all'ombra del tuo ferro. Un lauro
Su quei servi del fuoco, iniqua razza
Cui tanto abborre il padre mio.... »

« T'arresta!
— Il giovane esclamò — Le tue parole
Son mortifere punte. » E, svolto il manto,
Scoprì la fascia che il cignea. » « Contempla,
Araba, e muori di rossor! Tu vedi
L'odio del padre tuo. Sì, di quell'empia
Razza son io, di quei servi del foco
Che salutano all'alba ed alla sera
L'augusta sede del Signor nei vivi
Lumi del cielo. Io sono un di que' pochi
Che fedeli ad Iràno, alla Vendetta,
Maledice l'istante, in cui veniste,
Barbari predatori, a rovesciarne
Altari e libertà; che giura al Nume
Di spezzar le ritorte, ond'è gravata
La patria nostra o di morir. Colui....
Vergine, non tremar. Chi die' la vita
A questi occhi amorosi, ei m'è più sacro
Dell'ara venerata, onde s'innalza
La pura fiamma che adoriam. Ma sappi!
Di lui solo io cercava in quella notte
Che il chiaror della torre a sè mi trasse
Dalla mia cimba esploratrice, e certo
D'un'alta preda cimentarmi osai
Su queste rupi. Il nido entrar credetti
D'un rapace avoltojo, e giunsi a quello
D'una colomba paurosa. Quanto

Ne segui non ignori. È tua la colpa,
Tua la vittoria se l'amor consunse
Un pensiero cui primo, ultimo, solo
Possedea la Vendetta.... Oh mai trovati
Non ci fossimo in terra! E poi che questo
È voler di destin che non si muta,
Obliar potess'io qual dolce nodo
Allacciar ne potria! Chè non nascesti
Persa tu pure? e due valli vicine
A noi culla non furo, a noi comuni
E trastulli infantili ed idioma
Ed altari e preghiere? Oh come avvinti
Così cari alla patria intimi nodi
N'avrebbero alla vita! Allor la santa
Causa d'Irano colla tua confusa;
Allor dal labbro tuo, dal tuo liuto
Prische età revocate, e glorie spente
Di nuova luce rivestite.... allora
Il genio della Persia, arcanamente
La tua voce inspirando, oltraggi antichi,
Come recenti invendicate offese
Rammentate m'avria.... Chi tanto audace
Di cozzar col mio ferro, Inda, sarebbe?
Cogliere mi vedresti in ogni scontro
Una fronda d'alloro.... Ed or divisi,
Quanto per forza di destin si ponno
Dividere due cuori, a noi che giova
Questo misero amor? Fratelli, patria,
Fede.... ah tutto, infelici, abbiam diverso!
Come dunque vivrebbe il nostro amore,
Senza insultar sacrilego o funesto
Ciò che abbiam di più caro? Il padre tuo
Avversario è d'Irano, e tu, tu stessa
Forse.... Ma no! L'atroce odio non gira

Si pietose pupille, e certo io sono
Che sacra a te sarà la insanguinata
Patria d'un uom che per tutto in non cale
Per te, donna, potria, fuor che la sola
Patria infelice. Tu vedrai nel sangue
Di tanti valorosi, e nel dolore
Delle vedove spose e delle madri
Fisar mille de' tuoi l'asciutto sguardo....
Oh sovvengati allor qual fosse e quanto
L'amor d'un Ghebro, e piangerai per tutti!
Ma vedi? » — E impetuoso al mar si volse
Additando una fiamma che sorgea
Da lontani marosi, e avea l'aspetto
Di lampa funeral sul derelitto
Tumulo d'un nocchiero. Ad or ad ora
Ignei strali saliano alla sembianza
Di fatue luci, che dal ciel cadute
Rimbalzassero al cielo." — « Ecco i miei segni!
Un istante d'indugio e siam perduti.
Addio!... Non rattenermi.... Or tuo di nuovo,
Vendetta. »

   E in questo dir, come volasse
Dall' amplesso d'amore a quel di morte,
Si lanciò dal veron sugl' irti scogli.

Muta, pallida, immota Inda rimase,
 Finchè dal suo stupor la trasse un tonfo
Giù nell' acque profonde. Ella s' avventa
Con un grido al verone : « A te ne vegno....
Nel letto ove ti giaci io pur mi corco....
Il mio talamo è quello.... Oh meglio uniti
 Per sempre in morte che disgiunti in vita! »

Sventurata fanciulla, ancor non suona
 L'ora che tronchi il tuo stame vitale!
 Ella scorge di nuovo il navicello
 Solcar rapido i flutti, e trar l'amante
 Ad incognita riva.... infausta sempre,
 Dovunque fosse, all'amor suo.

                              Chi mai,
 All'aura mite che il legno seconda,
 Al dolce lume che la via ne schiara,
 Chi mai potrebbe immaginar che porti
 Con sè la disperanza, e lasci addietro
 Un cor trafitto da mortali angoscie?

CANTO SECONDO.

Limpida e queta rinascea l'aurora,
  E d'un roseo color l'immensa calma
Dell'Omàno vestia, di Barcino
Rischiarando i palmeti e le odorose
Viti di Kisma.[77] Olian di freschi effluvj
Le curve arabe spiaggie, e intorno al Capo
Venerato di Sètema[78] increspando
Ivano le gentili indiche aurette
L'onda di frutti e fiori ognor cosparsa,
Che nel radere il Capo i pii nocchieri
Vi sogliono gettar, quasi devote
Ostie ai Genj del loco, acciò cortese
Lor concedano il vento e il ciel sereno.
Fuggia l'ultima stella, e dalle piante,
Ove sì dolcemente avea profusi
Alla notte, al silenzio i suoi gorgheggi,
L'usignuol s'involava; e fra boschetti
Di melograni s'ascondea, stillanti
Di rugiada sì nitida, sì pura
Che non avria la tersa, inflessa lama
Di quel brando appannata, onde s'adorna
Nel primo giorno del suo regno il fianco
Di pomposo sultano.[79]
                Ed ecco il sole
Radiante apparir sui gloriosi
Vanni dell'oriente. Angiol di luce!
Quando mossero gli altri il giro eterno,
Precedevi tu primo, e le fiammanti
Tracce seguivi, nel gran vano impresse
Dal tuo divino Creator.

Ma dove
Quei giorni or son che Iràno alla tua spera,
Come elitropio, si volgea? quei giorni
Che ti ardeano gli altari in ogni loco
Del Dendèmero all' ultima foresta
Di Samarcanda? dove son ? Ne chiedi
All' ombre di color che sui funesti
Piani di Cadessia [20] l'artiglio han visto
Degl'invasori strappar dall'infranto
Diadema d'Iràn le sacre gemme,
Ed abbatterne l'are e i sacerdoti.
Agli esuli ne chiedi erranti, spersi,
Miseri, sconosciuti oltre le Porte
Ferree del Caspio, [21] e sull'eterna neve
Dell'alpestre Mossia; d'immenso tratto
Lungi dal caro suol che i dolci frutti
Lor nudria della palma, e dalla linfa
Salubre delle sue limpide fonti.
Però meno infelici e miserandi
Che, se dannati a calpestar le glebe
Contaminate della patria, il giogo
Dello stranier gravasse a lor le terga.
Soffersero gl'invitti irne raminghi
Senza tetto ospital che gli raccolga,
Anzi che schiavi abbietti al cenno, al culto
D'un istrano signor piegar la fronte.

E l'orgoglio d'Iràno ora e per sempre
Morto dunque sarà col sacro foco
Nelle grotte di Mitra? Oh no! la prole
D'Iràn non porterà le tue catene,
Mentre tombe ha la terra e raggi il sole,
Esecrato Musleno! In questi ardenti
Spirti cova il rancor fin che prorompa

Maturo alla grand'opra; in questi cuori
Lenti sì ma tenaci, ha la Vendetta
Gettato un seme che sbocciar vedrai,
In qualche insidiosa ora di calma,
Coll'impeto, col tuon della gigante
Palma che fa tremar le circonfuse
Selve del Zelìàn col forte scoppio
Delle sue boccie. "

     Emiro! attendi e m'odi.
Colui che penetrò nella tua ròcca,
Quella intrepida man che, se cadea
Sovra il tuo capo addormentato, istrutto
T'avria come destar da grave sonno
Possa un Ghebro i tiranni, un di que' forti
Che te, che la tua gente a morte abborre;
E quantunque l'evento esca infelice
Alla lotta inegual, quantunque i ceppi
Impiaghino la mano al coraggioso
Che di frangerli tenta, oh non per questo
Vorria l'impresa abbandonar; di pochi
Liberi istanti consolando il core,
Sebben poscia all'altar di così breve
Libertà condannato a dar la vita!
Nè ti son queste forti anime ignote,
Mentre, or son poche lune, i tuoi turbanti,
Le tue rosse bandiere a torma a torma
Corsero e s'affollaro alle scogliere
Del mar d'Omàno. Oh sì! n'hai fatto prova,
Arabo usurpator, quando a' confini
Di questa, che tu chiami, o inverecondo,
Terra tua, tua conquista, i loro acciari
Furo intoppo a' tuoi passi; e le tue navi
Non bastavano forse a porti in salvo

Coll'esercito tuo, senza l'ajuto
Del tradimento.

    Maledetta serpe,
Che guaste ed inquinate hai tante volte
Le più nobili imprese e le più sante
Che mai vinte o perdute abbia la spada
O la lingua dell'uomo! Oh quanti nomi
Degni di miglior sorte, a cui potea
Un giorno, un'ora di felice evento
Recar fama immortale, hai tu sepolto
Nelle tènebre eterne! in simil guisa
Si raggruppa, s'infosca e cade in pioggia
Surto a pena il vapor dall'affocato
Terreno, ove lo coglia e solva il gelo;
Ma se può guadagnar l'aerea cima,
Spiega l'ali pompose, in ciel risplende
Come lampo di sol.
    Chi svolge all'aure
La bandiera d'Iràn lungo le rive
D'Omàno, e col baglior della sua spada
Fa chinar le pupille ai battaglieri
Dell'Jemèn?[33] Precinto egli s'avanza
Dall'oste di Chermano, i valorosi
Alpigiani che il patrio antico rito
Ultimi e pertinaci hanno difeso,
Serbati a custodirne i sacri avanzi
Al culto di quel dio che sugli alpestri
Gioghi, ove stanno, i suoi languidi raggi
Va tuttor saettando. Afedo è quegli,
Nome che di paura i cuori agghiaccia,
E come della maga i carmi orrendi,
Fiacca il braccio e l'ardir d'ogni guerriero.
Afedo il più feroce e maledetto

— Così la rabbia d'Alassìn — tra' figli
Sacrileghi del foco, onde narrarsi
Gli Arabi immaginosi han per costume
Tante e tai meraviglie, che le scolte,
Per terror d'incontrarsi in quell'aspetto,
Si fan visiera delle palme.
        Afedo
— Tale il grido sonava — un nascimento
Mostruoso sortì; progenie mista
Di femmina e di terra; e da que' regj
Maghi [31] disceso, che solean sugli elmi
Fatati imporre una invincibil piuma
Del mistico Simorgo, [32] e di potenti
Malìe giovarsi, che i Genj del foco,
Crucciati di veder gli altari e i templi
Spogli dal vincitore, han loro apprese.
Malìe per ammorzar nel musulmano
Sangue la face del Coràn.

      Tai cose
Narravansi d'Afedo; e l'atterrita
Fantasia colorava in mille guise,
Spaventevoli tutte, un animoso
Garzone, un prode condottier di prodi,
Che combattea per la terra materna,
Pel Dio de' suoi maggiori, e per l'avita
Libertà; nè sapea, se togli il brando
E la propria virtù, di talismani,
O d'altri malefizi. Il giovinetto
Scendea da quell'antica eroica stirpe
Per gran nomi famosa e consacrata
Dal sangue sparso per la patria; a guisa
Di quel fonte del Libano che fanno
Venerabile e pio gli annosi cedri

Di che cinta ha le sponde. '" Alma nudrita
Delle glorie degli avi, altera, ardente
Che giammai non avria d'un basso omaggio
Onorato Muslèn; degna fra tutte
D'età migliore e di miglior fortuna;
Pur dannata a menar, per l'oppressura
Della patria infelice, amari giorni,
Chè non potea confondersi a' codardi
Lo sdegnoso garzone, e terricurvo
Al tiranno obbedir, come l'arbusto
Che flette ad ogni liéve aura la cima.
In profonda tristezza i vilipesi
Suoi fratelli ei mirava, ed ogni stilla
Di quel muto dolor parea scendesse,
Quasi pioggia di foco, entro il suo petto.
Sol d'un'arme il baleno, alla paterna
Libertà consacrato ed alla tanto
Lagrimata Vendetta, il cor di gioja
Gli facea palpitar; come ad un primo
Sorriso della vergine diletta
Palpita il core d'un novello amante.

Ma contro l'oste d'Alassàn l'ardire
Di quel fior di Chermano era sprecato.
Ben gli audaci affrontàr le sue colonne
Al confin della terra, ov'ei regnava
Con barbarico fasto, e di troncati
Cadaveri innalzàrgli enorme siepe,
Ma verso ogni asta di que' prodi, un bosco
L'oppressor n'abbassava; ed ogni pianta
Che calcar s'attentasse il suol nemico
Duro inciampo trovava in una turba
Accorrente di schiavi: numerosa
Selvaggia turba che scompiglio e morte

CANTO SECONDO.

Seminava fra lor, pari a vorace
Nugolo di locuste che si getta
Sovra un bosco di palme, e pel terreno
Ne sperpera le frutte e le diserta.

Sorge non lungi dall'antico seno
  D'Armòzia uno scosceso eccelso monte
Che l'Omàno sovrasta, ed è l'estremo
Solitario confin di quei sublimi
Vertici, che dal Caspio al Perso mare
Dilatando si van lungo la riva
Giunchifera. Sgabello alla radice
Di quel monte son marsi e nudi scogli,
Quasi immani giganti ivi piantati
A custodia del golfo. Sull'acuta
Cresta, che gli astri minacciar ti pare,
Torreggiava un delubro; e tanto al cielo
Spingea la punta, che talor cozzando
L'àlbatro addormentato in quelle mura,
Stupia, riscosso dall'aereo sonno,
Di trovar ne'suoi regni un abituro
Dell'uom."[27] Profondo tenebroso ingresso
Davan l'ime caverne al mar crucciato;
E dentro s'accalcava onda sur onda
Con notturno tripudio. E tal s'udia
Romor misterioso in quelle buje
Cavità, sì mirabili e tremende
Eran le cose che venian racconte
Di spirti irrequieti ivi prigioni,
Che nessun musulmano, ove non fosse
Temerario e demente, a tarda notte
Volta avrebbe la prora a quell'arcana
Stanza di Ghebri. E dove i fieri gioghi,
Rispettati dal tempo, avean confine

La terra, una voragine profonda
Dai vestigi dell'uom li dividea;
Voragine incantata, in cui lo sguardo
Si smarria; cieco abisso ove le torme
De' Goli,[14] abbandonati i lor sepolcri,
Traeano ad intrecciarvi oscene danze.
Venìa dal cupo un sordo fragor d'acque,
Ma remoto era troppo, acciò potesse
L'occhio e l'orecchio giudicar se vita
Veramente dal flutto o dall'eterno
Fremito avesse d'indomabil fiamma.
Ogni fesso del monte, ogni spiraglio
Vampe rigurgitava,[39] e spenti ancora
Quei giorni gloriosi, in cui la persa
Deità venerata era nel foco
Dalle sue maestose are sorgente,
E dispersi i fedeli e i sacerdoti,
Risplendea nondimen l'antica fiamma
— Tal era il cenno del suo dio — potente,
Lucida, vasta, indomita, immortale.
Quivi Afedo ridusse il vinto e scarso
Novero de' suoi prodi. « Oh ben trovata
Spaventosa voragine — proruppe; —
L'orror che nello stesso Eblis[40] porresti,
Per chi fugge il servaggio, è un paradiso. »
E detto ciò per via scura e coverta
Da lui sol conosciuta e dai compagni
Del suo destin, s'aperse un varco angusto
Da quel baratro cupo alle superne
Regioni.

« Son nostri — egli seguia —
Questi abituri, e qui morrem; nè l'inno
Dell'insolente vincitor gli orecchi

CANTO SECONDO.

Ne ferirà. Morremo, è ver, ma certi
Che peste non saran da più nemico
Le nostre membra palpitanti. E quando
Spersi per le foreste e pei dirupi
Straziar l'avvoltojo a noi dovesse
I visceri ancor vivi, almen potremo
Liberi qui morir. »

     Cadean già l'ombre
Quando ci giunse alle torri, e l'interrotta
Fiamma che crepitava, e dall'altare
Ruinato salia, pingeagli il volto
D'una porpora fosca. « A braccio umano
Più di quanto facemmo — il dir riprese —
Far non è dato. Che tentar di nuovo,
Se cader non commosso Iràn contempla
I suoi ministri, i suoi guerrieri al cenno
D'un despota furente e sol pasciuto
Di laide voluttà? d'un tal perverso
Che mena vanto di seguir la foga
De' suoi turpi appetiti, e la lussuria
Dir decreto del cielo, e farne Iddio
Favoritor! Se i figli, i figli stessi
Di que' petti magnanimi e sdegnosi
Che degli incliti Zali e dei Rustani "
Scalda l'eroico sangue, onta non hanno
D'adular questa nova araba gente,
D'inchinar nella polve, o vitupero!
Un altare stranier pur dianzi eretto,
Quel di Mitra obbliando il nostro Iddio?
L'ora dunque attendiam, con rassegnato
Animo, che sollevi al ciel le grida
La disperanza universal; che faccia
Sentir la tirannia l'infame carco

Del suo giogo ai vigliacchi, e la vergogna
Vinca il basso terror; tal che divenga
Amarissimo fele il pianto abbietto
Che spreme lor la schiavitù. Su questo
Derelitto rifugio i nostri polsi
Ceppo alcun non avvince, e non ne prostra
L'anime. Profanato il nostro suolo
Mai dall'orma non fu d'alcun tiranno,
Nò da schiavi di lui. Comunque stremi
Siam noi cosl, comunque il soffio stesso
Della vita minacci abbandonarne,
Bastiamo alla vendetta. In quella guisa
Che sbuca la pantera all'aer bruno
Dalle selve del Libano, ed assalta
Sulla via tenebrosa il pellegrino,[49]
Noi farem similmente in quelle torme
Un impeto improvviso; e quando il nerbo
De'nostri combattenti un vale eterno
Dar dovesse alla spada, e, morto il raggio
Ultimo della speme, anche lo stesso
Disperar non giovasse, alle reliquie
Dei generosi che morran pugnando
Per la patria captiva, e non redenta,
Ahi! da tanta virtù, da tanto sangue,
Saran questi dirupi illustre tomba. »

   Mentre cosl parlava, i più valenti
     De'suoi seguaci gli facean corona.
     Sull'altar desolato ognun depose
     In silenzio la spada; e benchè tutta
     Quella reggia, che sede in altri tempi
     Era del Forte, solitaria e mesta
     Ora apparisse, nè vestigio alcuno
     Serbassero le torri, omai deserte

CANTO SECONDO.

E vacillanti, delle sacre feste
Che veniano da' magi alle vaganti
Anime inditte de' loro cari estinti;
Benchè prive di culto e ministero
Sacerdotale, e le incantate foglie
Del casto melograno, e gl'inni sacri,
I profumi, i turriboli, gli arcani
Simboli del pianeta, ed ogni santa
Cosa sparita, nondimeno il nume
Che de' lor padri un giorno udia la voce,
Udì pur de' nepoti il giuramento
Su quell' ara medesma; che l'estremo
Sacrificio ad Iràn sarebbe il sangue
De' lor miseri cuori.

     O pazïenti
Martiri !

    Ma di quali e quanti affanni
Fonte in breve sarete ad una dolce,
Mite, pietosa creatura, ignoto
V'era, infelici ! Una gentil nemica
Che di colpe pur dianzi e di penose
Cure inesperta, i suoi vergini sonni
Dormia queta e serena; ed or ferita
Dall'amore, ora tocca a mezzo il petto
Dal suo funesto talismano, in guerra,
In tempesta cangiò l'antica pace.

Fra l'armi ancor la tua figlia innocente,
 Fioria, tiranno, e sorridea tranquilla
Come un persico giglio in tristo campo
Di battaglia cresciuto, anzi che il sangue

Ne corrompa una foglia. Allegra sempre
Nella speranza che difesa il Cielo
Fosse al bianco tuo capo, inosservata
Si toglica la donzella a' tuoi racconti
Di conflitti e di strage, onde solevi
Produr l'ore notturne. E quante volte
L'ire tue non commosse o non le accrebbe
Coll'angelico suon della sua voce
Che tuo malgrado t'addolcia! L'osanna
Degli eletti così sui limitari
Dell'inferno, ineffabile tortura
Pei dannati saria. Quai novi affetti
Spira in Inda l'amor! Le fiamme ha in seno,
La mestizia sul volto; ed un pensiero
Unico ingombra la sua mente, e torta
Quasi la fa. Sovente al cor le suona
Quella suprema sua mesta parola!
« A me pensando piangerai per tutti. »
E poichè l'infelice a mane, a sera
Parlar d'uccisi e di feriti ascolta,
Il suo Ghebro diletto in ogni estinto
Piange furtivamente, ogni saetta
Volta parle al suo petto, ed ogni lancia
Tinta del sangue suo; nè più l'acciaro,
Come dianzi solea, presenta al padre
Senza un tremito interno, ed una stretta
Tormentosa al suo cor. Se la ferocia
Gli occhi non offuscava a quella jena,
Avvedersi potea come la figlia
Tremava, impallidiva al suo ritorno
Dalla pugna, e nel passo e nella voce,
E in tutta la persona era diversa:
Improvvisa vicenda e manifesta
Opra d'amore.

CANTO SECONDO.

     Oimè! non già di quello
Che bear così tenera, innocente
Alma dovea! di quell'amor felice
Che nato sulla terra è caro al Cielo,
Che germina e si nudre al chiaro giorno,
Al consenso di tutti, al plauso, al riso
Degli amici, alla gioja, alle soavi
Blandizie de' parenti; amor che stringe
Tutti i nodi del core in un sol nodo.

L'amor tuo non è questo, o sventurata.
Arde in te chiuso e di dolor si pasce
E di spavento; e simile a rapito
Tesoro, o a qualche deità proscritta
Senza nome, nè tempio, a cui tremanti,
Mentre tace ogni cosa, i suoi devoti
Osano avvicinarsi, egli si occulta
Profondamente nel tuo cor, nè raggio
Di speranza il consola.

      Han sette notti
Di tenebre coperto il mar d'Omàno,
Da poi che la fanciulla al fioco lume
Della luna smarrir per l'onda oscura
Vide la navicella e il suo diletto.
Ed indarno ogni notte all'ora istessa
Veglia e geme al verone, e nel profondo
Fin dove giunge la virtù del ciglio
Lungamente s'affisa, e cerca il caro
Giovane che insegnolle il primo pianto.
Indarno! il navicel più non le appare.
Lo strido lamentevole del gufo,
Il vol del vipistrello, e l'uniforme
Rombo dell'agitate ali pesanti

Di carnivoro augello, ancor sanguigne
Del suo pasto crudel, la sospirosa
Solo ascolta, sol vede.

     Alfin risplende
L'ottava aurora. Insolita letizia
Brilla in volto all'Emiro. E che può tanto
Il tiranno allegrar? Costui che solo *
Giubila nella strage? il mar d'Erchenda,"
Quando nel bujo della notte al cielo
Leva i flutti e scintilla, assai men certo
Segno ne dà del turbine vicino
Che l'occhio d'Alassàn quando sorride.
« Su, figlia mia! La cherna " udir si fece
Romorosa così, che fin la morte
Desta avrebbe dal sonno, e dormi ancora?
Apri gli occhi, apri gli occhi a questo giorno
Faustissimo fra tutti, e più di tutti
Ricco d'infedel sangue. Oh mai vermiglio
Come or or lo vedrai, non fia l'Omàno!
La sua testa, il suo cor, le membra sue
Mie, mie saranno al novo dì. Sbramarmi
Vo' di quel sangue. »

    «Di qual sangue, o padre?».
— La vergine interruppe, ognor del caro
Ghebro pensosa. —

    « Esulta! in questa notte
Nostro Afedo sarà; nè gli varranno
Rupi, torri, spelonche. Una felice
Tradigion ne ringrazio. Allà medesmo
Non avria, senza questo, il maledetto
Laccio disciolto che i ribelli avvince.

Quel dimòn che ammucchiò su' passi miei
Musulmani cadaveri, quell'empio
Che sviar con infami arti potrebbe
Le folgori del cielo, egli con tutta
La sua perfida ciurma esperimento
Farà pria del mattin se tagli il brando
D'Arabia, allor che il Cielo e la vendetta
Ne dirigano i colpi. Io, per lo serto
Che recasti, o Profeta, alla battaglia
D'Ode," offerir qui giuro al tuo sepolcro,
Per ogni estremo singulto che parta
Dalle strozze infedeli, una lucente
Gemma fra le più belle, onde lodate
Son le cave di Persia.... Oimè che miro!
Ella vien meno!... Oh come ha smorto il viso,
Spento lo sguardo!... Figlia mia.... mia figlia....
Questa vita guerresca, or ben m'avveggo,
Non è per te. Sospiri al tuo nativo
Cielo d'Arabia.... Oh no, figlia, qui tratta
Te non avrei, nè al tuo debole sesso
Quest'orrendo spettacolo dimostro,
Spaventoso agli stessi occhi dell'uomo,
Se balenato nel pensier mi fosse
Che fra turbe o prostrate o fuggitive
Non saria nella Persia il mio cammino!
Chi pensato lo avrebbe? Anzi che il fronte
Nella polve curvar, mi oppose il ferro
L'empia masnada. Ma ti calma. A sera
Lascerai queste piagge, e pria che fredde
Sien le vittime infami, a cui difesa
Più non son quelle torri, i minaretti
Della tua culla rivedrai. »

      Bugiardo

Non era il vanto. Il piccolo drappello
Che sul monte di foco al prode Afedo
Facea corona, un traditor chiudea.
Manifesto costui, per vil mercede,
Avea l'ignoto calle, onde si varca
Dalla valle profonda all'alte ròcche,
A cui, come ad asilo ultimo e santo,
La libertà si riparava. In quella
Notte infelice che calaro i Ghebri
Da' sublimi lor gioghi, e dier l'estrema
Disperata battaglia, ei cadde e giacque;
Ma coi fratelli non morì. L'aurora
Che schiararne dovea la morta spoglia,
Ne schiarò la perfidia: e mentre il poco
Stuol de' sorvissi rimontando in vetta
Del sacro monte lo piangea caduto
Sul campo della gloria, in faccia al casto
Lume del sol rideasi il maledetto
Di tal fede e del Cielo.

      Ov'è la lingua
Che fulmini, imprecando, il traditore,
Tosco, verme letal che strugge occulto
Il consiglio de' forti? Inganni e frodi
Mescano il nappo suo. Pari alle frutte
Del morto mar che allettano lo sguardo,
Ma di cenere amaro empion la bocca
Di colui che le gusta, le fallaci
Speranze, i gaudj menzogneri in fumo
Si dileguino tosto allor che stenda
La man per afferrarli. Obbrobrio eterno
Della sua prole, la virtù, la pace,
Il valor lo ributtino. Finisca
Arso le fauci da sete cocente

In desolate arene, ove lo spettro
Derisor d'una limpida sorgiva
Gli scorra a' piè, nè mai goccia n'attinga. [17]
E così come vani i sapienti
Proposti ci rese che poteano i ceppi
Della patria spezzar, sia vana in lui
Di spegnervi l'ardore ogni speranza.
E purgata l'iniquo alfin la terra
Dal sozzo alito suo, gli assegni il giusto
Profeta una penace eterna fiamma
Di contro al paradiso, acciò tal vista
Nuovo strazio gli rechi e doppio inferno.

CANTO TERZO.

Volge il sole al tramonto, il negro flutto
   Riposa ancor tranquillo, ed alla immago
D'una lacera tenda, oscuro e denso
Copre intanto un vapor l'aereo vano
Fra cielo e mare, e lo caliga. Nube
Sull'orizzonte non appar, che segno
Di procella o cessata od imminente
Non sia. Questa ha disciolte e rabbuffate,
Pari a fuggente corridor, le chiome;
Quella superba di recar nel grembo
La folgore del ciel, si ravviluppa
In fosche enfiate spire; i fianchi un'altra
Porta squarciati e di cader minaccia,
Come fosse da lei lo spaventoso
Parto fuggito, e mormorando il volo
Ver la terra prendesse. Hanno di questa
Il silenzio e la calma ancor l'impero,
Ma terribili più del nembo istesso,
Ai boschetti d'Ormusse il palombaro
Spinge lo schelmo e l'assicura al lido
Fino a tempo miglior. Gli augei marini
Radono gemebondi il suol coll'ale,
Del turbine presaghi, e dalla spiaggia
Guata il cauto nocchiero e ne divina
Lo scoppiar non lontano.

                    È tutto intorno,
Come l'anima d'Inda, oscuro e mesto,
Mentre alle perse rive il suo naviglio

Lento la invola. Armoniosa nota
Non ne allegra il partir, nè mano amica
Levasi a salutarlo, a dirgli addio.⁴⁸
Solinga, inavvertita il suo cammino
Segue la prora, e par l'infausta nave
Che veleggia in silenzio alle fatali
Porte del pianto.⁴⁹

      Ed or qual cura indugia
Il feroce Alassàn? Quella devota
Tigre, non sazia mai di carni umane,
Non saprà pochi istanti a'suoi disegni
D'esterminio sottrarsi? a quella sua
Sacrilega pietà, per dar commiato
Alla figlia che parte? Oh no! sepolto
Nella sua ròcca, o mormora blasfemi,
O svolge il suo rosario; e pensa intanto
Della notte vicina ai luttuosi
Casi con quel piacer, con quell'acuta
Voluttà, che la preda ancor vivente
Fiuta e pregusta l'avvoltojo.

       A guisa
Di bianca babilonica colomba⁵⁰
Che nunzia di vittoria il vol dispieghi
Tinta in rosso color dalla omicida
Mano che stretta la tenea, piagnendo
Quegli aspetti lugùbri Inda abbandona.

Il riveder l'amato arabo cielo
Varrà forse a destar nella fanciulla
La cara pace che le tolse amore?
I suoi fiori, i suoi cespi, a cui sì spesso
Il pensier doloroso la traea,

Le sue miti gazelle adorne il collo
Di squillette argentine, i novi nati
De' suoi vaghi augelletti, i pesciolini,
Bianchi, azzurri, purpurèi, guizzanti
In conche di diaspro, e la sua verde
Meschita, e la sua pergola d'acacie,
Ombra a lei così grata, ove ritrarsi
Potrà novellamente a far preghiere;
Tante cose dilette avran valore
Di ridar la letizia al suo bel volto,
La quïete al suo cor?... Mai più! Romila,
Come l'angelo assiso ad una tomba,
Parla col suo pensier, quasi presenta
Il destin che la incalza, e gli occhi mesti
Vita e moto non han che per levarsi
Dall'onde fragorose a quelle torri,
Dove in brev'ora scorreran torrenti
Di sangue umano. Orribile olocausto
Al sol della dimane.

   « Ove t'aggiri,
O sospir di quest'alma? ove t'ascondi,
Ghebro infedel, nemico, o qual tu porti
Nome ancor più funesto, amato sempre,
Sempre sacro al mio cor più della vita?
Se colpa è l'amor mio, fa' ch'io perisca,
Allà, dentro in quest'acque, o mi vedrai
Per un idolo umano e tetto e padre
Ed ogni cosa abbandonar; chè tutto
Quanto allegra la vita, e fin lo stesso
Tuo paradiso, senza lui, dolcezza
Non avrebbe per me. »

    Così dicendo

Giugnea le palme, e il volto al ciel converso
Di pianto si copria quasi notturna
Pioggia che scenda da tenera nube
Al chiaror della luna. Eppur quantunque
Per la piena del core, incauti accenti
Sfuggissero a costei, le uscia dagli occhi
Tale un raggio divin che la mostrava
Creatura del cielo e in cielo attesa.
Perocchè come il sol, benchè rinfranto
Nell'acque d'uno stagno, intero ognora,
Ognor terso riman, così quest'alma
Rimanea bella e pura, ancor che torta
Dalla verace via.

    Ne' suoi pensieri
La vergine sepolta, ed obliosa
Dell'universo, l'appressar non vida
Della bufera, e la subita notte
Sull'onde irate d'ognintorno effusa.
Nè la scossero gli urli e il rumor cupo
D'armi cozzanti che del ciel la rabbia
Parean quasi emular. Chi mai sul ponte
Tanta furia destò, tanto scompiglio,
Come se la procella arbori e sarte
Sommergesse nel mar? Quai disperate
Grida son queste? Non è tutta, io penso,
Opra della bufera, ancor che il fiotto
Scrolli la nave e perigliar la faccia.
« Perdonami, gran Dio! » — Così la voce
Genuflessa levò la dolorosa,
Quando al suo lungo meditar fu tratta,
Perocchè si credette alla presenza
Del suo giudice eterno. A lei d'attorno
Si stringeano le ancelle, a cui la tema

Soffocava il respiro e la parola.
Urta il flutto e riurta alla mal giunta
Nave i logori fianchi; e come infrante
L'impeto della folgore ne avesse
Le compagi, si sfascia e il ponte cade,
E giù per quell'aperta — orribil vista! —
Vele, naufraghi, sangue alla rinfusa
Rimescolarsi coi marosi. — Questi
Pugnano tuttavia fin che travolti
Son cogli altri nel mar, qui nella morte
Allà gridano, o Mitra.

     Una potente
Mano d'un tratto fa cessar la strage....
Chi rapisce al naufragio ed alla spada
La vergine malviva? Essa lo ignora.
Perocchè dissensata, irrigidita
Sembra un tenero fior sotto le vampe
D'irruente vulcano. E quali aspetti
Paurosi ferir le sue pupille
Pria che smarrisse l'intelletto? Il legno
Sdruscito, sulle tavole scommesse
La ciurma accumulata, e funi e vele
Lacere sventolanti a brano a brano
Cader sui capi sanguinosi, e l'urlo,
E il sonito dell'armi che scintille
Metteano ad or ad or, come gli ardenti
Strali delle meteore, a cui gli antichi
Davan nome di *faci*;[11] e tutti in guerra
Gli elementi fra lor terribilmente
Contendersi l'impero; a tal che incerta
Non sa la mente giudicar se l'uomo
Più del cielo imperversi.

E pur.... fu sogno?
Si, non altro che sogno.... E pur nel punto
Ch'ella i sensi perdea, ma chiusa al tutto
La virtù della vista in lei non era,
Parvele ravvisar la cara immago
Che governa sovrana i suoi pensieri,
Splendere fra color, come risplende
In notte procellosa e seminata
Di lampi quell'altero astro d'Egitto,
Che non degna allegrar le sapienti
Isole [17] d'un suo raggio, e sol palesa
Nell'orror della notte e in mezzo a' nembi
La luce sua, che mille occhi del cielo
Emula e vince di beltà. [18] Fugace
Spettro della sua mente! E pria che suono
Dal suo labbro partisse, derelitta
Da' sensi e dal poter che li sorregge,
Piena il volto di morte, in fra le braccia
Cadde.... di chi? Mistero.

       Oh quanto è bella
L'ora che segue alla tempesta! In cielo
Cessan l'ire de' venti, appar l'azzurro
Fra le nugole in fuga; il mar, la terra
Dormono in piena calma, e sembra il giorno
Rinascere più bello e più raggiante
Dal grembo dell'aurora. I fiori al soffio
Del turbine campati, ancor che molto
Sbattuti al suol, di novo alzano i capi
All'aer consolato, e di fragranze
Impregnando lo van, quasi un'offerta
D'animo conoscente alla rinata
Serenità. La goccia ancor sospesa
O sul cespo o sull'erba o sulla foglia,

Brilla al raggio del sol come la gemma
Dal fulmine creata;" e l'aure a gara
Spandono in ogni dove un indistinto
Incognito d'odori, ed ogni pianta
Par che si provi a trionfar col suo.
Lo stesso tremollo della marina,
Dopo tanto furor, somiglia al blando
Bàttito che nel sen di sposi amanti
Lasciano i primi impetuosi amplessi.

In quest'ora felice i sensi alfine
Riprendea la svenuta; ed altro suono
Non la feria che il fisso equabil moto
Del mar contro la nave.... Ove si trova
Or la fanciulla? Ancor fiacca ha la vista;
La prua che la trasporta è quella istessa
Che dal lido d'Armòzia in sul mattino
La trasportò? Che son le sanguinose
Tracce che segue il can marino?.... È novo,
Strano quanto ella mira, e non conosce
Qual legno ora l'accoglia. Il suo gentile
Palanchin le sparì; non la rinfresca
Ventilabro di penne, e non olezza
Di soavi gesmini il suo guanciale.
Compongono il giaciglio ove si corca
Poveri panni, e fascie e rozze vesti
Fan, suffolte da lance, il tristo officio
Di padiglione. Impaurita in giro
Ella ruota gli sguardi, ed uno stuolo
D'armati osserva che giaceano al sole,
Quasi fosse quel giorno il loro incarco
D'uccidere compiuto; e di costoro
Parte, gravi di sonno, al mar conversi,
Parte, a cui disgradir l'ozio parca,

Vòlti in torva sembianza alle scomposte
Vele pendenti dalle antenne.

         Ajuta,
Allà, questa infelice!

        Arabo acciaro
Più non le appar. Le vesti inusitate,
La cintola di cuoio, ond'è ravvolta
La fulva cotta di costor, " le pelli
Tartare al capo.... Oh sì. Presaga, ahi troppo,
Fu del ver la fanciulla! Ioda è caduta
Nelle branche d'Afedo!... Afedo il Ghebro!
A tal pensiero una mano di ghiaccio
Le serra il cor. Colui che teme ed odia
— Odio fin dalle fasce a lei prescritto, —
Quel figlio della colpa ed inviato
Dall'inferno a corrompere la terra
D'aliti pestilenti, a por fra l'uomo
E fra dio la sua negra orribil ombra,
Quell'uom l'ha negli artigli, e viva e sola!
Schiavi suoi son costoro; una masnada
D'infelici e nemici.... E pur qual raggio
Di speranza l'avviva? e che le ispira
Di gettar baldanzosa a quel selvaggio
Stuolo uno sguardo? Un fisso, altero sguardo
Che fa gli occhi bassar del più feroce,
Quasi entrar della vergine potesse
Nel segreto pensiero?... Ahi più nol vede!
Sparì la vision che nel tumulto
De' vortici le apparve e del conflitto.
Un fantasma fu quello, un di que' vaghi
Sogni che fra la tènebra e la luce
Pinge la fantasia sull'ondeggiante

Vapor, che si ravvolge intorno all'alma
Quando immersa è nel sonno, o per ardente
Febbre delira.

        E rapida fra tanto
Scorre sulla tranquilla onda la nave.
La turba è affaccendata, i rematori
Battono l'acque e con legger susurro
Levano un nembo di lucida polve.
Inda avvedesi allor che dritto è il legno
Alle rupi, alle torri, ove i nemici
Stan del grande Profeta, a scorpi eguali
Che si accozzano insiem nel loro estremo
Venenoso rifugio. I Ghebri, i Ghebri,
Suo perpetuo spavento! Il fiero monte
Nebuloso sorgea dalle sue basse
Falde e dall'onde illuminate. In cima
Però fiammava una vermiglia spira,
Quasi fosse il vessillo del destino
Che le vittime umane alla mascella
Della morte indicasse.

        Ove in quell'ora
Sensi e mente confuso alla fanciulla
Non avesse il terror, gran meraviglia
Presa al certo l'avria pensando al come
Montar per quei macigni il piè potesse.
Chè noto per salirvi altro sentiero
All'Arabo non era, oltre l'immensa
Voragine. Sviata in quel momento
Da tremiti convulsi e da paure,
Mentre il legno afferrava alle scogliere,
Credea, dalle affollate onde sospinta,
Ravvolgersi perduta in buja notte

CANTO TERZO.

Pei mille cavernosi aggiramenti .
Del vulcanico monte. Un' alta voce
Che dal ponte levossi a sè l'attese.
Era un comando di calar le vele
E di accendere i torchi; ed ecco il legno
A dritta, a manca da' flutti sbattuto
Entrar per una gola oscura e stretta
Più del varco fatale, onde gli spirti
Dei defunti trapassano. Le faci
E il luccicar dell'aste e delle spade
Gittano a pena un languido barlume
Sui vortici frementi intorno al legno:
Ma caligine fitta a tergo, a fronte.
Avanzano in silenzio, e il labbro quasi
Respirar non ardisce. In quegli abissi
Scura quasi divien la voce istessa:
Così l'affioca e la confonde il sordo
Murmure del Coboldo [14] ivi rinchiuso,
Che sembra bisbigliar con incompresa
Lingua gli arcani delle tombe.
                            In quella
Rompe il legno il suo corso; un forte inciampo
Gli si attraversa, e l'impeto dell'onda
Lo sobbalza retroso; a tal che vana
Torna de' remi l'addoppiata forza
Per domarne il riflusso. Allor sui massi
Lanciasi, in man la fune, un coraggioso.
Tosto, i remi ritratti, a' ferrei graffi
Dà la ciurma di piglio, ed ancorata
Ecco la nave. Una tremula luce
L'ombre alquanto dirada; ma nel punto
Che la fanciulla si volgea guatando
Alla fonte del lume, ella s'intese
Le pupille bendar da mano ignota;

Mentre su pei dirupi entro la rozza
Lettiga, ove giacea, gagliarde braccia
Vêr l'alto la traean della montagna.

Lieto mattin! benefico sorriso
  Del sole! Oh quai vitali aure n'apporta
La mirabil sua luce! È tal diletto
Lo spirarle, il sentirle, che se gioja
Altra in terra non fosse, all'uom dorrebbe
Di mutarle col freddo eterno bujo
D'un sepolcro. Inda stessa, ancor che mèta
Scorgere non potesse al suo cammino,
Pel fresco volitar d'un zeffiretto
Che la blandia, conobbe alfin che giunta
Era dall'aer chiuso al cielo aperto.
Ma fu breve respiro, e la frescura
E la luce spariro un'altra volta.
L'avvolgimento della via la immerse
In nova cecità, ma romorosa
Or per gli scrosci di sterpate piante,
Or per le frane di sassi cadenti,
Che svegliavano il pardo; e la digiuna
Belva, credendo d'inseguir la preda,
Di balzo in balzo dietro lor correa.
Il guair del Giacallo,[87] il lamentoso
Ululo della Jena, e quell'eterno
Strepitar dei torrenti nell'abisso,
Simile al mormorio che ne percote
Sul ponte della morte.... Oh tutto tutto
La trepida donzella empia d'orrore!
E bendata com'era, il fren lasciava
Alla bollente fantasia, che sempre
Le paure alimenta ed aggrandisce.

CANTO TERZO.

Ma trasogna ella forse? Ha lo spavento
  Chiusa ancor la sua mente? o il suono ascolta
D' una voce d' amor che le susurra:
  « Il tuo Ghebro t' è presso, Inda, fa' cuore? »
Non trasogna, ella è desta, e la dolcezza
  Tutta sapora di sì cari accenti.
Quella è pur la sua voce, e non abbaglio
  Dell' orecchio o del cor. La voce sua,
Di cui nell' universo altra più dolce,
Amorosa, eloquente a lei non suona,
Scambiar la rosa[31] il suo caro usignuolo
Con un vile cantor forse potria,
Potria schiudere ad altri il molle seno,
Non cader la fanciulla in tanto errore.
Felice in quelle angosce al suo pensiero
  Che vicin le si aggiri il suo diletto
Di cui, pur fra i dirupi e la ruina,
  Gli sorride l' immago e la consola.
Se non che la sua gioja è da novello
  Timor frenata e quasi spenta. Come
L' atroce Afedo tollerar saprebbe
Che volga uno de' suoi parola o sguardo,
E non sia di ribrezzo, ad una cosa
Musulmana? ad un' Araba? alla figlia
Del sanguinoso vincitor che l' are
Abbattute ha d' Iràno e devastato
Le sue contrade? E chi — pensier crudele
Più d' ogni altro pensier! — chi mai di schermo
Nella notte sarà che s' avvicina
Al petto di que' Persi, e ripulsarne
  Saprà l' arabe spade sitibonde
Del sangue lor? Deh come alla ferocia
Strappar del padre suo la sciagurata
Vittima e farsi all' amator difesa?

« Guardalo, o Dio pietoso — ella pregava —
Da questa notte! e se lagrime espresse
Da colpevoli ciglia a te son care,
Se t'è caro, o gran nume, il sacrificio
D'un'alma traviata, io qui ti giuro,
Qui riverente al trono tuo, di sverre
Dal mio petto speranze, amor, ricordi,
Per intimo che sia, per saldo il nodo
Che li stringe alla mia povera vita,
E di offrirteli in don. Ch'ei viva, e pianto
E gemiti e lamenti — ahi troppo iniqui,
Ma cari troppo! — a lui non più, ma vòlti
A te sempre saran. La penitente
Mia giovinezza e gli anni adulti in lungo
Pellegrinaggio condurrò, nè traccia
Più serberan della fiamma fatale
Che mi consuma. Il suo nome diletto
Sul mio labbro verrà, ma sempre a questo
Voto confuso: che l'eterea luce
Chiusa nelle sue membra ogni terrena
Ombra da sè rimova, e in ciel risplenda
Candida e tutta eternamente tua.
Qual vittoria per te se riconquisti
Così nobile spirto, e se nel cerchio
Dell'antica virtù la vagabonda
Stella riponi! Oh, salvalo, e per sempre
Noi sarem cosa tua! Che vivi o spenti,
Sventurati o felici, un sol destino
N'aspetta. Ma perduto uno di noi,
N'avrai miseramente ambo perduti. »

CANTO QUARTO.

Queste piagge fiorenti e questo azzurro
  Mar che lambe placato i piè del monte,
  Son pur caro spettacolo a sereni
  Occhi, ad animi lieti!

                Era un occaso
Di que' tanto soavi e dilettosi
Che, nunzi di riposo, alle tempeste
Succedono talor d'un tristo giorno,
E dall'ostro gentil delle sue nubi
Piove un tremulo umor, pari alle stille
Rugiadose che versa il penitente
Ciglio di qualche bella traviata,
Che l'oscuro mattin della sua vita
Con un tramonto luminoso espia.

Regna il silenzio e la quiete. Il vento
  Impetuoso che pur or le selve
  Di Chermano agitava, e il molle frutto
  Vi scuotea dalla palma e dal mandòrlo,
  Grato ristoro ai pellegrini,[19] appena
  Ora increspa lo speglio al mar d'Omàno.
  Speglio cerulo, terso e pari al dolce
  Color delle sue perle, ove sapesse
  L'arte stemprarle; e i margini boscosi
  Delle sparse isolette, in quel cristallo
  Vagamente riflessi hanno l'aspetto
  Di quei giardini in aere sospesi

Dal poter d'un incanto, ove le Peri
Godono d'abitar. "

    Ma non rivolse
La tremante fanciulla al maestoso
Spettacolo gli sguardi allor che sciolta
Fu dalle bende. Pallida ed immota
Una estinta parea che si risvegli
All'apparir delle angeliche posse
Ricercatrici dei sepolcri. " In giro
Mosse alfin quell'attonita le ciglia,
Come indagar volesse in quei feroci
Sguardi il destin che l'attendea. Le torri
Desolate mirò che dalla vetta
Pareano il cielo minacciar, dolenti
Che del lieto suo lume ei le vestisse.
Fra il timore e la speme ella cercava
Colui che della sua voce amorosa
Le avea l'orecchio inebbriato. Invano!
Fuggito era il prestigio, ed un'ambascia
Le serrava il respiro allor che udia
Suonar di bocca in bocca il pauroso
Nome d'Afedo, al cui passo le rupi
Tremar pareano. E come alzar la fronte
E fisar quegli sguardi, il cui baleno
Sostener non poteano i più securi
Figli dell'Jemèn? quegl'ignei sguardi
Che l'arabo pareggia alle infernali
Scintille dalla buccia arida uscenti
Di notturna mandragola?" l'orrenda
Voce ascoltar che fuga intere squadre,
Sgominate a quel suon non altrimenti
Di folta carovana in su la sera
Venuta al margo d'una fonte e colta

Dall' urlo della tigre che s' accosta
D' ira ardente e di sete?

       Innanzi al truce
Cipiglio che dovea — tal lo spavento
Il dipinge al pensier della fanciulla —
Stenderla folgorata nella polve,
Inda atterra gli sguardi, e raccapriccia
All' improvviso scalpitio de' piedi
Che danno al duce riverenti il passo.
Angoscie più crudeli in petto umano
Mai l' aspettanza non destò.

       Quand' ecco
Una trepida man la sua distringe,
Ed una voce mesta *Inda* bisbiglia.
Non sentì, non intese altro che questo,
Ma bastò; ne fu prova il grido acuto
Che dal cor le partì. La meraviglia,
Il terror, la letizia alla sua mente
Fann' impeto e scompiglio: il viso a pena
Ella ardisce levar, che lo reclina
Tosto sul petto dell' amante.

       È desso
L' uom di sangue assetato, il più temuto
Fra' dèmoni del foco, al cui ruggito
Cade ogni forza, alla cui vista il brando
Sfugge al forte di mano; Afedo, il Ghebro,
L' amor suo, la sua vita, umano e bello
Così come le apparve e le sorrise
Al solingo veron della sua torre,
E dolcezza si nova e sì beati

Sogni le infuse, che creden dal cielo
Un angelo disceso alle sue braccia.

Vivo lampo di sol che fenda il seno
D'una nugola oscura, o gruppo d'erbe
Che verdeggi sull'orlo abbrustolato
D'avvampante cratère, India, quell'ora
Fu per te. D'improvviso alle penose
Memorie del passato, agli spaventi
Di più tristo avvenir si chiuse il petto
Della vergine, e tutto e solo all'onda
D'una infinita voluttà s'aperse.

Lo stesso Afedo i suoi tanti dolori
Un istante obbliò; quell'infelice,
Cui per sempre moria la speme antica
Di farsi redentor della sua terra,
Or campo di delitti e di vergogne,
Or deserto affannoso e sol ripieno
Di catene e di tombe; Afedo istesso
Costernato com'era e già presago
Che vano tornerebbe il disperato
Ultimo sforzo per sottrarre al giogo
Stranier la patria afflitta, e di sì grandi
Sventure egli medesmo ingiusto segno,
Ei nell'occaso universal travolto,
Le sue pene obbliò. Divinizzato
Da quel riso celeste onde spirava
La certezza beata, ad ogni gaudio
Terreno impari, del sapersi amato
D'un amor così vero e così forte,
Una stilla gustò della dolcezza
Che ne mesce l'amor, comunque in tosco
Poi si tramuti.

Ed Inda? Inda in quegli occhi
Che s'aprono la via nel più segreto
Dell'anima, o sommerge i suoi tormenti,
O confuso ricordo ella ne serba;
Come lo sventurato, a cui ne' sogni
La menzognera fantasia presenta
Una larva di ben che gli nasconde,
Fin che il sonno l'occùpa, i mali suoi.

Dalla sublime dirupata altura
Su cui stavano assisi, immenso al guardo
Stendesi il mar d'Omàno, ove sovente
Navi o legni minori, abbandonato
Quel sen che lungo il giorno li raccoglie,
Svolgono al soffio vespertin le vele,
Da turbine o da piova ancor bagnate.
Così l'aquila spiega i larghi vanni
Umidi di rugiada, e li rasciuga
Alla vampa del sol. Le porporine
Nubi, benchè disceso il gran pianeta
Dietro i gioghi del Lar, metteano ancora
Un soave splendor, come se l'astro,
Per consolar la cara occidua plaga
Mesta del suo partir, le concedesse
Un lembo della sua fulgida veste.
Malinconica sera inspiratrice
D'amorosi pensieri! Il cielo ardente
Sui capi loro, e sotto i pie' gli azzurri
Flutti increspati da piacevol òra,
E gl'ingenui lor cuori in dolce ebbrezza
Come l'onde commossi, ed infiammati
Come il cielo!

Infelici! il vostro sogno

Breve ahi troppo sarà ! Cagion novella
Di spavento rinasce. Ecco la notte
A gran passi s'avanza. Omai la poca
Luce si spegne, e la vermiglia tinta
Già dilegua dal mare. Inda solleva
Lo sguardo al cielo che s'imbruna, e grida
Affannosa : « La notte !... oimè la notte !
Fuggi, ah fuggi se m'ami !... I suoi guerrieri
Qui tra poco saranno; ed io.... Non odi
Laggiù nel fondo un mormorio di passi ?
Forse per le boscose occulte vie
La sua ciurma s'accosta.... Oh va ! l'invola
Mentre un languido raggio ancor ti guida ;
Assetato egli vien del sangue tuo....
M'è noto il padre; non vorrà la piena
Notte aspettar. »

    La vergine, ciò detto,
Piega il bel capo tramortita in seno
Del garzon, che la udìa stupito e muto.

« Sventurata fanciulla — alfin le disse —
 E tal per mia cagion. Nel cielo è fisso
Che se ricorre all'ombra del mio braccio
Creatura mortal, non abbia scampo.
È simile al vapor del morto mare,
Che strozza ogni respiro, il mio destino.
Ah perchè si scontràr nella procella
Che pur dianzi scoppiò, le nostre navi ?
Io, veduto il tesoro che la sorte
Mettea nelle mie mani, ed uno sguardo
Volto rapidamente alla svenuta
Sembianza tua, prefisso in cor m'avea,
Vegliando pur sul tuo capo diletto,

CANTO QUARTO.

Di nascondermi a te.... Perchè mi svolsi
Dal mio proposto? e debole di nuovo
Mi ti svelai? Ma calmati, o fanciulla !
Il romor che ti giunge è del torrente
Che piomba e freme nell' abisso. Accheta
Gli spirti tuoi. Dal vertice elevato
Ove noi c'innalzammo, il vorticoso
Mondo col suo timor, colla sua speme
Di gran tratto è remoto, e noi qui siamo
In cupa sicurtà come gli estinti.
Ma se pur congiurati inferno e terra
Venissero quassù per darne assalto,
Tu non temer ! Dal Ghebro tuo.... da tutti
Gli astri del firmamento a dio vicini
Schermo avrà la tua vita, e tu col novo
Sole ti gitterai nelle paterne
Braccia.... »

« Col nuovo sole? — Inda proruppe —
Quel sol tu non vedrai, quando una fuga
Subita non ci salvi. La notturna
Eco di queste torri — il credi Afedo ! —
Morte, Morte sarà. Tu sei tradito !
Un ribaldo de' tuoi, che ben conosce
Questi segreti laberinti, — il giuro
Pel divino splendor di quelle luci ! —
T'ingannò, ti vendette allo spietato
Mio genitor. Stamane ei me ne istrusse
Con quel bieco sogghigno, onde palesa
La sua gioja crudele; e pesto il suolo
D' un piede trionfal, parea calcasse
Le tue misere membra. Oh quanto lungi
Dal suppor che tu fossi il divisato
Segno della sua rabbia era il mio core !

Fuggi, e manda i tuoi forti a quelle strette
Chè ne guardino il passo. Il vero udisti,
Com'io confido nel favor divino. »
Il dolor che i fidenti animi assale
Nel sentirsi traditi, è più pungente
Del soffio boreal che le sorgive
Tepide e mormoranti al sol meriggio
D'improvviso congela. A tai parole
Provollo Afedo; un brivido gli corse
Per le vene, e parea che tolto ai sensi
Qualche incanto lo avesse e trasformato
In un degl'impietriti umani scheltri
Ospiti muti d'Ismonia. " Ma breve
Fu però lo stupor. La sua grand'alma
Potente si levò più che mai fosse.
Con accese pupille al ciel si volse,
E leggervi tranquillo egli parea
Le cifre arcane del destino.

       È giunta
L'ora del sacrificio; offrirsi ei debbe
All'altare d'Iràn. Benchè trascorsi
Fossero i giorni suoi come baleno
Di nugola che fugge, un gran vestigio
Splendido, imperituro i suoi momenti
Supremi lasceranno; e volte ad esso,
Con un misto d'orgoglio e di dolore,
L'anime d'ogni tempo in cui ragioni
Carità per la patria, un'alta speme
Trarran dal suo martirio; e consolati
Di questa, attenderan che dalle lunghe
Tènebre del servaggio irrompa alfine
L'anelato mattin della vendetta.
Monumento sublime e storia eterna

Le macerie saran di quelle torri
Pei secoli avvenire; e bardi eroi
Narrando ai giovinetti i casi e l'opre
Del magnanimo Afedo, e mostro il loco
Dove il forte perì, sulle reliquie
Del patrio altare giureran di mai
Non perdonar gli antichi infami ceppi,
Onde schiava è la Persia, a quelle belve
Straniere. Onta indelebile che ponno
- Sol torrenti lavar dell'empio sangue.

Tai potenti pensieri in quell'istante
  S'affollàr nell'oppressa alma d'Afedo,
  Nè martire giammai con tanta gioja
  Al serto sanguinoso alzò le ciglia,
  Com'ei guarda e sorride alla catasta
  Su cui la fiamma dell'altar gittava
  Una luce feral; catasta eretta
  Dalla mano de' suoi con odorosi
  Tronchi di quelle selve. Esulta Afedo
  Nel mirarne i mortiferi splendori,
  Destinati fra poco a dar sepolcro
  E perpetuo riposo alle sue spoglie,
  Ed a quelle de' prodi ancor viventi
  Che finirvi giuraro, ove perduta
  Fosse ogni speme. Di que' pochi invitti
  Cui sarà dolce e riposato il letto
  Di foco che dall'onta e dal servaggio
  Involarli saprà, più che non fosse
  Al profeta bambino allor che il cielo
  Mutògli in rose le sopposte fiamme."

Al rapido girar di quegli sguardi
  La fanciulla intendea. «Che mai — pensava —

Va sognando fra sè? Che dice il lampo
Degli occhi suoi? Perchè sì muto, inerte
Mentre i perigli ogni ritardo accresce?...
« Afedo! signor mio, mia sola aita,
— Genuflessa e piagnente alfin gli disse —
Oh se voce t'uscì che veramente
Rispondesse al tuo cor di quelle tante
Che mi proferse il labbro tuo, fuggiamo!
Colle ginocchia al suol, che mai piegate
Non ho, se non al cielo, io ti scongiuro!
Fuggiam pria che s'accostino i nemici.
Trafugar ne saprà la nave istessa
Che n'accolse al mattino; e ne conduca
Per lo bujo dell'acque all'oriente,
Al meriggio, all'occaso, a me non cale.
Pur che salvo io ti vegga, in ogni sorte
Lieta o trista, io son tua. Sereni o foschi
Volgano i dì, berrò dal tuo sorriso
La mia sola ineffabile suprema
Felicità. Gittati in qualche piaggia
Deserta, ove l'amor non sia delitto,
O, se tale pur fosse, ove espiarlo
Per lagrime si possa e per preghiere,
Notte e giorno abbracciati al simulacro
Tu del dio de' miei padri, io di qualunque
Adorato da te.... »

          Troncò la foga
Del dolor le parole; ella nascose
Vergognando la faccia, e quasi il core
Le balzasse dal petto ad ogni accento,
Ora in pianti rompeva, ora in singulti.

Meraviglia non è che fama, orgoglio,

Giuramenti od altari e fin la santa
Causa de'padri, e Irano, Irano istesso,
Dimentichi brev'ora il giovinetto,
Per colei che s'avvinghia a'suoi ginocchi
Disperata nel pianto. E chi biasmarlo
Oserà s'ei rivive ad un fuggente
Raggio di speme e l'avvenir ne veste?
Se gli tornano in cor le notti, i giorni
In dolcezze amorose insiem trascorsi,
Ch'ella, in sè raccogliendo ogni bellezza
Di quaggiù, delibava e in un mescea?

 Una lagrima o due, che nel chinarsi
  Per rialzar la supplice dolente
  Ad Afedo grondâr, lo fanno accorto
Che un'ombra pericliosa il suo cerèbro
Ingombrando venia. Si scuote, e terge
Le lagrime importune, in quella guisa
Che rasciuga un guerriero, anzi la pugna,
L'acciaro umido sì, ma non offeso,
Non maculato, dal notturno gelo.
E benchè del suo cor già superata
Egli avesse la guerra, il volto, il suono
Della sua voce non perdean l'affetto;
Tal che la giovinetta apria le labbra
Ad un sorriso e il core alla speranza
Di smoverne i proposti, e conformarne
L'anima alla soave e mansueta
Indole della sua. Ma nata appena
La sua gioja morì, da queste voci
D'Afedo uccisa: « Se mercè migliore
Prepari, Inda, il destino ad una fede
Come la nostra, e più tranquillo albergo
All'amor casto e vero, in quella ignota

Sede — ti riconforta! — avventurosi
Un dì ne rivedremo.

     E breve spazio
Non lasciando alla vergine confusa
Di chiedere al suo cor se tali accenti
Fossero di felice o di funesto
Presentimento, risoluto, al muro
Della rocca si lancia; indi staccata
Una conca marina, e, posta al labbro,
Quello squillo ne trae, che ne trarrebbe,
Destandosi, il dimòn della tempesta
Spaventoso segnal, da' suoi fedeli
Che vivere e morir con lui giuraro,
Ben conosciuto. Il grido ultimo è questo
Che li chiama alla morte in una pugna
Fuor di speranza. La gran conca appesa
Restò poi lungamente alla muraglia
Di quella torre, e resterà fin tanto
Che la stacchi un più forte, e ovunque un'orma
D'oppressori e d'oppressi il mondo attristi,
Scuota la libertà dal ferreo sonno.

 Traggono i capitani, indi la turba
De' minori guerrieri. Oh come scemo
Quel numero s'è fatto! Un solo avanzo
Non più, di tanti che pur or sui piani
Di Chermàno al clangor degli oricalchi,
E dell'arabe trombe, audaci e folti
Procedeano; una selva irta di lame
Irraggiata dal sole! Oimè, di tanti
Che sui veloci corridori al corso
Emulavano i venti; e le taurine
Criniere, che fremeano fluttuando

Dietro gli omeri loro, in numi alati
Parean quasi mutarli. " Ed or fan cerchio
Squallidi, attenuati all' ara ardente,
Che sul pallor di quei taciti volti,
Mentre attizzano i tronchi, una sinistra
Luce riflette.

    Quel silenzio è rotto
Dalla voce d'Afedo. Ammenta in breve
Il dover di ciascuno; e che ciascuno
Conosca il suo, ne' lor fermi sembianti
Si manifesta.

    Ed ecco omai di stelle
Va ingemmandosi il cielo. Oh di che grande
Opra saranno spettatrici ! Il corso
Arrestarne dovrà la meraviglia.

Fra la speme ondeggiando e la paura,
 Ella vede una man di quei guerrieri
Portar la sua lettiga e taciturni
Deporla a' piedi suoi; quindi la destra
— Tenera stretta e dolorosa, indicio
D'imminente abbandono — il suo diletto
Stringerle grazioso, acciò vi saglia.
Pur — così lusinghiera è la speranza —
Questo addio la conforta. Un muto il crede
Pegno d'amor, di securtà, di gioia,
Di cure affettuose e di fiducia
Nella fuga vicina. « Oh tronca, tronca
— Ella esclama — gl'indugj! Ognor più bruna
L'aria si fa; ma pria che annotti, il legno
Raggiungere potremo; e la dimane
Di qui lontani.... al fianco tuo.... quel sole

Ne splenderà! Quest'ore di periglio
Mi verran nel pensier come l'immago
D'un tristo sogno che sparia coll'alba.

Di che mai ti confidi! Ei non risponde;
Sola, infelice, fuggirai!

       Già scende
Colà dove al mattin la cara voce
D'Afedo suo la consolò; melode
Più gradita per lei che la favella
Dell'Angelo Israfil, [57] la cui dolcezza
Fa tremar del beato Eden le foglie.
« Afedo — ella gemea — se tuo disegno
È questa notte di morir, consenti
Che teco io mora, e al tuo nome diletto
Benedir col mio soffio ultimo udrai.
Labbro a labbro congiunti e guancia a guancia
Non m'è grave il morir, non ha la morte
Più spaventi per me.... Ma voi, crudeli,
Perchè tanto affrettarvi? Oh v'arrestate,
V'arrestate un istante!... Ei non potria
Giungere ancora.... Afedo!... Afedo!... »

       A queste
Tenere querimonie abbandonata
Lungo il fiero cammin la miseranda
Giovane s'era; ai boschi, agli antri, ai sassi
In lagrime iterando il caro nome.
Nè il suo diletto le apparia.

       Lasciate,
Miseri, d'incontrarvi ogni speranza
Su questa terra! Il fato a voi non muta;

Gli aurei sogni fuggiro, e il vostro addio
Fu l'addio de' morenti. O voi felici,
Se spezzava in quest'ora i vostri cuori
L'impeto del dolor!

     N'udia le note
Lamentevoli Afedo. Immoto e chiuso
Ne' suoi tetri pensieri, il fioco lume
Delle faci seguia per la crescente
Tènebra, che scortando ivano al mare
Quanto avea di più caro, e senza speme
Che ridonato dal destin gli sia.
Tale è forse colui che dalla prora
Gittò nelle insensate onde la spoglia
Di cara estinta, e doloroso e muto
Contempla un raggio di quieta luna
Tremolar sulla sua liquida tomba.

Ma qual fremito rompe i suoi pensieri?
S'alza il tuon dalla valle, ed attraversa
La voragine. Un tuon come se tutta
La ciurmaglia de' Goli o degl'immani
Divi, razza infernal, levasse al cielo
Da mille bocche un ululato orrendo.
« S'accostano i nemici. » Alzò d'un tratto
Questa voce il garzone, e l'ira accese
Le sue pallide gote. « Alme de' prodi,
Che libere scorrete il cielo e gli astri,
Esultate! Sui vanni omai dischiusi
Altri spirti fraterni al vostro coro
Tra poco s'uniran. »

     Così dicendo,
Dalla vetta discende e dietro a lui

Quanto ancor rimanea non superato
Dal furor musulmano. I loro acciari,
Quasi da forza interior sospinti,
Splendono sguainati in uno stesso
Punto.

   Ed odi un secondo, ed odi un terzo
Più vicino muggito sollevarsi
Dalla bassa convalle. Oh chi veggendo
Quell'intrepido stuolo il brando ignudo,
Le pupille di fuoco e fitte in quelle
Del loro capitan, chi divinato
Non ne avria la vergogna, il duol, lo sdegno
Del rimanersi neghittosi? Afedo
Penetronne il pensier che non diverso
Era dal suo. « Fratelli, un'arme ancora
Nella mano stringiam che ne difende
Da questa rabbia musulmana; e incerti
Aspettar dovrem noi che ne disfaccia?
Senza colpo ferir? senza un cruento
Sacrificio ad Irano, alla Vendetta?
Senza intingere pur le nostre spade
In quel sangue abborrito? Oh no! gradita
Essere non potria l'ingloriosa
Morte al dio della Persia! Ancor che privi
D'ogni umana speranza, a noi rimane
La vita, il ferro, e l'ardimento. Eterna
Di quest'antri per noi, di queste rupi
La memoria sorviva, e di man cada
Ai tiranni trementi il ferreo scettro
Quando da'loro schiavi odano i casi,
Del nostro monte sanguinoso. Io v'apro,
Magnanimi, la via. La sacra pira
Scampo ognor ne sarà dalla vergogna

Delle catene; ma più nobil tomba
Troverem fra' cadaveri nemici. »

Disse, e tutti seguir del loro amato
　Duce l'esempio, ruinando a valle
　Da novo ardir, da novo impeto accesi.

L'esultante nemico, al poco lume
　Delle faci, avvolgeasi a gran fatica
　Pel distorto cammino, in quella guisa
　Che ravvia la crucciosa orribil serpe
　Nella val di Golconda il venenoso
　Strascico delle sue lucide spire. "

L'opo ai Ghebri non è di quella luce.
　Tutti san delle roccie e degli spechi
　Gl'intricati sentieri, ove talvolta
　Sorprendono le fere; e queste immote
　Stanno da' lor covigli a contemplarli
　Come fossero anch'essi, al par di loro,
　Creature selvaggie. Alzarsi ai gioghi
　Impediva al nemico un largo vano
　Periglioso fra tutti, a cui lo sguardo
　L'arabo non darà senza le guancie
　Tingere di rossor, che sotto il ferro
　Di pochi audaci un novero sì grande
　Succombesse de' suoi. Ricolmo a mane
　Fino al petto n'avean lo stretto calle,
　Che dal burrone al vertice conduce,
　I gonfiati torrenti, e ne fiancheggia
　La nuda inaccessibile scogliera
　Ambo i lati. Rifugio ultimo e solo
　Alla fuggente libertà. L'avanzo
　Dei campioni d'Irano ivi s'apposta

Muto, queto così che il vol non turba
Agli augelli notturni; e studia attento
L'avvicinarsi del nemico.

                     Ei giunge.
Il segnal dell'eccidio è il mormorio
Che fan l'acque agitate. Ecco il momento,
Vendicatori della patria oppressa,
Di dar prova di voi. Sciagura ai primi
Che ne tentano il guado! Ogni guerriero
Che varcarlo s'arrischia un brando trova
Che gli s'avventa. I capi e i busti mozzi
L'un sull'altro s'affollano nell'acqua
Già di sangue insozzata; ed ostie nove
Succedono alle prime, ed altre a quelle
Senza mai diradar. Talchè più loco
D'alzar la spada e di ferir non resta
Ai seguaci d'Afedo; e già satolle
Di strage musulmana a grave stento
Le regge il braccio dispossato. Oh mai
Non offri più terribile olocausto
Alla patria Vendetta il ferro umano!

La smorta luce delle tede estinte
  Quasi e riverse nella gora, alluma
L'infelice spettacolo. Divisi,
Tronchi, mùtili capi, palpitanti
Membra e lacere bende, ed armi infrante,
E miseri convolti entro la fossa
E da tizzi natanti arse le carni,
  Ululando perir fra l'acqua e il fuoco,
O giù nel fondo traboccar, ghermiti
Da naufraghi compagni ed affogarvi.

E tutto invano! L'accorrente piena
   Non ha fin, non ha sosta. A schiere a schiere,
   Quasi nembo d'insetti ad una lampa,
   Si turbina a quel passo, e la palude
   N'è ripiena così che le malferme
   Piante sopporta de' vegnenti; e questi
   Sui feriti calcando e sugli uccisi
      — Lastrico spaventoso! — il fianco opposto
   Tocco han già della gola.

                        Or che v'è dato,
   Ghebri, sperar? Mirate in quei sembianti
   Il dispetto, la rabbia e la vergogna
   Del vedersi da poche, ancor che forti
   Ma pure umane braccia, a tal condotti.

Alfin sotto la turba ognor crescente
   Cadono gl'infelici insanguinando
   Parte il varco fatal, parte, bramosi
   Di maggior prova, combattendo a lato
   Del loro invitto condottiero! e questi
   Volta sempre la fronte all'inimico,
   Qual superbo lion dalla corrente
   Del Giordano incalzato,[19] indietro il passo
   Lento lento volgea, prendendo il calle
   Delle torri, e schermendosi dai colpi
   Dell'arabo inseguente e del destino.

Ove s'aggira il Musulman? Perduta
   Ha già la traccia; a lui sfugge la preda,
   Più non arde una fiaccola, smarrite
   Sono le guide, ed ei confuso e cieco
   Fra torrenti s'impiglia e fra viluppi
   Di boscaglie, dolendosi che veltro

Non traesse con sè per inseguirne
O smacchiar l'avversario. Invan s'afforza
Disperato al salir, perchè deluso
Dal falso lume che l'aeree cime
Mandano fino a lui non trova loco
Dove reggersi in piè; sì che dall'alto
Cadon parecchi, e il baratro gl'inghiotte
Nelle vaste sue fauci, ed altri a mezza
Scesa battendo sui greppi sporgenti
Vi s'infiggono e stan; futuro pasto
Di carnivori augelli. E i lor lamenti
Ultimi son, devoti alla Vendetta,
Che giungono all'orecchio e al cor d'Afedo.

 Anelante il garzon l'altezza acquista
 Del giogo discosceso, ed or del brando
 Si fa puntello, or d'un macigno appoggio.
 Pareagli che versato il sangue estremo
 E volata l'amara ultima feccia
 Della sua vita tormentosa, Irano
 Oltre a lui non chiedesse. Un sol pensiero,
 Un sol pallido raggio gli balena
 Fra l'ombre che l'ambascia e la fatica
 Al suo turbato immaginar presenta.
 Colei — della sua vita astro sereno —
 Che vive e splende tuttavia nel bujo
 Della trista alma sua; nè mai più bella,
 Più cara mai l'immagine diletta
 Gli avea, come in quell'ora, al cor sorriso.
 Dileguarsi parea dal suo pensiero
 Quanto opponeasi al loro amor, parea
 Che fra lei più non fosse e la sua gloria
 Caligine mortal, che nuovi mondi
 Lieti di nuova luce e grazie nove

La beltà n'accrescessero, già tanto
Per sè meravigliosa, e la vedesse
Cinta d'uno splendor che poi riflesso
Dalla cara sua fronte in lui piovea.

Una voce lo fere: uscia dal labbro
  D'un caro amico; il sol rimaso in vita
  Dei tanti che periro in quella notte
  Di sangue. « E dovrem dunque, o Capitano,
  Noi qui morir dall'arabo trafitti,
  Noi sì presso all'altare? »

                       A tali accenti
Rivivere egli parve. « Ah no! quell'ugne
Non ci denno ghermir. » Coll'ardimento
Degno che lo strappasse a quelle istesse
Della morte, ei si mosse, e stretto il braccio
Del suo fedel, più fievole e languente
Di lui, così com'era il corpo tutto
Lordo di sangue, s'avviò con esso
Lento lento all'altare.

                    Iddio gli ajuti
Che i proposti ne udì!

                     Vèr l'alte ròcche
Prendon essi il cammino; ed ogni pietra
Sotto i lor piè rosseggia. Il tuo medesmo
Ferro, infedel la prima volta, al peso
Delle tremanti tue membra si ruppe,
Misero Afedo!... Oh non tardar! s'accosta
L'ululo delle torme insecutrici
Che ti stanno alle spalle.... un passo ancora,
E sfuggito è il periglio.

Eccoli in salvo
Sulla vetta; già premono le soglie
Del tempio, già salir le sacre vampe
Vede Afedo dall'ara.... In quella il prode,
Che lo seguia, riverso e senza vita
Stramazzò sul terreno alle sue piante.
« Anima forte e sventurata, ah troppo
T'affrettasti a partir! Dovrei lasciarti,
Forse ancor semivivo, all'ire, all'onte
D'ogni codardo? miserando strazio
Del calcagno nemico? Oh no, pel santo
Foco che s'alza da quest'ara! »

       E detto
Questo, le poche sue forze raccolte,
Sollevò quella spoglia e colle mani
Fredde, convulse, l'adagiò sul rogo.
Indi accese una face, e colla face
La pira, che di subito avvampando
Irraggiò di gran luce il mar d'Omàno.
« Libertà, dea de' forti, a te ne vegno »
Proruppe allora, e sorridente ascese,
Come su carro trionfal, la pira;
E pria che il foco violasse un solo
De' suoi nobili membri, estinto cadde.

Qual gemito percote i lidi e l'onda?
 Dalla nave ne viene abbandonata
 All'arbitrio de' flutti. Il foco or ora
 Della catasta la schiarò, ma tosto
 Si rimmerse nel bujo.

      Il legno è quello
Che trafugò la misera commessa

Alla fede e al valor de' pochi arditi,
Cui l'intento d'Afedo era segreto.
Geloso arcano che svelar non volle,
Sperando, se qualor la giovinetta
Fosse libera e illesa alle paterne
Braccia renduta, perdonati e franchi
N'andriano i renditori. Ignari adunque
Del pensiero d'Afedo, e sul gentile
Pegno vegliando, ancor tratta la nave
Dagli scogli non han, che della mischia
Il fremito confuso e ripercosso
Dai cento echi del monte a lor perviene.
Sospendere ogni remo e al fren dell'onde
Lasciar essi la nave è un punto solo,
Mentre, meravigliando i loro sguardi
S'affiggono alla rupe, onde la fiamma
Vivissima improvvisa al ciel si leva.

Or qual potente immaginar potrebbe,
Pingere, o sventurata, i tuoi tormenti?
È tale il tuo dolor che mal lo esprime
Chi nol sentì; ma vivere potrebbe
Chi sentirlo dovesse? Al tuo crudele
Destin non basta che balzata in fondo
D'ogni male tu sia, ma fino il senso
Della paura, che maggiori affanni
Minaccia, e fin la speme, ancor che vano
Fantasma e nulla più, rapirti ci volle.
Gioje, affetti perduti un infelice
Può tollerare e strascinar la vita
Di quelle triste creature inflitte
Entro sterili roccie, e da perpetuo
Gelo fasciate; ma la calma tua
Calma è di morte, un freddo inerte stagno

Che ti snerva il dolore e non lo uccide,
Un' ambascia dell' alma e del cerèbro,
Un muto interno strazio, un' agonia
Tormentosa così, così mortale
Che sol brama ed aspetta alleggiamento
Dallo scoppio del cor.

      Tranquilla è l'onda,
E le faci del ciel sotto la prora
Scintillano riflesse.

      Inda! fu tempo
Che tu, così dolente ora e sepolta
Nel tuo cordoglio, fanciulletta allegra
Vagheggiar, benchè sola, a te gradìa
Le notturne beltà della natura;
Nè maggior voglia ti pungea, contenta
A quel vago, indistinto arcano senso
Di voluttà che pènetra le fibre
De' petti giovanili e le commove
Soavissimamente. Un mattutino
Astro, felice del suo proprio lume,
Inda, un giorno eri tu. Quanto or diversa!

S'alza un alto clamor. L'avviso è questo
Dell'eccidio. Guerrieri! invan guardate
Dalla nave alle rupi, e palpitanti
Traete il brando. La gran lotta ha fine,
E la ruggine in breve i vostri acciari
Corroderà. Quel braccio, a cui si debbe
L'onor di tanta strage, è già caduto,
Nè risorge in eterno! Anzi che fissi
Tener gli occhi alle torri e studiosi
Cercar chi della pugna abbia in quest'ora

Dato il segnal, chiedetene a colei
Che già presso alla morte il tergo appoggia
All'albero del legno. Oh ben conosco
L'infelice che in breve il suo diletto,
L'amor suo, la sua gioja ultima e sola
Più non sarà!

    Dardeggia un altro lume;
Una fiaccola è quella. Or che dinota
La nova luce? Ognun v'ha posto il ciglio;
E tu pur vi sollevi, Inda, l'estremo
Sguardo del viver tuo.

     La vorticosa
Vampa della funerea catasta
Rapidissima sorge, e sulle rupi
E sull'onde saetta un vivo lume.
Quand'ecco a mezzo della pira alzarsi
E torreggiar la grande ombra d'Afedo,
Pari al genio del fuoco in grembo al suo
Maestoso elemento.

    « È lui! » proruppe
La vergine, e tra il fumo e le faville
Già sparito è lo spettro e insiem con esso
Di lei, d'Iràno le speranze. Un roco
Strido ella manda, e come il vol prendesse
Verso la pira e sempre a lei conversa,
Dall'alto della poppa in mar si getta.

Pace, o misero cor! Mai più gli affanni
 Darti guerra potran nel tuo profondo
 Tacito asilo.

Uscita allor dall'acque
Una Peri gentil questo lamento
Profetico intonò con mesta voce.

Vale, o leggiadra figlia
  D'Arabia! — Oh no! più bella
  Perla nel verde mare
  Non abitò conchiglia,
Che la pura alma tua nella sua cella
Mortal racchiusa.... Ah! brevi ore ed amare!

Tu d'un marino fiore
  L'immagine ridente
  Fosti, o gentil; ma scese
  Furtivo in te l'amore;
E come del deserto il soffio ardente [70]
Scorda un dolce liuto, il cor t'offese.
Un dì le abitatrici
  Del vago Jemène
  Racconteranno in pianto .
  I tuoi casi infelici,
Inda, che dormi sulle molli arene,
Ove l'astro del mar luce soltanto. [71]

E giunto il tempo lieto [78]
  Che padri e figli a schiera
  Vanno a raccorre il frutto
  Maturo del palmeto,
Chi, tornando dal bosco a tarda sera,
Di te ragionerà con ciglio asciutto?

Mentre alla negra chioma
  La villanella aggira
  Di rose una corona,

Inda, a te pensa: e doma
Dalla pietà che il tuo fato le spira
Cristallo e crin dimentica, abbandona.

Mai non saprà negli anni
   Tardi obbliarti Iràno:
   Ma farà pianto, occulto
   All'occhio dei tiranni,
Su te, su quell'eroe che nell'arcano
Vive del suo pensier, martire inulto.

Vale; e di quanti abbonda
   Tesori il mar, guanciale
   Al tuo bel capo avrai.
   Col fior, gemma dell'onda,
Che sorge dallo scoglio, il tuo ferale
Talamo, o giovinetta, adornerai.

Dell'ambra più lucente,
   Pianto del mesto augello, [73]
   Oceanine Peri
   Noi ti farem presente;
Conche ti recheremo, ove n'è bello
Posar cullate da flutti leggeri.

La sabbia d'òr più fine
   Del Caspio mare, [74] i bruni
   E rosei ramicelli
   Di piante coralline
Saran coltre al tuo letto, e mai digiuni
Non andran di ghirlande i tuoi capelli.

Oh vale! e fin che stilla
   Pietosa abbia il Valore

GLI ADORATORI DEL FUOCO.

E la Deità, fin tanto
Che gema una pupilla,
Sarai compianta, o pura ostia d'amore,
Sarà l'invitto che ti amò compianto.

—

NOTE.

[1] Golfo Persico, che divide la Persia dall'Arabia.
[2] L'odierna *Gombaroon*.
[3] I discendenti da Maometto per linea femminile portavano questo titolo.
[4] Così in Gombaroon come in altre città della Persia sono torri destinate a raccogliere il vento per rinfrescarne le abitazioni.
[5] Nome antico dell'impero persiano.
[6] È costume negli Arabi d'incidere sulla lama delle scimitarre qualche versetto dell'Alcorano.
[7] Il miele delle api di Trebisonda, per suggere ch'esse fanno una specie di rododendri, toglie a chi ne gusta la ragione.
[8] Così gli antichi Persiani chiamavano il Sole da loro adorato come sede della Divinità.
[9] Maomettanismo.
[10] Recavano quei monarchi alla tempia destra penne d'Aironi neri.
[11] Secondo una tradizione maomettana questa fonte detta *della giovinezza* scaturisce da qualche alpestre luogo dall'Oriente.
[12] Lettighe eleganti.
[13] Il gelsomino, fiore prediletto dalle Arabe.
[14] Il chiosco è un'specie sala rotonda, situata d'ordinario in mezzo ai giardini, ha una fontana nel centro, e la circondano cancelli dorati rivestiti di gelsomini e d'altre piante odorifere.
[15] Le orientali non istanno mai senza specchio. Il vagheggiarvisi è la loro più cara occupazione.
[16] Così ci assicura A. Abdalazil nel suo Trattato sulle gemme.
[17] In Gombaroon e nell'Isola d'Ormus il calore a volte è così in-

tenso, che la gente è costretta a starsene tutto il giorno nell' acqua. — Vedi MARCO POLO. —

[18] Questo monte credesi inaccessibile.

[19] Nel libro dello Schah-Nameh leggesi come Zal, celebre eroe persiano, distinto pe' suoi capelli lucenti, venisse al balcone di Zadavera una fidanzata, e questa lasciasse penzolare la sua lunga treccia per ajutarlo alla salita.

[20] Camoscio dell'Arabia Petrea.
[21] Dio.
[22] Sorta di liuto.
[23] Vedi Gli Amori degli Angeli, poema dello stesso Autore.

[24] I Ghebri o Guebri aborigeni della Persia, e seguaci dell'antica Religione di Zoroastro. Dopo che gli Arabi conquistarono il loro paese, vennero i Ghebri sempre perseguitati e costretti ad esulare. Essi adoravano il Sole sotto nome di Mitra, ed il Fuoco; il quale mantennero essi acceso tremila anni circa sopra un monte vicino a Yezd, loro dimora principale, detto Ater Quedah, cioè Casa del fuoco. Felici reputavansi coloro che su quel monte morivano.

[25] Mettevano i Ghebri una grande fiducia nella loro cintola, tal che non se ne scioglievano mai.

[26] I Mammalucchi usano di notte scoccare per l'aria una sorta di freccie infuocate, non poco simili ai lampi ed alle stelle cadenti.

[27] Isole del Golfo Persico.

[28] Così chiamavasi anticamente il Capo Musseldom. Nel radere questo Capo gl'Indiani sogliono gettar sul mare frutti e fiori per assicurarsi d'una felice navigazione.

[29] Franklin, parlando del clima di Shiras nota: la rugiada vi è così pura, che non potrebbe soffrirne la finissima tempera di una spada, se pure vi fosse esposta una intiera notte.

[30] Luogo dove i Persiani furono dagli Arabi complutamente sconfitti, e dove l'antico loro impero ebbe fine.

[31] Così gli antichi appellavano la città persiana Demir-Capi.
[32] Questa palma gigantesca è il Talpot.
[33] Antico nome dell'Arabia Felice.

[34] Thamuras, ed altri antichi re persiani, le cui venture colle Peri e coi Divi sono raccontate da Richardson.

[35] Vuolsi che il Simorgo o Simurgh, uccello incantato, si strappasse parecchie penne dal petto per farne dono a Thamuras; e questo re se ne adornasse il cimiero. Passarono quindi tali penne in eredità ai suoi successori.

[36] La fonte dei sacri cedri; così denominata perchè scaturisce all'ombra di tali piante.

[37] Uccello di gran mole che dorme sospeso nell'aria; assai frequente al Capo di Buona Speranza.

GLI ADORATORI DEL FUOCO.

⁸ Demoni dei Miti persiani.
⁹ Solevano i Ghebri edificare i loro templi sopra monti vulcanici.
¹⁰ Lucifero.
¹¹ Antichi eroi persiani. Non pochi Ghebri vantavano la loro origine da Rustan.
¹² Russel racconta che le pantere aggrediscono di notte tempo i viaggiatori del Libano.
¹³ Questo mare, quando è agitato dai venti, scintilla di notte come fosse infuocato.
¹⁴ Specie di tromba che manda il suono a grandissima distanza.
¹⁵ Maometto usava portare due elmetti, l'uno esterno, interno l'altro; alla Battaglia di Ode s'era armato del primo.
¹⁶ Di questa frutta serbavo anche lord Byron, e prima di lui il Milton nel *Paradiso perduto*, libro X.
¹⁷ Il *Suhrul* o l'*acqua del deserto*. Fenomeno che vuolsi prodotto dalla rarefazione dell'aria per calore eccessivo. Ad accrescere l'abbaglio succede il fenomeno in luoghi bassi, ove l'acqua di solito si raccolgono.
¹⁸ È costume negli Orientali l'inaugurare la partenza per luoghi viaggi col suono d'istrumenti.
¹⁹ Gli antichi Arabi davano questo nome allo stretto ora chiamato *Babelmandeb*, pei frequenti naufragi che vi accadono.
²⁰ In Babilonia si addestravano colombe a portar messaggi.
²¹ Meteore dette da Plinio *sacra*.
²² Vedi il saggio erudito di Willson sulle Isole orientali dette *Sapienti*.
²³ Canopo, lucentissima stella non visibile in Europa.
²⁴ Una pietra preziosa indiana detta dagli antichi *Cerautium*, la quale suol trovarsi nei luoghi ov'è caduto il fulmine. Tertulliano asserisce che lo splendore di questa gemma è così vivo, che pare contener del fuoco. Forse è l'*opalo*, gemma lucentissima dell'Indie da non confondersi coll' *opale*.
²⁵ Si distinguono i Ghebri dal colore terrogiallo dei loro vestiti, dal *Kolah*, di pecora tartara che portano in capo, e dalla fascia di cuojo.
²⁶ Spirito che prende la figura dei defunti ed apparisce agli amici od ai parenti loro. Abita i sotterranei e non offende l'uomo, purché non ne sia molestato.
²⁷ Piccolo quadrupede che indica al leone, così credono gli Orientali, il luogo ove trovasi la sua preda.
²⁸ Gli amori della rosa coll' usignuolo; vecchia favola de' poeti orientali.
²⁹ Nei dintorni di Cherman tutti i datteri sbattuti al suolo dal vento, non sono raccolti, ma lasciati per cibo ai mendichi ed ai viandanti.
³⁰ V. *Il Paradiso e la Peri* dello stesso autore.
³¹ I due terribili angeli *Monkir* e *Nakir*. Vedi l'Alcorano.
³² Gli Arabi chiamano la mandragora *lume diabolico*, per lo splendore fosforico che manda di notte.

NOTE. 489

⁶⁵ *Ischmonia* o *Ischmonie* città impietrita dell'Alto Egitto, dove, secondo la voce, veggonsi tuttavia molte statue d'uomini e di donne.

⁶⁶ Narrano i Ghebri che quando Abramo, loro grande Profeta, venne per comando di *Nimrod* gettato alle fiamme, queste si trasformarono in rose, sulle quali il fanciullo dolcemente si addormentò.

⁶⁷ La conchiglia detta *Sankius* nota in India, in Africa e nel Mediterraneo, ed usata in luogo di tromba pel forte e chiaro suono che manda.

⁶⁸ Il più bell'ornamento dei loro cavalli consisteva in sei lunghe criniere bianche strappate alla coda di tori salvatici.

⁶⁹ Il più melodioso degli Angeli. V. Alcorano.

⁷⁰ V. Hoole, *Storia di Sinbeld*, ov'è narrato di questo enorme serpente.

⁷¹ « Quasi leo ascendet de superbia Jordani. » Jer., XLIX, 19.

⁷² Il Semoon. Questo vento del deserto allenta le corde del liuto, a modo da non poterne più cavare un suono armonioso.

⁷³ Il pesce *Stella* che trovasi nel Golfo Persico. Ha forma circolare e di notte risplende a guisa d'un globo raggiante.

⁷⁴ Festa dei datteri e ritorno dai palmeti. Giorni lietissimi per gli Orientali.

⁷⁵ Vuolsi da qualche naturalista che l'ambra si formi dalle lagrime addensate di un uccello.

⁷⁶ Nella baja Risallaok, detta altrimenti *baja aurea*, la sabbia splende come il fuoco.

MELODIA.[1]

No, non biasmate il bardo,
   Se fra mirti amorosi erra e s'asside,
Ove il piacer bugiardo
   Della gloria non cura, o la deride.
Nato a destin migliore,
   Potea la carità del natio loco
Accendere il suo core,
   In età meno rea, di sacro foco:
L'armonioso nerbo,
   Che dalla lira un suon blando propaga,
Armar l'arco superbo
   Potea, compresso dallo stral che impiaga;
E il labbro, a cui soltanto
   L'amor, la voluttà dan moto e vena,
Versar di nobil canto,
   Dalla patria inspirato, inclita piena.
Povera patria! Estinta
   È la tua gloria. La virtù che mai
Piegar dovea, fu vinta.
   Or tu piangi in segreto, altro non sai.

[1] Vedi le note a pag. 493.

L'amarti oggi è delitto,
  Il difenderti morte o duro esiglio,
  Tenuto a vil, proscritto,
  Se tradirti non osa, ogni tuo figlio.

La fiaccola che duce
  Eragli un tempo a gloriosa mira,
  Dal rogo ha la sua luce
  Su cui la tua speranza ultima spira.

Nessuno, oh no! riprenda
  Il Cantor se nel facile diletto
  Obblia la freccia orrenda
  Che trar non può dal sanguinoso petto.

Rendetegli la speme,
  Rompa un solo balen la nube nera
  Che la sua terra or preme,
  E farà risonar l'arpa guerriera.

E come Armodio un giorno,
  Gli affetti molli al patrio altar volando,
  Il mirto, ond' egli è adorno,
  Torrà dal crine, e intrecceranne il brando.

Pur se la gloria è morta,
  E la speme è perduta, o dolce Erina,[1]
  Eterna, oh ti conforta!
  Tu sarai nel suo verso e ancor reina.

Quando parrà più lieto
  Del tuo Cantore il volto e più ridente,
  Tu gli starai, segreto
  Martirio del pensiero, ognor presente.

Allo stranier lontano
  Giugneran sulle quattro ale de' venti,
  Varcando l'oceàno,
  Al suo labbro affidati, i tuoi lamenti.

A quei tiranni istessi
Che stringono i tuoi polsi, il mesto canto
Di mille e mille oppressi
Trarrà dagli occhi involontario pianto.

—

NOTE.

[1] È la prima delle melodie irlandesi, e potrei aggiungerne parecchie altre, ma non abbandono il disegno di tradurle tutte e di pubblicarle in un volumetto a parte. Sia questa per saggio.

[2] L'Irlanda.

DA LUCREZIA DAVIDSON.

AD UNA STELLA.

Dell'astro della sera,
  Gemma che adorni i cieli,
  Come desia quest'anima
  Oppressa e prigioniera
  Le sue ritorte infrangere,
  Libera a te volar!

È pur soave e cara
  La luce onde ti veli!
  Oh fossi tu la fiaccola
  Che la ragion rischiara,
  E spettri fuga e tenebre
  Dal suo divino altar!

Gl'ignoti abitatori
  Che del tuo lume allieti
  Mai non falliro; incogniti
  Son loro i nostri errori,
  Nè, traviando, mossero
  Dal cielo un Redentor.

DA LUCREZIA DAVIDSON.

Come il tuo lume istesso
   Puri, innocenti e lieti,
   Cogli Angeli si stringono
   In un fraterno amplesso,
   Intuonano cogli Angeli
   Eterni inni d'amor.

Nube non è che appanni
   Quel tuo sereno, o stella;
   Inavvertiti e floridi
   Scorrono i giorni e gli anni,
   Nè mai pensier li novera
   Nè li richiama in duol.

Pupilla della sera,
   Gemma che il cielo abbella,
   Come alzerà quest'anima
   Oppressa e prigioniera
   Dal suo terreno carcere
   Al tuo bel raggio il vol?

DA G. MILTON.

A. CROMWELL.

Cromwell, duce di forti! In mezzo ai nembi
Della guerra non pur, ma della strage
Devastatrice, alla virtù t'apristi
Ed alla fama un glorioso calle,
Dalla Fede guidato e dall'altezza
Dell'alma tua. Sull'orgogliosa fronte
Della fortuna coronata alzavi
I trofei del Signore; e mentre i flutti
Del Darwene tingea sangue scozzese,
Mentre sui campi di Dunbár sonava
La tua lode guerriera, e la corona,
Che Norcestra ti die'cingeati il crine,
Tu la grand'opra dell'Uom-Dio seguivi.
Molto ancor ti rimane. Unir l'ulivo
Or t'è d'uopo all'allór; nè manco insigne
Quel trionfo sarà. Per darci all'alme
Catene secolari, altri nemici
Sorgono minacciosi: oh ne soccorri
Del braccio tuo! sia l'egida alle nostre
Libere coscienze, e dall'artiglio
Di venali ne salva ingordi lupi,
Che fan dell'Evangelio il ventre loro.

FRAMMENTO DI UNA CANZONE

SULLA NASCITA DI GESÙ CRISTO.

—

Era l'inverno, e 'l pargolo celeste
  Venia fra noi ravvolto
  Di rozze umili veste;
  E la Natura anch'essa
  Per simpatia segreta
  Col proprio Creator, si dispogliava
  Della sua pompa lieta.
  Tempo non era di gioir col Sole
  L'amante suo, ma chiuso
  Quell'amoroso affetto,
  Sotto innocente gelo
  D'un santo si copria virgineo velo.
Stava in pace la terra, e chi la regge
  In silenzio attendea, come sentisse
  L'avvicinar d'altissimo sovrano.
  L'aure blandiano i flutti,
  E con sommesso accento
  Presagian novi gaudi all'oceàno.
  Attonite ed immote
  Tenean le stelle il guardo

Fiso alla terra, nè lasciar l'impero
Voleano al di nascente,
Anzi ostinate in cielo
Sembravano brillar più luminose
Fin che Dio di partirsi a loro impose.

Dal SANSONE.

TRAGEDIA.

————

.... Corro
Questo loco deserto, ove riposo
Dar alle membra; ma riposo indarno
Cerco ai pensieri irrequieti: a guisa
Di ladroni si gittano fremendo
Sulla mia traccia solitaria, e strazio,
Ciò ch'io fui rammentando e ciò ch'io sono,
Fan di me senza posa. Oh ma la prima,
La più crudele delle mie sventure,
È questa oscurità che mi circonda.
Cieco in mezzo ai nemici ! O peggio assai
Di povertà, di carcere, di ceppi,
Di languente vecchiezza. Creatura
Tanto abbietta non è che di miseria
Mi vinca. Striscia il vermicel, ma vede;
Mentre in un mar di luce io sto sepolto
Nelle tenebre. O buio, o buio, o buio
Sotto un pieno meriggio ! irrevocabile
Notte ! ecclisse perpetua e d'ogni speme
D'albór deserta ! Se la luce è tanto
Necessaria alla vita, anzi è la vita;
Se menzogna non è che dello spirto
Facciasi un trono; perchè mai la vista
Al frale è confidata orbe degli occhi
Che può spegnere un soffio?

————

EPIGRAMMA.

Oh come il tempo rubator degli anni
Venti a me ne rapì sui presti vanni!
Della mia primavera all'ultim'ore
Giunto son io, nè colsi un solo fiore.

SAGGIO DI POESIE LIRICHE

DI

V. HUGO ED ALFONSO LAMARTINE

LIBERAMENTE TRADOTTE.

DA VITTOR HUGO.

IL VELO.

> Desdemona ! hai pregato
> Questa sera il Signor?. —
> SHAKESPEARE.

SORELLA.
Fratelli!... oh qual pensiero
  Vi traversa la mente? al suol chinate
  Le fronti corrugate;
  Lo sguardo incerto e fiero
  Nell' ira vi divampa
  Come la luce di funerea lampa!
Fratelli, oimè! disciolte
  Le vostre cinte avete, e sul lucente
  Pugnal ferocemente
  Chiusa la man tre volte!...
  Che meditate? Oh cielo!
    UN FRATELLO.
Hai tu pur dianzi sollevato il velo?
    SORELLA.
Dal bagno io mi togliea
  Nascosa entro il mio velo agli occhi impuri
  De' Greci e de' Giauri;
  E presso alla moschea,

Arsa dall'aria estiva,
L'affannoso zendado un tratto apriva
UN SECONDO.
In verde abito avvolto
Un uomo a te da presso allor trascorse.
Rispondi!
SORELLA.
Un uom?... sì.... forse....
Ma non mi vide in volto....
O ciel! che mormorate
Basso basso fra voi? che meditate?...
Vorreste il sangue mio?
No, per l'anima vostra, il tracotante
Non vide il mio sembiante!
Mercè, mercè.... gran Dio!...
Pietà d'una sorella,
D'una innocente debole donzella!
UN TERZO.
Ho visto il Sol pur ora
Tramontar rubicondo.
SORELLA.
Oimè! nel fianco
Quattro pugnali.... O bianco
Mio vel, chi ti colora?...
Fratelli! in abbandono
Non mi lasciate.... di che rea vi sono?
Reggete il sanguinoso
Mio lato, sostenete i miei ginocchi,
Or che mi copre gli occhi
Un velo tenebroso.
UN QUARTO.
Nè questo vel più mai
Sollevar dal tuo volto, empia, potrai.

L'ARPA E LA LIRA.

LA LIRA.
Dormi, o figlio d'Apollo! il santo alloro
　Ti circonda la fronte: hai per ancelle
　Le vergini sorelle.
　Dormi placidamente: un lieto coro
D'aerei sogni nel pensier ti gira:
Odi, o beato, armonizzar la Lira.
L'ARPA.
Gli occhi riapri, e ti ridesta, o figlio
Della sventura! illusion t'offende:
　Sciogli le tetre bende
Che ti fan corta la virtù del ciglio:
Mentre tu dormi, il misero non senti
Supplicar le tue porte, e far lamenti.
LA LIRA.
La gloria, o giovinetto, è la tua guida;
Salutò la Tespiade i tuoi natali;
　Ed agli anni immortali
Cinto di luce il tuo nome confida.
Invan Saturno ti minaccia. È nato
Dal Parnaso l'Olimpo avventurato.
L'ARPA.
Ti fu madre una donna, e la dolente
Sulla tua cuna lagrimò. Fugace,
　Come povera face,
Tu splendi, e più non sei. L'Onnipossente

DA VITTOR HUGO.

Ti sorti dalla polve a breve giorno,
E fissò nella tomba il tuo soggiorno.

LA LIRA.

Canta. Egioco ne regge; a Citerea
Corre il Dio della guerra; Iride infiora
Le nubi, i campi Flora:
Amore anima il mondo, e lo ricrea;
Fan tre passi i Celesti, e l'ampio giro
Misurato i Celesti han dell'empiro.

L'ARPA.

Prega. Un vero ne regge unico Nume
Ringiovanito dall'età che vola.
Sorge alla sua parola
E sparisce l'Immenso. Etereo lume,
Anima creatrice egli s'interna
Nel gran mar delle cose, e le governa.

LA LIRA.

Della dolce tua musa odi l'invito:
Cerca asili di pace al mondo ignoti.
I perversi nepoti
L'aureo tempo degli avi hanno sbandito;
Tu nel segreto de' tuoi lari occulto
Fuggi delle fraterne ire il tumulto.
Ivi la furia cittadina udrai
Da cento bocche mormorar lontana,
E la demenza umana
Solitario felice irriderai:
Soffia il nembo autunnale, e non infesta
Che i rami e i tronchi della sua foresta.

L'ARPA.

Dio, clemenza infinita, ogni peccato
Al debole rimette, all'infelice;
Pietà consolatrice
Le lagrime rasciuga al traviato:

Ma nembo struggitor l'enfiata polve
Della superba umanità dissolve.
Va dunque! annunzia ai popoli del mondo
Il turbine che rugge, e la snetta,
E l'ira, e la vendetta
Che Dio matura nel pensier profondo;
E tuoni la tua voce in fra le genti
Come fragor di molte acque cadenti.

LA LIRA.

L'aquila, augel sovrano e formidato
Ministro a Giove de' fulminei strali,
Batte le rapid'ali
Dal Caucaso nevoso al fervid'Ato,
E, del foco signor, nella divina
Luce del Sole la veduta affina.

L'ARPA.

Discende la colomba, umile augello,
Dal ciel che la saluta. Il santo Spiro
Vola nell'igneo giro
Della diva pupilla; il ramoscello
Reca all'arca del giusto, e dall'accesa
Fantasia de' profeti un Dio palesa.

LA LIRA.

Ama. Al Tartaro, al cielo Idalia impera,
Per la man d'Alessandro Ilio consuma,
Di Sesto il faro alluma,
E per vario cammin guida a Citera.
La folla degli amori al riso nasce;
Un solo amor di lacrime si pasce.

L'ARPA.

Ai sozzi amori la virtù fa guerra;
Regga un vergine core il tuo pensiero;
Se l'ombra del mistero
Due gentili congiunge anime in terra,

Passano per la valle del periglio
Come due Cherubini in breve esiglio.

LA LIRA.

Godi. Il vol de' tuoi begli anni è veloce;
Non ti fugga la gioia inavvertita:
Il fiume della vita
Mette nel mar d'eternità la foce.
Fiuta il saggio la rosa, e la disprezza
Quando perde il profumo e la freschezza.
Godi; e quando la morte, ospite lenta,
Si farà d'improvviso alla cortina
Del tuo letto vicina,
Tu la mano le porgi, e t'addormenta,
Posto in deriso ciò che l'uomo ignora,
Nelle tenèbre che non hanno aurora.

L'ARPA.

Reggi la vacillante orma fraterna;
Compatisci all'afflitto; apri pietoso
Le braccia al bisognoso,
E credi al premio della gioia eterna:
Spera il malvagio che l'avel profondo
Quel vuoto chiuda che trovò nel mondo.
Ma quando la suprema ora lo assale,
E l'Angelo maligno a sè lo invita,
Nè colla stanca vita
Sente mancar la sua parte immortale,
Fonte all'empio di tema, al buon di speme,
Il pensier degli eterni anni lo preme.

Nel mattin de' suoi giorni ode il poeta

Queste due voci susurrar nell'alma,
E della doppia palma
Vaghezza inestinguibile lo asseta,
Ond'egli, o sul Carmèlo o in Elicona,
Colla lira o coll'arpa il canto intuona.

LUIGI XVII.

>...... nè mai d' un trono,
>Mal lo stolto desir l' alma t' invogli.
>
>MONTI, *Bass.*

Sui cardini immortali allor s'apriro
   L'auree porte del Cielo, e tutto quanto
   Lo stellato sorrise ampio zaffiro.

Commosso folgorò de' Santi il Santo,
   E videro i beati un fanciulletto
   Prendere il vol dalla valle del pianto.

Bello, ma doloroso avea l'aspetto,
   E di mille angioletti un solo amplesso
   Circondava esultando il novo Eletto.

Era biondo il suo crine, e lungo e spesso
   Parte ombrava del volto; azzurro il ciglio
   Ancor dal solco degli affanni impresso.

Alla fuggita dal terreno esiglio
   I Martiri porgeano e gl'Innocenti
   Il purpureo amaranto e il bianco giglio.

Risonavano intanto i firmamenti:
   Vieni fra le sorelle in Dio beate,
   Vieni di questa luce entro i torrenti!

E voi, che le celesti arpe temprate,
   Chinate, Angeli, il volto! In grembo a Dio
   Sale un monarca, un martire! cantate.

Ove fu sulla terra il regno mio?
L'anima verginella iva chiedendo:
Io re non sono, prigionier son io.

Ieri, o Signor, m'addormentai piangendo
In oscura prigione; or chi le porte
Ruppe ed apri del mio carcere orrendo?

Carnefici crudeli han tratto a morte
L'infelice mio padre, ed aggravata
La mia tenera mano han di ritorte;

Mi presentàr la coppa avvelenata....
Orfano io sono della madre in traccia,
Che vidi ne' miei sogni in ciel beata.

E gli Angeli cantaro: Alle sue braccia
Ti chiama, o figlia del dolor, dal mondo
Colui che al mondo per soffrir v'allaccia.

Fuggi quel mare d'ogni colpa immondo,
Ove impunito il regicida offende
Degli estinti la pace, e nel profondo

De' rovesciati tumuli discende,
E l'ossa insulta de' monarchi, e stolto
Calca la polve delle regie bende. —

E son io da'miei ceppi alfin disciolto?
Nè più verrammi a ridestar dimani
Da' celesti miei sogni un fiero volto?

Io levai lagrimando a Dio le mani,
Chè mi sciogliesse dalle mie catene;
Nè dunque i preghi ch'io mandai fur vani?

Nè questa è sola illusion che viene
A confondermi i sensi? è giunta l'ora
Che dà termine alfine alle mie pene?

Ben fu dura laggiù la mia dimora!
   Ben orrendi i miei mali! Apportatrice
   Di nuovi affanni mi nascea l'aurora.

Fui di strazio crudele ostia infelice;
   Nè le grida, le lagrime, le ambasce
   A quetar mi venìa la genitrice.

Come arboscello al cespite ove nasce
   Io fui tolto al suo grembo, e non sapea
   Di che reo mi facessi entro le fasce.

E pur m'udite: la confusa idea
   D'anni migliori e di men ria fortuna
   Nelle memorie del pensier sorgea,

E popoli esultanti alla mia cuna;
   Infin che l'ombra d'un funesto arcano
   La lieta de' miei giorni alba fe' bruna.

Tutto allor mi sparì com'aër vano.
   Ed io rimasi fanciulletto imbelle,
   Senza il conforto d'un'amica mano.

Caddi in preda alle tigri, e fui da quelle
   Vivo nel cupo d'una tomba ascoso;
   Nè più quest'occhi rimirâr le stelle.

Ma voi che qui ritrovo, al doloroso
   Dal ciel veniste, in vision d'amore,
   Consolando di gloria il suo riposo.

Breve è il trionfo dell'error! Signore,
   Non farti inesorato alle preghiere
   Come furono i sordi al mio dolore!

Io per essi ti prego! — Allor le schiere
   Degli Angeli iteraro: Anima bella,
   Vieni coi giusti a passeggiar le sfere.

Sulla bianca tua fronte arda una stella,
  L'azzurre de' Cherubi ale ti vesti,
  Ravviva i Soli di beltà novella.

Cogli occhi intanto rugiadosi e mesti
  Di soave pietà, l'intenerito
  Spirto ascoltava l'armonie celesti.

E già seguia degli Angeli l'invito,
  Quando il ciel si fe' muto, e risonaro
  Le parole di Dio nell'infinito.

O re! dal labbro ti staccai l'amaro
  Calice del potere, e le catene
  Ti furo al trono lusinghier riparo.

Benedici, o mio figlio, alle tue pene!
  Tu non provasti le affannose cure
  Che la scettrata vanità sostiene!

Serto non cinse il capo tuo, ma dure
  T'avvinsero ritorte, e la più fiera
  Ignorasti così delle sventure.

In picciol'ora il tuo mattin fu sera;
  Ti curvasti alla vita; e coronato
  Di sue rose t'avea la menzognera!

Sali al bacio de' Giusti, o travagliato!
  Anche il tuo Redentor le sue divine
  Pene in terra sofferse, e re beffato

Portò corona di pungenti spine.

IL FUOCO DEL CIELO.

I.

Quel nembo vedi tu dal negro fianco?
  Vedi come allo sguardo
  Or lucido si mostra, or fosco, or bianco?
  Un campo a te non par dall'igneo dardo
  Del sole inaridito?
  Un incendio dal turbine rapito,
  Poichè nel buio della notte ha tutta
  Una città distrutta?
Vien dal cielo? dal mare? o d'altro loco?
  A qualche astro lontano
  Vola un dimòn nel suo carro di foco?
  Oh spavento! oh stupor! da quell'arcano
  Caos un lampo furente
  Svolvesi ad or ad or come un serpente
  Che, d'ira acceso, si contorce e snoda
  La rutilante coda.

II.

L'oceàn, l'oceàn che non ha sponda!
  Tu non vedi che cielo ed oceàno,
  Flutto a flutto succede ed onda ad onda.

Per lo deserto del ceruleo piano
   Raminga l'alcione affaticato,
   Ma l'incerto suo volo agita invano.
Volgi a cerchio lo sguardo, e del creato
   Non ti parrà che il liquido elemento
   Diffuso sull'abisso interminato.
Immani orche marine a cento a cento
   Balzano da' suoi gorghi, e delle terga
   Fanno alla luce scintillar l'argento.
Sembiante ha il mar d'un gregge che s'atterga,
   E le braccia infinite a cerchio tese,
   Par che nel cielo un altro ciel s'immerga.
— « Vuoi che asciughi quest'acque? » — il nembo chiese.
   « Varca! » — Una voce mormorar s'udio.
   E la meteora il suo gran vol riprese
Mossa dalla potente ala di Dio.

III.

Ecco un seno. Lo circonda
   Verde siepe di colline
   Che si specchiano nell'onda.
   Un romor di chiaverine,
   Grida, ed ululo di bufali
   Fanno l'acre mormorar.
La tribù vagante e sciolta
   Qui dispiega le sue tende,
   Sempre gaia e sempre in volta
   Caccia, pesca e l'arco tende:
   E lo stral che fugge e sibila
   Può col lampo gareggiar.

Giovinette e giovinetti,
  Tutti riso e tutti gioco,
  Sull'arena insiem ristretti
  Fan carole intorno al foco,
  Che dell'aure al soffio istabile
  Or si piega ed ora sal.
Le fanciulle, ebano il petto
  Come l'ombra vespertina,
  Si vagheggiano a diletto
  Nella placida marina,
  Che ritrae le belle immagini
  Nel suo cerulo cristal.
Sollazzevoli e giojose
  D'altra parte altre donzelle
  Van premendo le vellose
  Gonfie poppe alle cammelle.
  Spiccia il latte e par più candido
  Sotto il nero della man.
Le men timide e più destre
  Si diguazzano nell'onde.
  L'aura intanto alla silvestre
  Lor canzone si confonde.
  Si confonde il suon de' cembali
  Al mugghiar dell'oceàn.

Qui la nube ristè; ma la parola
  Misteriosa le gridò: « Trasvola! »

IV.

L'Egitto. — Ondeggia di mature spiche.
  Come persi tappeti, a più colori
  Screziate campagne, immensi piani

Da piani immensi prolungati. Il freddo
Mare alla plaga boreal lo fascia,
Il deserto all'australe, e fan contesa
Di questa bella regione. Intanto
Fra due grandi rivali ella sorride.
Dall'umano ardimento edificato
Si levano tre moli, e fende il cielo
Il lor trino pinnacolo; ne copre
Però le basi ammonticchiata polve.
Allargandosi van da sommo ad imo
Smisurati scaglioni, a cui non ponno
Salir che passi di Titano. Un verde
Masso e un granito di purpurea vena
Vi figurano un nume ed una sfinge;
E la vampa che vien dall'infocato
Deserto, ad abbassar non li condanna
Le sbarrate palpèbre. In ampio molo
Entran cento navigli, e lungo il lido
Siede e bagna nell'acque i piè di marmo
Una vasta città. L'infesto soffio
Rugge dal Semoòm; s'infossa e stride
Sulla candida arena lo squammoso
Ventre de' coccodrilli; al ciel d'un getto
Gli obelischi si lanciano e la fulva
Onda del Nilo, d'isole intercisa
Come il vello d'un tigre, all'oriente
Volge il cammino maestosa e tarda.
Il pianeta sovrano, orbe raggiante,
Alma e face del nostro, è al suo tramonto;
La marina tranquilla il vivid'astro
Del gran disco riflette; e quasi amici
Monarchi, un sole nel vermiglio cielo
Un nel flutto vermiglio affettuosi
Corrono ad abbracciarsi. — « Ove m'arresto? » —

Disse il nembo di novo. «Avanza!» un grido
Onde il Taborre vacillò, rispose.

V.

S'apre il deserto! Dàratro
   Di mostri inesauribile;
   Rena che non ha termine,
   Che si rigira in vortice
   Come turbato mar.
Talor di Mambre e d'Ofiri
   Le carovane il varcano,
   E di rumori insoliti
   Fan, tragittando, i mobili
   Suoi monti risonar.
Lo sguardo che le seguita
   Vede i cammelli e gli uomini
   Per gli arenosi vertici
   Discendere ed ascendere
   In lunga orma spiral.
Profonde solitudini,
   Abbandonate ai turbini,
   Pianure immensurabili,
   Misteriosa tenebra
   Al nostro occhio mortal.
Sol Dio v'affissa i limiti,
   Gli spazi Ei sol vi novera;
   Ed essi invano aspettano
   Che li fecondi ed animi
   Del soffio creator.

Da quell'ardente pelago
 S'alza un vapor mefitico
 Che si riversa in cenere,
 A men lontani popoli
 Di morbi agitator.

« Vuoi ch'io muti il deserto in oceàno? »
 La nube allor riprese;
 Ed una voce che dal ciel discese:
 « Non qui: Va' più lontano. »

VI.

Pari ad immane scoglio
 Che sporga in mezzo all'acque,
 Ecco un riverso d'infinite mura.
Babel qui surse e giacque,
 La maledetta altura,
 Ultimo eccesso dell'umano orgoglio:
 Ella, se dalle nubi esce la luna,
 Di sua grand'ombra quattro monti imbruna.
Fitte nel suol profondo
 Stan le sue basi eterne.
 Raggruppate fra tanto e prigioniero
 Nell'intime caverno
 Fremono orribilmente le bufere.
 Tempo già fu che a' popoli del mondo
 Dar credette rifugio, e la delira
 Spingere al ciel la temeraria spira.

Ogni scaglion sorgea
   Dallo squarciato fianco
D'un intero dirupo, e il guardo umano
   Era smarrito e stanco,
   Se dall'altezza al piano
La mole immensa misurar volea,
E le balze alle balzo accumulate
Noverar delle curve interminate.
   Ed ora i boa giganti
   Ai lombrici minori,
Minori i coccodrilli alle lacerte,
   Passano i larghi fori
   Delle mura deserte;
E fuor da peristili ed archi infranti
Cresce, quasi cespuglio o gruppo d'erbe,
Una selva di palme alte e superbe.
Di brune aquile un nembo
   Intorno agli archi gira,
Qual di minuti insetti errante stuolo.
« Vuoi ch'io la strugga?» in ira
   Gridò, sostando il volo,
La nube e svolse l'affocato grembo.
— « Segui! » la voce replicò. — « Signore!
Ove dunque mi porta il tuo furore? »

VII.

Ed ecco due città nel buio avvolte
   Torreggiar d'improvviso, alla sembianza
Di due sorelle addormentate in seno
   D'una valle. La luna i lor sublimi
Edifici inargenta, e trae dall'ombra
Vestiboli, acquedotti ed archi e conche,

E marmorei colossi, ed elefanti
Gravi il dorso di torri, e sfingi e mostri,
E pensili giardini, ove dispiega
Le sue frondi odorose il sicomoro,
E delubri di cento idoli asilo,
E portici e colonne e dèi di bronzo
In circolo seduti, e colle mani
Abbracciate ai ginocchi; e in ogni dove
Immagini confuse, ignote forme
Di fantastiche menti e d'empio rito.
O città maledette, abominande
Sentine d'ogni vizio! Ora non fugge
Che non sia d'una infame opra segnata,
Nè v'ha letto fra voi che non ricopra
Un immondo mistero. — Ogni vivente
Or nel sonno è sepolto, e le già stanche
Tenebre non saetta altro splendore
Che qualche face moribonda, avanzo
Di notturni tripudi e per le vie
Dimenticata; o la pallida luna
Che ne lista i palagi, o si vagheggia
Nel cristallo de' fonti. Un mormorio
Voluttuoso di tronchi sospiri,
E d'amplessi e di baci ad ora ad ora
Rompe il silenzio della notte, e varca
Un àer pregno di molli fragranze
Da Sodoma a Gomorra. — Ed alla nube
Qui la gran voce mormorò: «Ti squarcia!»

VIII.

Vedi! già scoppia il nembo;
 Già dall'aperto grembo
. Trabocca un largo fiume
 Di zolfo e di bitume.
 Già riflessa dal ciel sugli eminenti
 Palagi arde una luce
 Terribilmente truce.

O rea Gomorra, o Sodoma perversa,
 Qual mar di fiamme e di carboni ardenti
 Sulle inique tue mura Iddio riversa!

L'altissimo frastuono
 Desta le genti immemori
 Del fulmine e del tuono;
 Ma la speranza d'una fuga è vana.
 Sulla turba atterrita e vagabonda
 Grandine piove d'infocati sassi,
 E l'infernal fiumana
 Che l'ampie strade innonda
 La foga arresta de' fuggenti passi.
Crollano gli edifici,
 Ed al fragor delle cadenti mura
 Si confondono i pianti e gli ululati
 Degl'infelici
 Che v'han morte in un tempo e sepoltura.
 Molti ancor sonnacchiosi e scompigliati
 Di qua di là s'aggirano,
 Quasi negre formiche
 Sulle sconvolte biche;

IL FUOCO DEL CIELO.

Ma schermo alcun non trova
Al tempestar della bollente piova.
Tra il fumo degl'incendi e la ruina
  Si devolve e si mesce
  L'onda reina;
  Scorre vermiglia e rapida
  Come indomita belva, e cresce e cresce.
Cadon gl'idoli osceni, i sacri argenti
  Squagliati in onda
  Mandano sulle mura ancor sorgenti
  Una vampa verdastra e rubiconda.
  Converse in fiaccole
  Son le colonne, ed agate,
  Diaspri, porfidi
  Di regi tumoli
  Arsi, distrutti
  Preda son fatti de' roventi flutti.
Indarno il mago
  Svela dell'empie deità l'immago.
  Indarno il Sacerdote
  La sacra veste indossa
  E bisbiglia prosteso occulte note.
  L'ira divina
  Soffia nel fiume che più sempre ingrossa,
  E tutto involve nella sua rapina.
Alfin delle confuse
  Città l'incendio diventò sovrano;
  Il torrente cangiossi in oceàno,
  E sovra lor si chiuse.

DA VITTOR HUGO.

IX.

Come il prigion che la ferrata imposta
  Del suo carcere accosta,
  E vede a morte tratto
Chi partecipe fu del suo misfatto,
  Così Babel, la perfida
Delle infami sorelle imitatrice,
Fra stupita e tremante alzò la fronte;
E vide rosseggiar sull' orizzonte
  La nube punitrice
  Che il fulmine divino
  Le presagia vicino.

X.

Fu spietato l' incendio. A quel flagello
Niun s' involò. Levavano i codardi
Supplici al ciel le palme, e nei supremi
Congedi dalla vita esterrefatti
Si chiedeano fra lor qual Dio versasse
Una pioggia infernal sulle infelici
Loro città. Riparo alla vivente
Rabbia del foco si faceano invano
D' ampli tetti di pietra. Invano a' falsi
Loro Iddii si volgeano; quelle mute
Divinità la stessa ira colpìa;
E dagli occhi di bronzo un luminoso
Pianto sgorgava di cocenti lave.

Tutto sparve così sotto il divino
　　Turbine; l'uom colla città, la mèsse
Coi solchi. Sterminar lo sdegno eterno
Tutti volle quei campi, e non rimase
Di due popoli estinti alcun vestigio.
Sin la forma de' monti al vento arcano
Di quella notte si mutò.

XI.

　　　　　　　　　　La palma,
Che dagli aridi greppi or si rialza,
Vede intristir le sue pallide foglie,
E seccar le radici al maledetto
Spirar d'un'aria che l'aduggia e grava.
Le città più non sono, e sulle antiche
Macerie, specchio del passato, un lago
D'acque fetide e immote si distende,
Che, simile a fornace, il fumo esala.

DA A. LAMARTINE.

IL LAGO.

Così di riva in riva,
  Senza speme di posa o di ritorno,
  In oscura agitati onda infinita,
  Arrestar non potremo un breve giorno
  Sul mar di nostra vita
  La nave fuggitiva?
  O lago! april rinasce, ed ecco il passo
  Già movo a questo lido,
  Già sull'amato sasso,
  Ov'ella il fianco riposò, m'assido.

Allor soavemente
  Da' tuoi verdi gemevi antri nascosi,
  E la brezza lambìa delle tue spume
  I suoi piedi amorosi.
  Un dì, tu lo ricordi, al dolce lume
  Dell'espero morente
  Noi sciogliemmo dal margo, e l'aura intanto
  E l'onda e il ciel tacea;
  Il remator soltanto
  In cadenza le immote acque rompea.

Ed ecco un' armonia
   Fa mestamente risentir le sponde;
Stanno i flutti sospesi, e la sua voce
In angeliche note si diffonde:
« T'arresta, ora veloce;
La fuga, o tempo, obblia;
Danne gustar de' begli anni la rosa
Che s'apre e già scolora!
Il vol che non ha posa
Precipita, o fuggente, a chi t'implora.

Gli affanni e le vicende
   Coi lunghi giorni all' infelice invola,
E dimentica i lieti un sol momento.
Ma non ode il crudel la mia parola!
Il tuo cammin sia lento,
Dico alla notte; e splende
Già l'alba.... Amiam, chè l'ora è fuggitiva;
Godiam, chè il riso è corto;
Il tempo non ha riva,
E il gran mar della vita è senza porto. »

O tempo inesorato,
   Perchè voli così nell'allegrezza
Come voli nel pianto? Un breve istante
Perdonar non vorrai la giovinezza?
Serbar nel lieto amante
Un' orma del passato?
Tutto è dunque perduto? eternamente
Perduto? ed un sospiro,
Un rimembrar dolente
Le dolcezze saran che mi fuggiro?

IL LAGO.

O nulla! oh tenebrosa
   Eternità, che i nostri anni divori,
   Rendimi dall'abisso che gl'inghiotte,
   Rendimi un giorno de' passati amori!
O lago, o rive, o grotte
Ove il mio spirto ha posa,
   Voi che il tempo rispetta, e rinnovella
D'allegra primavera,
Serbate eterna e bella
   L'immagine fra voi di quella sera!

Nella tua calma, o lago,
   E nel tumulto delle tue procelle,
   E ne' bruni tuoi boschi e nel dipinto
   Grembo delle tue rive, e nelle belle
Colline onde sei cinto,
Serba la cara imago!
   E la serbi l'auretta mattutina
Che t'alza, e bacia l'onde,
E l'eco peregrina
   Che raccoglie i tuoi suoni, e ti risponde.

E l'astro innamorato
   Che coll'Espero sorge, e nell'azzurro
Delle tue vespertine acque si mira,
E de' giunchi volubili il susurro,
E il venticel che spira
D'incensi inebbriato;
   Ed ogni erba, ogni fiore, ogni virgulto,
Al nostro amor sì caro,
Nel suo linguaggio occulto,
   Qui si videro, esprima, e qui s'amaro.

DA A. LAMARTINE.

L'AUTUNNO.

Addio, bosco autunnal, di moribonda
    Verzura incoronato!
Addio, vedovo prato,
    Che ti fai letto d'appassita fronda!
E voi, di sì bell'anno ultimi giorni,
    Addio per sempre! Oh quanto
Nel tuo segreto pianto
    Cara, o Natura, al mesto animo torni!
Stride al vento la selva, e il suo vivace
    Color si muta o manca,
Mentre una sera stanca
    La consola d'un raggio e poi si tace.
Un'amica fedel che la sventura
    Dall'amor suo divida,
Un labbro che sorrida
    Pria che morte lo chiuda, è la Natura.
Al tramonto così della mia vita
    Io piango la perduta
Speme, l'età vissuta,
    La corta de' diletti ora fuggita.

O poggi, o campi, o Sol, le mie dolenti
  Lagrime raccogliete!
Pietosi sorridete
  Ancor brev' ora a questi occhi morenti!

Amor di luce mi stanca gli sguardi
  Che già la morte appanna,
Ed un desio m'affanna
  Di non gustate voluttà, ma tardi.

Se la tazza di balsamo e di fele
  Che mesce all' uomo il mondo
Libar potessi al fondo,
  Forse una stilla troverei di mèle.

Forse il ben troverei nella vicenda
  D' un avvenir migliore,
Forse un ignoto core
  Che rispondermi possa, e il mio comprenda.

Cade la foglia, e nel cader saluta
  Con fioco mormorio
Il ramoscel natio
  Che per sempre abbandona, e va perduta.

Così, mentre la Musa ancor m' ispira,
  Quest' egra anima mia
Dell' ultima armonia
  Fa mestamente risonar la lira.

VISIONE.

Sali, o candida face, il firmamento,
   E squarcia il velo che le cose oscura;
   Sali il trono degli astri, e dello spento
   Giorno conforta la mesta Natura.
   Oh come il tuo soave astro d'argento
   Splende benigno sulla mia sventura!
   L'occhio che pauroso al Sol nascondo,
   Riapro a te di lagrime fecondo.

Guida tu per la queta ombra il mio passo
   A quell'amato avello
   Ove cadono a sera i miei ginocchi:
   Ove, oh dolor! questi occhi,
   Conversi in un ruscello,
   Bagnano inesauditi un freddo sasso.
Ma che vegg'io?... la pietra
   Lenta lenta si move.... odo un bisbiglio
   Come lontano lamentar di cetra....
   Un vivo lume mi saetta il ciglio....
   Chi sei, lucente forma,
   Che nel buio t'avanzi a tacit'orma?

VISIONE.

Un sogno ingannatore
  Non illude i miei sensi!... Alfin ti miro,
O mio lungo sospiro!
Alfin tu vieni a rasciugarmi il pianto!
Apri, o beata, il santo
Tuo riso, e mi consola
Colla dolcezza della tua parola;
Della parola che nel tristo addio
Dagli anni e dall'amore
Sulle pallide labbra ti morio!
Dunque l'affetto della mia preghiera
  Fe' forza, anima cara,
  Al decreto divino? e tu potesti
  Varcar l'eterna sera
  Che il nostro amor separa?
Benedetto colui che mi consente
Di riveder gli amati occhi celesti
Di che morte mi fece orbo e dolente!

Ma già t'involi?... Un secolo di pianto
  Non t'arresta un momento?... Astro pietoso!
Fin che suono ha la corda e lena il canto,
Verrai nel mio più caldo inno amoroso;
O che ravvolto di ceruleo manto
Solchi un povero cielo e nebuloso,
O che limpido sorga, e nelle chiare
Acque ti franga di notturno mare.

DA'A. LAMARTINE.

RIMEMBRANZA.

—

Veggo il fuggir dell'ore,
   Ma l'orma non vegg'io delle fuggenti;
Nè v'ha cosa mortal che ti rammenti,
   Ultimo sogno del perduto amore!
Del mio mortal viaggio
   Affollano i veloci anni la traccia,
Come staccate dall'aride braccia
   Ingombrano le foglie il piè d'un faggio.
Già l'occhio al dì si chiude,
   Già torpe il sangue nella fredda vena,
Come al soffio invernal che l'incatena
   L'onda d'un ruscelletto o d'un palude.
Ma pari all'alma eterna
   Ove del tempo la ragion non vale,
L'immago tua bellissima, immortale,
   Del mio cor si fa trono, e lo governa.
Quando un funereo velo
   Mi celò de' tuoi santi occhi il sorriso,
E da te sulla terra io fui diviso,
   Levai lo sguardo, e ti rividi in cielo.

RIMEMBRANZA.

E là ti veggo ancora
   Mesta e pietosa del mio lungo duolo,
Come nel giorno che prendesti il volo
   Sull'aureo nembo di nascente aurora.

Le tue forme celesti
   Ti seguirono in cielo, e la scintilla
Che morte estinse nella tua pupilla
   Di perpetui splendori ivi accendesti.

Un aere più sereno
   Agita come dianzi i tuoi capelli,
Che liberi e scorrenti in due ruscelli
   Velano ancora il virginal tuo seno.

E di quel velo all'ombra
   Che rattempra il tuo raggio, e non l'offende,
Tu l'alba imiti che di rosee bende
   La lieta fronte del mattino adombra.

Ben la diurna lampa
   Trova il riposo della gran carriera,
Ma l'imagine tua, che non ha sera,
   Eternamente nel pensier m'avvampa.

Te sola in terra ascolto!
   Veggo in terra te sola! in ciel te sola!
Mi geme il venticel la tua parola,
   Mi dipinge la vana onda il tuo volto.

Quando ogni cosa tace,
   Quando il sonno conforta ogni vivente,
Mi susurra il tuo labbro arcanamente
   Teneri accenti d'amore e di pace.

Quando l'immenso velo
   Trapungono le stelle al firmamento,
Quando ogni lume sulla terra è spento,
   Nel più caro io ti veggo astro del cielo.

Fin ne' soavi incensi
   Che mi reca de' zeffiri il sospiro,
Il tuo soffio, il tuo molle alito io spiro
   In una dolce illusïon de' sensi.

È la tua mano cara
   Che rasciuga invisibile il mio pianto,
Quando dai mali della vita affranto
   Cerco in Dio la mia pace a piè dell'ara.

Tu ne' riposi miei
   Piovi il ristoro d'un' eterea calma;
Tu nell'affanno che m'assedia l'alma
   Splendi luce amorosa, e mi ricrei.

E verrà dì, che sciolto
   L'ingrato nodo che quaggiù m'allaccia,
Salirò giubilando alle tue braccia,
   O sospirato mio solo conforto!

Le nostre anime allora
   Voleranno confuse in un amplesso,
Come due suoni d'un liuto istesso,
   Come due raggi d'un' istessa aurora.

LA FARFALLA.

Nasce e muor colle rose: in ciel sereno
    Corre col vol de' zeffiri,
    Bacia amorosa il seno
    D'ogni erba e d'ogni fiore,
E d'olezzo s'inebbria e di splendore.

Ma giovinetta e desiosa ancora
    Già cade al suol, già l'iride
    De' vanni discolora,
    E muor di lenta morte.
Della vaga farfalla ecco la sorte. —

Dell'umano desio che mai non posa,
    Questa è la vera immagine;
    Ogni terrena cosa
    Deliba, e cerca invano
Un'incognita pace, un bene arcano.

LA SOLITUDINE.

— I

Sovente alla montana ombra de' faggi
 Solitario m'assido, e tutte io scorro
 Le sopposte campagne in vario aspetto
 Prolungate al mio sguardo. Ivi serpeggia
 Romoroso il torrente ed in oscura
 Lontananza si perde. Addormentate
 Posano là le brune acque del lago,
 Mentre da' suoi lavacri il vespertino
 Astro s'innalza. Al vertice de' monti
 Splende un ultimo raggio, e già solleva
 La reina dell'ombre il vaporoso
 Cocchio, ed imbianca di soave luce
 I confini del cielo. Un suon devoto
 Dalle torri si muove; il pellegrino
 L'ascolta, e il rombo delle sacre squille
 Va per l'aere confuso al moribondo
 Sospirar della sera.... Ah più non scende
 A quest'anima oppressa il mesto addio
 Della luce che muore alla Natura!
 O deserti del mondo! io vi contemplo
 Come un'ombra vagante, e indarno aspetto
 Che rischiari gli estinti il lieto Sole
 De' viventi! L'incerto occhio mandai
 Di colle in colle; dall'occaso all'orto
 Tutto io corsi il creato, e dissi al core:

Non avrai dal creato altra dolcezza!
Forse i boschi, le valli e gli abituri
Han lusinghe per me? Senza l'ignoto
Ben, ch'io cerco anelando e non ritrovo,
O fiumi, o solitudini, o foreste,
Altro non siete voi che un gran sepolcro!
Che nasca o muora il Sol, che nebuloso
O sereno risplenda, a me che giova?
Nulla io spero dal giorno. Ov'io potessi
Varcar gli spazi che il suo raggio inonda,
Più non vedrei che tenebre e silenzio.
Di quanto egli rischiara in cielo e in terra,
Nulla è caro al mio cor, nulla io domando
All'intero universo! Oltre la spera
Che per cenno di Dio lo circoscrive,
Ove un Sol più felice a più felici
Mondi sorride, di veder confido,
Sciolti alfin questi ceppi, il lungo sogno
De'miei stanchi pensieri! A quella fonte
Berrà la sitibonda anima mia!
Troverà finalmente amore e speme,
E quel ben che la infiamma, e sulla terra
Alcun nome non ha! — Chè non m'è dato,
O mio vago sospiro, a te levarmi
Sul roseo carro dell'aurora? E quanto
Rimarrò peregrino in questo esiglio?...
Quando il verno s'avanza, e rende il bosco
La sua veste alla terra, il vespertino
Zeffiro si commove, e nella valle
La raggira e la sperde; e me, che sono
Pari alla foglia ch'appassi, me pure
Raggirate e sperdete, aure pietose!

DA PONSARD.

SOGNO DI LUCREZIA.

Io sognai d'inoltrarmi in un delubro
Al popolo confusa, ove parea
Che dal primo all'estremo vi traesse
Roma i suoi cittadini. Il sacerdote
Facea, con un'offerta, amico il nume
Del gran padre Quirino. Era già tratta
La vittima all'altare; era del farro
E del sale coverta; e già la mano
Sacerdotal, fra l'uno e l'altro corno,
Vi spargea dal lebète il sacro vino.
« Prendi, o nume Quirin, le libagioni;
(Pregava il sacerdote) e fra le genti
La tua Roma sia grande. » Egli si tacque,
E ciascuno aspettava in riverente
Pauroso silenzio. Alzarsi allora
Una voce s'udì che scosse il tempio:
« Via da me questi tauri! Io non mi pasco
Di sangue così vil; l'umano io voglio!
M'offrite il puro d'una donna, e grande
Roma sarà. » L'Oracolo del Dio

Favellò di tal guisa; e da quel punto
Sparve il toro dal tempio, e non m'avvidi
Per che via dileguò. Dell'ostia a vece
Me sull'ara trovai lungo distesa,
Attendendo il cader della bipenne
Che pendea sul mio capo. E mentre io stava
Pallida sull'altare, uscì dal fianco
Di marmoreo pilastro un gran serpente,
Che strisciò sul terreno, e lunghi e tardi
Districando i suoi nodi, a me venìa
Come a sua preda natural.... Già monta....
Già dell'orride spire il gel mi preme....
Mi si rizzano i crini, il raccapriccio
Mi scorre in ogni fibra, e la parola
Muor nell'aride fauci a quella stretta.
Volli fuggir, ma non potei. Confitta
Lo spavento m'avea. L'orribil fera
Tutte m'avviticchiò, come un immenso
Braccio, le membra, e sollevando il capo,
Da cui la lingua, come stral, vibrava,
Gli occhi suoi, che pareano accesi tizzi,
Ne' miei ficcò; d'un'alito mortale,
Pari al lezzo de' tumoli, mi spinse
Una buffa nel volto, e la persona
Ricercandomi tutta, il fiero dente
Presentiva il piacer della ferita
Che solcarvi pensava. — Oltre non vidi. —
L'avversario fuggì, ma fitto il core
Mi lasciò d'una punta; ed oh portento!
La rossa pioggia che scorrea sui marmi
Dalla piaga del cor, figliò, cadendo,
Numerose coorti e più gremite
Che le biade ne' solchi. I battaglieri
Recavano per segno (anzi che fasci

Di virente gramigna) una dorata
Aquila a sommo d'una ferrea picca;
E le quattro del mondo opposte plaghe
Quella grifagna minacciar parea.
— Desta alfin mi trovai; ma tanto impressa
Della mia vision, che fredda, acuta
Sentia la punta dell'acciar nel seno,
Ed ancor ve la sento. — Or ben, nudrice,
Puoi chiarirmene il senso?

LA NUDRICE.

Io non ti posso,
Prin di pensarvi, satisfar. Ma l'opra
Non perciò si rallenti: alle canzoni
L'opra s'accorda.

(*Volgendosi ad una schiava.*)

Giovinetta schiava!
Tu che se' nata dell'Ionio in riva,
E la musa d'Ellenia il don ti fece
Dell'armonia, con numeri latini
Cantane la canzon della tua terra,
Mentre per la segreta ombra del fato
La mia mente si aggira.

(*La schiava sorge.*)

Taciturno
Degli uomini monarca e degli Dei,
Fa dall'urna Morfeo la preziosa
Sua rugiada cader, che le crudeli
Cure togliendo, d'un sopore arcano
Penetrante, soave i petti occùpa.
In quest'ora sui monti incoronati
Di sonore foreste il cervo sbuca
Confidente dal chiuso, e più non teme
Le mortali saette onde risuona
Della virgo infallibile il turcasso.

Perocchè le tue braccia, Endimione,
Quelle son che ne' tessali dirupi
Allacciano Diana e le obliate
Sue divine quadrella. È dolce il sonno
Che succede al lavor, ma della morte
Questo figlio dell'Ombre è pur fratello;
E non poche pupille, addormentate
Sorridendo la sera, aprirsi a mane
Non potran che nel buio e nel silenzio,
Nè più la luce riveder del Sole,
Nè de' cari l'aspetto, a cui non diero
L'ultimo vale....

FINE DEL VOLUME.

INDICE.

Al Lettore.. Pag. (

Da Lord Byron. — Caino............................. 7
  »   Cielo e Terra, mistero.............. 113
  »   Un Sogno............................ 171
  »   La Sposa promessa d'Abido........... 181
  »   Parisina............................ 231
  »   Il Prigioniero di Chillon........... 253
  »   Le Tenebre, favola.................. 267
  »   L'Addio............................. 271
  »   Ricordi giovanili................... 275

Da Tommaso Moore. — Gli Amori degli Angeli, poema in
                    tre canti........................ 283
  »   Il Paradiso e la Peri............... 353
  »   La Luce dell'Harem.................. 378
  »   Gli Adoratori del fuoco............. 405
  »   Melodia............................. 491

Da Lucrezia Davidson. — Ad una Stella.............. 495

Da G. Milton. — A Cromwell......................... 497
  »   Frammento di una Canzone sulla nascita
                    di Gesù Cristo................ 498
  »   Dal Sansone, tragedia............... 500
  »   Epigramma........................... 501

Da V. Hugo. — Il Velo.............................. 505
  »   L'Arpa e la Lira.................... 507
  »   Luigi XVII.......................... 512
  »   Il Fuoco del Cielo.................. 516

INDICE.

DA A. LAMARTINE. — Il Lago................................ Pag. 529
          »   L'Autunno............................... 532
          »   Visione................................. 534
          »   Rimembranza............................. 536
          »   La Farfalla............................. 539
          »   La Solitudine........................... 540

DA PONSARD. — Sogno di Lucrezia........................... 543

www.ingramcontent.com/pod-product-compliance
Lightning Source LLC
Chambersburg PA
CBHW031943290426
44108CB00011B/654